求解
中国民生难题

QIUJIEZHONGGUOMINSHENGNANTI

青连斌 著

中共中央党校出版社

图书在版编目（CIP）数据

求解中国民生难题 / 青连斌著 . --北京：中共中央党校出版社，2020.6（2020.12重印）

ISBN 978-7-5035-6346-1

Ⅰ.①求… Ⅱ.①青… Ⅲ.①社会保障-研究-中国 Ⅳ.①D632.1

中国版本图书馆 CIP 数据核字（2020）第 012837 号

求解中国民生难题

责任编辑	任　典
版式设计	苏彩红
责任印制	陈梦楠
责任校对	王　微
出版发行	中共中央党校出版社
地　　址	北京市海淀区长春桥路 6 号
电　　话	（010）68929580（办公室）　（010）68929899（发行部）
	（010）68922815（总编室）　（010）68929342（网络销售）
传　　真	（010）68922814
经　　销	全国新华书店
印　　刷	北京盛通印刷股份有限公司
开　　本	700 毫米×1000 毫米　1/16
字　　数	229 千字
印　　张	18.5
版　　次	2020 年 6 月第 1 版　2020 年 12 月第 2 次印刷
定　　价	55.00 元
网　　址	www.dxcbs.net　　邮　箱：zydxcbs2018@163.com
微　信 ID：中共中央党校出版社　新浪微博：@党校出版社	

版权所有·侵权必究

如有印装质量问题，请与本社发行部联系调换

CONTENTS
目　录

第一章　民生问题总论 …………………………… 1

一、党的十八大以来民生思想的创新发展 …………… 3

二、带领人民创造美好生活是我们党始终不渝的
　　奋斗目标 ……………………………………………… 9

三、坚决兜牢基本民生的底线 ………………………… 17

四、改善民生关键是制度建设 ………………………… 22

五、改善民生重在补短板 ……………………………… 27

六、改善民生也要由民作主 …………………………… 33

第二章　办好人民满意的教育 …………………… 37

一、教育是民族振兴和社会进步的基石 ……………… 39

二、教育公平是社会公平的重要基础 ………………… 44

三、教育花费不应成为致贫的首因 ………………………… 50

四、"知识改变命运"是可信的 …………………………… 53

五、满足人民更美好生活的需要必须推进教育公平 ……… 56

第三章 缩小收入差距实现共同富裕 ……………………… 65

一、社会主义就是要共同富裕 …………………………… 67

二、我们离共同富裕远了吗 ……………………………… 72

三、收入差距的四种类型与双重社会效应 ……………… 75

四、先富不会自动带后富 ………………………………… 91

五、四次分配论与分配制度的改革创新 ………………… 94

六、扩大中等收入群体 …………………………………… 103

七、提高"两个比重",不断增加城乡居民收入 ………… 107

八、劳动合作和利益共享是我国现阶段阶层关系

的主流 ………………………………………………… 113

第四章 加强社会保障体系建设 …………………………… 121

一、织密筑牢全体人民的安全网 ………………………… 123

二、建立更公平可持续的社会保障制度 ………………… 126

三、社会保障法制化建设的目标与任务 ………………… 137

四、解决好农民工的社会保障问题 ……………………… 148

第五章 贫困与脱贫攻坚 …………………………………… 155

一、贫困的概念与类型 …………………………………… 157

二、贫困的成因与反贫困战略 …………………… 161

三、中国城镇贫困问题的特殊性 …………………… 166

四、贫困者的流动与下层阶级论争 ………………… 168

五、贫困人口是精准扶贫攻坚的主体力量 ………… 171

六、精准扶贫也要创新 ……………………………… 173

七、在潜在资源优势向现实发展优势上做足文章 … 176

第六章 健全公共服务体系 …………………… 179

一、公共服务及其重要性 …………………………… 181

二、基本公共服务均等化是国民财富分配的
重要环节 ………………………………………… 186

三、促进基本公共服务均等化必须坚持的原则 …… 189

四、推进基本公共服务均等化的关键 ……………… 191

五、努力补齐"厕所问题"这一影响群众生活
品质的短板 ……………………………………… 195

六、学生胸透和巨能钙事件突显政府责任 ………… 199

七、金华市婺城区二七区块征收改造的几点启示 … 201

八、城市管理不应"一刀切" ……………………… 203

第七章 完善养老服务政策体系和社会环境 ……… 213

一、人口老龄化对我国养老服务体系建设的挑战 … 215

二、切实加强农村养老服务 ………………………… 220

三、更加重视居家养老的基础地位 ………………… 230

四、推动医养结合 ………………………………………… 232
　　五、完善我国养老服务体系建设的顶层设计 …………… 238
　　六、日本养老服务的经验与启示 ………………………… 242

第八章　增进人民的获得感、幸福感和安全感 …… 249
　　一、中国民众的安全感来自哪里 ………………………… 251
　　二、提升国民幸福感有赖于增强社会凝聚力 …………… 259
　　三、中国人的"饥民心态" ……………………………… 262
　　四、温饱后的心态变化 …………………………………… 266
　　五、国人为何热衷于"摆谱" …………………………… 270
　　六、幸福社区的要义是培育"社区意识" ……………… 274
　　七、地域歧视的社会心理基础及其矫正 ………………… 276
　　八、"×二代"现象引出的若干思考 …………………… 279

后　记 ………………………………………………………… 285

第一章

民生问题总论

民生就是人民的生活问题。"中国共产党人的初心和使命,就是为中国人民谋幸福,为中华民族谋复兴。""带领人民创造美好生活,是我们党始终不渝的奋斗目标。""增进民生福祉是发展的根本目的。"要坚持在发展中保障和改善民生,在发展中补齐民生短板,在幼有所育、学有所教、劳有所得、病有所医、老有所养、住有所居、弱有所扶上不断取得新进展,保证全体人民在共建共享发展中有更多获得感,不断促进人的全面发展、全体人民共同富裕。党的十九大的这些重要论述,深刻地揭示了保障和改善民生的理论基础、根本目标和工作重点,为新时代我国民生保障事业的发展提供了根本指引。

一、 党的十八大以来民生思想的创新发展

以习近平同志为核心的党中央以创新、协调、绿色、开放、共享的新发展理念统领民生工作,协调推进"四个全面"战略布局改善民生,加强制度建设、采取切实有效的政策措施保障和改善民生,进一步丰富和发展了我们党的民生思想。

(一) 以新发展理念统领民生工作

早在 2012 年 11 月 15 日党的十八届中央政治局常委同中外记者见面时的讲话中,习近平总书记就指出:我们的人民热爱生活,期盼有更好的教育、更稳定的工作、更满意的收入、更可靠的社会保障、更高水平的医疗卫生服务、更舒适的居住条件、更优美的环境,期盼孩子们能成长得更好、工作得更好、生活得更好。七个"更"字,充分表达了我们的人民对美好生活的向往和期盼。在 2014 年 6 月 3 日国际工程科技大会发表主旨演讲时,习近平总书记再次强调了这七个

"更"。在2013年3月17日第十二届全国人大第一次会议上的讲话中，习近平总书记又指出：生活在我们伟大祖国和伟大时代的中国人民，共同享有人生出彩的机会，共同享有梦想成真的机会，共同享有同祖国和时代一起成长与进步的机会。

实现全体人民共享发展成果，是我们党一切工作的出发点和落脚点，是我们党的神圣使命。在习近平总书记的一系列重要讲话中，都充分体现了我们党的使命意识、责任意识。他多次反复强调，人民对美好生活的向往，就是我们的奋斗目标，让老百姓过上好日子是我们一切工作的出发点和落脚点，要坚持把实现好、维护好、发展好最广大人民根本利益作为推进改革的出发点和落脚点，让发展成果更多更公平惠及全体人民，唯有如此改革才能大有作为。他一再强调和要求：我们要随时随地倾听人民呼声、回应人民期待，保证人民平等参与、平等发展权利。维护社会公平正义，在学有所教、劳有所得、病有所医、老有所养、住有所居上持续取得新进展。

必须采取切实措施，从多方面入手，保障全体人民共享发展。社会建设要以共建共享为基本原则，在体制机制、制度政策上系统谋划，从保障和改善民生做起，坚持群众想什么，我们就干什么，既尽力而为又量力而行，多一些雪中送炭，使各项工作都做到愿望和效果相统一。通过制度安排更好保障人民群众各方面权益，要在全体人民共同奋斗、经济社会不断发展的基础上，通过制度安排，依法保障人民权益，让全体人民依法平等享有权利和履行义务。必须健全促进城乡协调发展的体制机制，形成以工促农、以城带乡、工农互惠、城乡一体的新型工农关系，让广大农民平等参与改革发展进程、共同享受改革发展成果。通过教育信息化，逐步缩小区域、城乡数字差距，大力促进教育公平，让亿万孩子同在蓝天下共享优质教育、通过知识改变命运。消除贫困、改善民生、实现共同富裕，是社会主义的本质要求，对困难群众，我们要格外关注、格外关爱、格外关心，千方百计帮助他们排忧解难，把群众的安危冷暖时刻放在心上，把党和政府的温暖送到千家万户。习近平总书记在2015年11月7日同台湾地区领导人马英九会面时，还表达了两岸同胞共享发展的思想，我们今天坐在一起，是为了让历史悲剧不再重演，让两岸关系和平发展成果不得而复失，让两岸同胞继续开创和平安宁的生活，让我们的子孙后代共享美好的未来。

（二）协调推进"四个全面"战略布局以改善民生

党的十八大以来，以习近平同志为核心的党中央从坚持和发展中国特色社会主义全局出发，立足中国发展实际，坚持问题导向，逐步形成并积极推进全面建成小康社会、全面深化改革、全面依法治国、全面从严治党的战略布局。在"四个全面"战略布局中，全面建成小康社会是重大战略目标，居于引领地位。全面建成小康社会，是我们党确定的第一个百年奋斗目标，也是实现中华民族伟大复兴的关键一步。习近平总书记指出：到2020年实现这个目标，我们国家的发展水平就会迈上一个大台阶，我们所有奋斗都要聚焦于这个目标。必须始终坚持以经济建设为中心，致力于建设改革发展成果真正惠及人民，经济、政治、文化、社会、生态文明全面发展的小康社会，为实现第二个百年奋斗目标、实现中华民族伟大复兴的中国梦奠定更加坚实的基础。

全面深化改革、全面依法治国、全面从严治党是三大战略举措，为如期全面建成小康社会，也为切实保障和改善民生提供重要保障。正如习近平总书记指出的，全面深化改革必须以促进社会公平正义、增进人民福祉为出发点和落脚点，这是坚持我们党全心全意为人民服务根本宗旨的必然要求。全面深化改革必须着眼创造更加公平正义的社会环境，不断克服各种有违公平正义的现象，使改革发展成果更多更公平惠及全体人民。如果不能给老百姓带来实实在在的利益，如果不能创造更加公平的社会环境，甚至导致更多不公平，改革就会失去意义，也不可能持续。

"十三五"规划纲要根据新形势新情况，提出了全面建成小康社会新的目标要求，规划和设计了未来美好生活的宏伟蓝图。体现在民生方面：就业、教育、文化体育、社保、医疗、住房等公共服务体系更加健全，基本公共服务均等化水平稳步提高；教育现代化取得重要进展，劳动年龄人口受教育年限明显增加；就业比较充分，收入差距缩小，中等收入人口比重上升；我国现行标准下农村贫困人口实现脱贫，贫困县全部摘帽，解决区域性整体贫困。保障和改善民生的这些目标要求，概括地说，就是人民生活水平和质量普遍提高。

全面小康是惠及全体人民的小康。没有全民小康，就没有全面小康。当前，影响实现全面建成小康社会目标的突出因素主要集中在民生领域，发展不全面的问题很大程度上也表现在不同社会群体的民生保障方面。因此，要持续加大保障和改善民生力度，注重机会公平，保障基本民生，不断提高人民生活水平，实现全体人民共同迈入全面小康社会。

全面小康是城乡、区域共同发展的小康。全面建成小康社会，最艰巨最繁重的任务在农村，特别是农村贫困地区。习近平总书记反复指出：没有农村的全面小康和欠发达地区的全面小康，就没有全国的全面小康。他还特别强调：全面实现小康，一个民族都不能少。我们实现第一个百年奋斗目标、全面建成小康社会，没有老区的全面小康，特别是没有老区贫困人口脱贫致富,那是不完整的。要加大统筹城乡发展、统筹区域发展的力度,推进城乡发展一体化,把努力缩小城乡和区域发展差距,作为全面建成小康社会的一项重要任务。缩小城乡、区域发展差距,不仅是缩小国内生产总值总量和增长速度的差距,而且是缩小居民收入水平、基础设施通达水平、基本公共服务均等化水平、人民生活水平等方面的差距。

(三) 采取切实有效的措施保障和改善民生

切实保障和改善民生,是我们党和政府的一项重要工作,也是职责、使命所在。既要把这项工作摆在重要位置,更要通过制度安排,在体制机制、制度政策上系统谋划,以更可靠的制度措施保障民生工作的规范化、制度化、法制化运行。

要像经济建设一样抓民生保障。民生工作面广、量大、头绪多,一定要注重稳定性、连续性、累积性,一件事情接着一件事情办,一年接着一年干,一任接着一任做。因此,习近平总书记要求,要像抓经济建设一样抓民生保障,像落实发展指标一样落实民生任务。他还强调,抓民生也是抓发展。要在保障基本公共服务有效供给的基础上,积极引导群众对居家服务、养老服务、健康服务、文体服务、休闲服务等方面的社会需求,支持相关服务行业加快发展,培育形成新的经济增长点,使民生改善和经济发展有效对接、相得益彰。

要加快推进民生领域体制机制创新。要按照"守住底线、突出重点、完善制度、引导预期"的思路做好当前的民生工作,重点保障困难群众的基本生活,注意稳定和扩大就业,加强城乡社会保障体系建设,加强保障性住房建设和管理,引导广大群众树立通过勤劳致富改善生活的理念。习近平总书记特别强调,要加快推进民生领域体制机制创新，促进公共资源向基层延伸、向农村覆盖、向弱势群体倾斜。他明确要求，关键要抓住如下四点：一是抓重点，抓住人民最关心最直接最现实的利益问题，抓住最需要关心的人群，多做雪中送炭的事情。二是抓实在，做那些现实条件下可以做到的事情，让群众得到看得见、摸得着的实惠。三是抓持久，把保障和改善民生作为长期任务来抓。四是抓组织，各级干部要带领群众一起干，通过辛勤劳动创造幸福生活。

要努力补齐民生领域的短板。农村贫困人口脱贫是全面建成小康社会最艰巨的任务，也是保障和改善民生必须补齐的最大一块短板。到2020年，全国7000多万农村贫困人口全部脱贫，贫困县全部摘帽，解决区域性整体贫困，是我们党和政府作出的一项郑重承诺。习近平总书记要求，各级党委和政府必须增强紧迫感和主动性，在扶贫攻坚上进一步厘清思路、强化责任，采取力度更大、针对性更强、作用更直接、效果更可持续的措施，特别要在精准扶贫、精准脱贫上下更大功夫。扶贫开发贵在精准，重在精准，成败之举在于精准。各地都要在扶持对象精准、项目安排精准、资金使用精准、措施到户精准、因村派人（第一书记）精准、脱贫成效精准上想办法、出实招、见真效。要坚持因人因地施策，因贫困原因施策，因贫困类型施策，区别不同情况，做到对症下药、精准滴灌、靶向治疗，不搞大水漫灌、走马观花、大而化之。

要重视就业和加强城乡社会保障体系建设。就业是民生之本。早在2012年12月去广东考察时，习近平总书记就指出：就业，牵动着千家万户的生活。我国劳动人口多，又面临经济下行压力，如果就业问题处理不好，就会造成严重的社会问题。所以，我们必须统筹抓好经济社会发展和促进就业工作，千方百计增加就业岗位，着力在提高就业质量、提高劳动人口尤其是就业困难人口就业能力、改善创业环境上下功夫。社会保障是保障人民生活、调节社会分配的一项基本制度。在养老保障方面，习近平总书记强调，要完善制度、改进工作，推动养老事业多元化、多样化发展，让所有老年人都能老有所养、老有所依、老有所乐、老有所安。他还亲自到北京四季青敬老院调研，要求"让每一位老人都能生活得安心、静心、舒心，都能健康长寿、安享幸福晚年"。在住房保障方面，他强调，住房问题既是民生问题也是发展问题，关系千家万户切身利益，关系人民安居乐业，关系经济社会发展全局，关系社会和谐稳定。我们党和国家历来高度重视群众住房问题，但解决群众住房问题是一项长期任务，还存在着住房困难家庭的基本需求没有根本解决、保障性住房总量不足、住房资源配置不合理不平衡等问题，人民群众对实现住有所居充满期待。他多次强调，我们必须下更大决心、花更大气力，加快推进住房保障和供应体系建设，解决好住房发展中存在的各种问题。

二、带领人民创造美好生活是我们党始终不渝的奋斗目标

习近平总书记在党的十九大报告中鲜明地强调，带领人民创造美好生活，是我们党始终不渝的奋斗目标。他特别强调，全党必须牢记，为什么人的问题，是检验一个政党、一个政权性质的试金石，必须始终把人民利益摆在至高无上的地位，让改革发展成果更多更公平惠及全体人民，朝着实现全体人民共同富裕不断前进。

（一）为中国人民谋幸福是中国共产党人的初心和使命

习近平同志在党的十九大报告中强调大会的主题就是：不忘初心，牢记使命，高举中国特色社会主义伟大旗帜，决胜全面建成小康社会，夺取新时代中国特色社会主义伟大胜利，为实现中华民族伟大复兴的中国梦不懈奋斗。中国共产党人的初心和使命，就是为中国人民谋幸福，为中华民族谋复兴。不忘初心，彰显了我们党永远不变的性质、宗旨和奋斗目标，凸显了中国共产党人始终不变的心系人民的初心和情怀。"为中国人民谋幸福"贯穿于习近平总书记的十九大报告全文之中。

为中国人民谋幸福，体现在党的十八大以来以习近平同志为核心的党中央提出的发展为了人民、发展依靠人民、发展成果由人民共享的以人民为中心的发展思想。人民是历史的创造者，是决定党和国家前途命运的根本力量。习近平总书记在报告中系统地提出了新时代中国特色社会主义基本方略，其中第二条就是"坚持以人民为中心"。必须坚持人民主体地位，坚持立党为公、执政为民，践行全心全意为人民服务的根本宗旨，把党的群众路线贯彻到治国理政全部活动之中，把人民对美好生活的向往作为奋斗目标，依靠人民创造历史伟业。

为中国人民谋幸福，体现在过去五年的工作和历史性变革之中。党的十八大以来的五年，我们党迎难而上，开拓进取，以巨大的政治勇气和强烈的责任担当，提出一系列新理念新思想新战略，出台一系列重大方针政策，推出一系列重大举措，推进一系列重大工作，解决了许多长期想解决而没有解决的难题，办成了许多过去想办而没有办成的大事，推动党和国家事业发生历史性变革。在保障和改善民生方面，一大批惠民举措落地实施，人民获得感显著增强。脱贫攻坚战取得决定性进展，6000多万贫困人口稳定脱贫，贫困发生率从10.2%下降到4%以下。教育事业全面发展，中西部和农村教育明显加强。就业状况持续改善，城镇新增就业年均1300万人以上。城乡居民收入增速超过经济增速，中等收入群体持续扩大。覆盖城乡居民的社会保障体系基本建立，人民健康和医疗卫生水平大幅提高，保障性住房建设稳步推进。

为中国人民谋幸福，体现在对中国特色社会主义进入新时代社会主要矛盾的准确把握和科学判断。习近平总书记在报告中对我国发展新的历史方位作出了科学判断：经过长期努力，中国特色社会主义进入了新时代，我国社会主要矛盾已经转化为人民日益增长的美好生活需要和不平衡不充分的发展之间的矛盾。我国社会主要矛盾的变化是关系全局的历史性变化，对党和国家工作提出了许多新要求。对社会主要矛盾这个关系全局性变化的科学判断，要求我们在继续推动发展的基础上，要着力解决好发展不平衡不充分问题，大力提升发展质量和效益，更好满足人民在经济、政治、文化、社会、生态等方面日益增长的需要，更好推动人的全面发展、社会全面进步。

为中国人民谋幸福，体现在决胜全面建成小康社会，开启全面建设社会主义现代化国家新征程的战略安排。改革开放之后，我们党对我国社会主义现代化建设作出战略安排，提出"三步走"战略目标。从现在到2020年，是全面建成小康社会决胜期。从十九大到二十大，是"两个一百年"奋斗目标的历史交汇期。我们既要全面建成小康社会、实现第一个百年奋斗目标，又要乘势而上开启全面建设社会主义现代化国家新征程，向第二个百年奋斗目标进军。习近平总书记在报告中指出，综合分析国际国内形势和我国发展条件，从2020年到本世纪中叶可以分两个阶段来安排：到2035年基本实现社会主义现代化，到本世纪中叶把我国建成富强民主文明和谐美丽的社会主义现代化强国。从全面建成小康社会到基本实现现代化，再到全面建成社会主义现代化强国，是新时代中国特色社会主义发展的战略安排。这个战略安排，顺应了人民对更加美好生活的向往，为决胜全面建成小康社会、开启全面建设社会主义现代化国家新征程吹响了催人奋进的号角，为把我国建成富强民主文明和谐美丽的社会主义现代化强国描绘了新蓝图。

（二）带领人民创造美好生活要提高保障和改善民生水平

带领人民创造美好生活，必须提高保障和改善民生水平。党的十七大首次提出要加快推进以改善民生为重点的社会建设，努力使全体人民学有所教、劳有所得、病有所医、老有所养、住有所居，推动建设和谐社会。党的十八大再次强调加强社会建设必须以保障和改善民生为重点，要多谋民生之利，多解民生之忧，解决好人民最关心最直接最现实的利益问题，在学有所教、劳有所得、病有所医、老有所养、住有所居上持续取得新进展，努力让人民过上更好生活。习近平总书记在党的十九大报告中强调，要"提高保障和改善民生水平"。保障和改善民生要抓住人民最关心最直接最现实的利益问题，既尽力而为，又量力而行，一件事情接着一件事情办，一年接着一年干，不断满足人民日益增长的美好生活需要，使人民获得感、幸福感、安全感更加充实、更有保障、更可持续。

带领人民创造美好生活，必须健全保障和改善民生的体制机制。党的十八大以来，以习近平同志为核心的党中央，高度重视保障和改善民生的体制机制建设，出台一系列重大方针政策，推出一系列重大举措，推进一系列重大工作，解决了许多长期想解决而没有解决的难题，办成了许多过去想办而没有办成的大事。在党的十九大报告中，习近平总书记对优先发展教育事业、提高就业质量和人民收入水平、加强社会保障体系建设、坚决打赢脱贫攻坚战、实施健康中国战略等重大民生领域，又提出了许多重大方针政策和重大举措。

第一，要优先发展教育事业。习近平总书记在党的十九大报告中指出，建设教育强国是中华民族伟大复兴的基础工程，必须把教育事业放在优先位置，加快教育现代化，办好人民满意的教育。教育优先发展战略是改革开放以来我们党确立的一项重大战略方针。党的十八大以来，在全面贯彻党的教育方针，落实立德树人根本任务，发展素质教育，推进教育公平，培养德智体美全面发展的社会主义建设者和接班人取得了重大新进展。正如教育部部长陈宝生在接受记者采访时所总结的，教育现代化加速推进，教育投入占国内生产总值的比重达4%，各级各类学校互联网接入率由五年前的20%多提高到现在的90%；人民对教育的获得感不断增强，不让一个孩子因家庭困难而辍学的目标基本实现，90%以上的残疾儿童享有了受教育的机会；教育改革不断深化，一批标志性引领性的教育改革方案已经出台，教育改革四梁八柱的框架已搭建起来。针对当前我国教育领域存在的义务教育不均衡、前期教育薄弱等突出问题，习近平总书记在报告中强调，要推动城乡义务教育一体化发展，高度重视农村义务教育，办好学前教育、特殊教育和网络教育，普及高中阶段教育，努力让每个孩子都能享有公平而有质量的教育；健全学生资助制度，使绝大多数城乡新增劳动力接受高中阶段教育、更多接受高等教育。

第二，要提高就业质量和人民收入水平。习近平总书记在报告中强调，就业是最大的民生。要坚持就业优先战略和积极就业政策，实现更高质量和更充分就业。党的十八大以来，我国就业状况持续改善，成为经济社会发展的一个亮点,对经济发展起到了基本的支撑作用。5年来,解决了6500多万人就业问题、2790多万下岗失业人员再就业问题和880多万城镇困难人员就业问题。在化解过剩产能过程中,稳妥安置近百万职工;在脱贫攻坚中,解决了480多万农村建档立卡困难人员转移就业问题。针对我国就业领域存在的结构性矛盾和体制机制弊端,习近平总书记明确要求:要大规模开展职业技能培训,注重解决结构性就业矛盾,鼓励创业带动就业;要破除妨碍劳动力、人才社会性流动的体制机制弊端,使人人都有通过辛勤劳动实现自身发展的机会。

收入是民生之源。改革开放以来,特别是党的十八大以来,在经济快速发展的基础上人民收入水平得到了持续稳定较快的提高。但是在收入分配领域仍然存在差距过大、分配不公等突出问题。习近平总书记在报告中强调,要坚持按劳分配原则,完善按要素分配的体制机制,促进收入分配更合理、更有序。要坚持在经济增长的同时实现居民收入同步增长、在劳动生产率提高的同时实现劳动报酬同步提高。政府要履行好再分配调节职能,加快推进基本公共服务均等化,缩小收入分配差距。

第三,要加强社会保障体系建设。社会保障是保障人民生活、调节社会分配的一项基本制度。经过多年的努力,我国已经建立起世界上最大的社会保障安全网,城乡居民养老保险制度已经实现整合,机关事业单位养老保险制度改革稳步推进,医疗保险制度改革不断深化。目前,我国养老保险覆盖人口超过9亿人,医疗保险覆盖人口超过13亿人、实现了全民医保,城镇职工基本养老保险月平均待遇水平超过2300元,城乡居民基本养老保险待遇水平超过120元。习近平总书记在报告中针对目前我国社会保障领域存在的突出问题,强调要按照兜底线、织密网、建机制的要求，全面建成覆盖全民、城乡统筹、权责清晰、保障适度、可持续的多层次社会保障体系。他特别指出，要尽快实现养老保险全国统筹，完善统一的城乡居民基本医疗保险制度和大病保险制度，建立全国统一的社会保险公共服务平台，统筹城乡社会救助体系，完善最低生活保障制度。住房问题是极重要的民生。党的十八大以来，我国住房保障成就显著，近8000万困难群众改善了居住条件。党中央坚持以"房子是用来住的、不是用来炒的"为根本遵循，坚持分类调控，因城因地施策，房地产调控成效显现，房价过快上涨的势头得到了有效抑制。习近平总书记在报告中再次强调，要加快建立多主体供给、多渠道保障、租购并举的住房制度，让全体人民住有所居。

第四，要坚决打赢脱贫攻坚战。习近平总书记在报告中强调，要在发展中补齐民生短板。我国民生问题最大的短板就是贫困人口和贫困地区的脱贫问题。党的十八大以来，习近平总书记17次主持召开扶贫重要会议，25次开展扶贫调研。2013年11月3日，习近平总书记在湘西土家族苗族自治州花垣县十八洞村首次提出了精准扶贫，为推进新时期扶贫开发工作指明了方向。确保到2020年我国现行标准下农村贫困人口实现脱贫，贫困县全部摘帽，解决区域性整体贫困，做到脱真贫、真脱贫，让贫困人口和贫困地区同全国一道进入全面小康社会，这是我们党作出的庄严承诺，是必须完成的硬任务。习近平总书记在报告中明确要求，要动员全党全国全社会力量，坚持精准扶贫、精准脱贫，坚持中央统筹省负总责市县抓落实的工作机制，强化党政一把手负总责的责任制，重点攻克深度贫困地区脱贫任务。

第五，实施健康中国战略。人民健康是民族昌盛和国家富强的重要标志。医疗卫生与健康是重大民生，维护人民群众健康是践行以人民为中心发展思想的必然要求。党的十八大以来，我国医疗卫生与健康事业发展取得显著成就，开启了健康中国建设新征程。一方面，深化医药卫生体制改革取得重大阶段性成效；另一方面，我国公共卫生整体实力再上新台阶，医疗卫生服务质量和水平得到明显改善。经过不懈努力，我国居民主要健康指标总体上已经优于中高收入国家平均水平。2016年同2010年相比，人均预期寿命从74.83岁提高到76.3岁以上，孕产妇死亡率从30/10万降至19.9/10万，婴儿死亡率从13.1‰降至7.5‰，以较低的成本实现了较高的健康绩效。习近平总书记在报告中发出了"实施健康中国战略"的新号角，强调"要完善国民健康政策，为人民群众提供全方位全周期健康服务。深化医药卫生体制改革，全面建立中国特色基本医疗卫生制度、医疗保障制度和优质高效的医疗卫生服务体系，健全现代医院管理制度"。针对当前我国人口老龄化快速推进带来的养老难，特别是失能老人、高龄老人、空巢老人入住养老机构难的突出问题，习近平总书记提出，要积极应对人口老龄化，构建养老、孝老、敬老政策体系和社会环境，推进医养结合，加快老龄事业和产业发展。

带领人民创造美好生活，不仅必须补短板，而且必须强弱项。强弱项，主要是在上幼儿园难、弱势群体和特殊困难人群的帮扶等方面。习近平总书记在党的十九大报告中，在党的十七大、十八大提出保障和改善民生的"五有"目标基础上，首次系统地提出了"七有"目标："幼有所育、学有所教、劳有所得、病有所医、老有所养、住有所居、弱有所扶。"习近平总书记特别强调，要办好学前教育，统筹城乡社会救助体系，完善社会救助制度，健全农村留守儿童和妇女、老年人关爱服务体系，加强残疾人康复服务。

三、坚决兜牢基本民生的底线

改善民生讲了这样多年,我们对民生的理解应该不成问题了,然而事实并非如此。据有关方面统计,近年来我国财政支出的70%用于民生。用于民生的财政支出占到这样高的比重,本是好事,是应该肯定的,说明保障和改善民生的工作得到了切实的重视和加强。但问题是这70%的财政支出中,哪些是真正用于民生,哪些是用于同民生有关的事项,哪些不能算是民生?我们没有这方面的详细数据。

据考证,"民生"一词最早出现在《左传·宣公十二年》:"民生在勤,勤则不匮。"这里的"民",就是百姓的意思。《辞海》对于"民生"的解释是"人民的生计",是一个带有人本思想和人文关怀的词语,话语语境中显然渗透着一种大众情怀。我国民主革命先行者孙中山把民生同民主、民权并列,提出了"三民主义"。按照孙中山的解释:"民生就是人民的生活——社会的生存,国民的生计,群众的生命。"《辞海》的解释和孙中山的理解是基本一致的。

实际上,民生有广义和狭义之分。

广义的民生包括同人民群众生存和发展相关的所有领域、方面和事项。可以说,经济建设、政治建设、文化建设、社会建设和生态建设都属于民生问题。这样理解民生,过于宽泛,把民生的概念泛化了。

狭义的民生则特指人民群众的基本生存问题。具体来讲,大致可以分为三个层次:

第一个层次是民众基本生活需要的满足或生存权的保障,包括就业和取得合理的劳动报酬,特别是能够获得维持基本生存所必需的最低收入水平;包括学有所教,能够平等地接受基础教育特别是义务教育;包括病有所医,为人民群众提供基本的医疗卫生服务;包括老有所养，保障人民基本的养老需要；也包括住有所居，通过建立住房保障制度，解决人民群众的基本住房问题。

第二个层次是民众的一般生存和发展问题。包括为人民群众提供优质的教育和职业培训，实现充分就业，不断增加城乡居民收入，建立健全覆盖城乡居民的完善的社会保障体系和医疗保健体系等。

第三个层次是全民性社会福利，提高全民的社会福利水平。

上述三个层次的民生问题，它们是一种逐层递进的关系。也就是说，第一个层次的民生是基础性的民生，后两个层次民生问题的解决有待于第一层次民生问题的基本解决。我们通常所讲的民生，是指狭义的民生概念。当前解决民生问题的着力点，是着力解决民众基本生活需要的满足或生存权的保障问题，也就是第一层次的民生问题。具体地说，就是要着力解决"学有所教、劳有所得、病有所医、老有所养、住有所居"方面的突出问题。当然，在解决第一层次民生问题的同时，要积极创造条件，有针对性地解决第二层次和第三层次的民生问题。具备条件的后两个层次民生问题，应当积极地解决，而不是坐等第一层次民生问题完全解决之后再考虑后两个层次民生问题。

当前如此强调保障和改善民生，这不仅仅是因为民生问题比较突出，着力保障和改善民生具有重要的现实意义，而且是因为保障和改善民生本身对于巩固党的执政地位、贯彻落实科学发展观、全面推进中国特色社会主义事业、实现全面建设小康社会奋斗目标等具有重要意义。加强保障和改善民生的工作，既要高度重视，又一定要从民生的特点出发。民生的特点可以从上述三个层次分别进行分析，当然有些特点是各层次民生共有的，也有一些是某一层次民生特有的。一是民生具有不断升级的特性。今天我们面对的民生问题，同 10 年前、20 年前有了很大的不同。原因很复杂，其中之一，就是原来比较低层次的民生问题有了很大的缓解，但人民群众又有了更多的新期待和新要求，改善民生的目标更高了。二是刚性增长。这是民生问题的一个重要特点。保障和改善民生只能做加法，不能做减法。做加法大家都高兴，做减法就可能引起社会不满。从20世纪70年代后西方一些国家削减社会保障支出，降低社会保障待遇引起社会的普遍不满，特别是这一次受欧债危机影响，一些欧洲国家降低社会保障待遇水平引发民众的强烈抗议，都可以清楚地说明这一点。保障和改善民生的标准要适合国情特别是经济发展水平，民生的改善要循序渐进，不断有所提高和改进。三是花钱而不挣钱。这是不言而喻的。经济建设挣钱，改善民生则是花钱。当然，经济建设挣钱不是目的，经济建设的最终目的就是要不断满足人民日益增长的物质文化生活需要，一个很重要的体现就是民生的切实保障和不断改善。但是，民生的这一特点不可避免地会影响到加引号的"政绩"和一些人在保障和改善民生问题方面的积极性。

目标是行动的方向和指引。保障和改善民生必须有明确的目标。我国保障和改善民生的近期目标，是到2020年全面小康社会建成之时，实现"人人享有基本生活保障"的目标。民生问题事关人民群众切身利益。保障和改善民生既要统筹兼顾，又要抓住事关人民群众利益的突出问题，着力推进、重点突出。党的十九大从全面建成小康社会的战略高度，强调保障和改善民生要抓住人民最关心最直接最现实的利益问题，既尽力而为，又量力而行，一件事情接着一件事情办，一年接着一年干，在发展中补齐民生短板，在幼有所育、学有所教、劳有所得、病有所医、老有所养、住有所居、弱有所扶上不断取得新进展，深入开展脱贫攻坚，保证全体人民在共建共享发展中有更多获得感，不断促进人的全面发展、全体人民共同富裕。

当前，保障和改善民生的着力点，就是要着力解决"幼有所育、学有所教、劳有所得、病有所医、老有所养、住有所居、弱有所扶"方面的突出问题。党的十九大根据我国经济社会发展实际，提出在保障和改善民生方面，坚持人人尽责、人人享有，坚守底线、突出重点、完善制度、引导预期，完善公共服务体系，保障群众基本生活，不断满足人民日益增长的美好生活需要，使人民获得感、幸福感、安全感更加充实、更有保障、更可持续。这是对"人人享有基本生活保障"的更高要求。

进入21世纪以来，特别是党的十八大以来，在经济发展的基础上我们民生状况得到了持续和明显的改善，但民生领域仍然存在许多突出问题。今后一段相当长的时期，我们仍然要坚持"守住底线、突出重点、完善制度、引导预期"的思路，做好保障和改善民生的各项工作。守住底线，重点是保障低收入群众的基本生活，不仅要确保他们的吃饭穿衣等基本需求得到满足，而且要在医疗、子女教育、住房等方面的实际困难得到有效解决。突出重点，最主要的就是就业，尤其要做好以高校毕业生为重点的青年就业和农村转移劳动力就业工作。就业是民生之本。业有所就，确保有劳动能力的人都有能够发挥自己一技之长的岗位，依靠自己的劳动创造幸福生活。完善制度，主要是社会保障制度，建立更加公平可持续的社会保障制度。通过整合社会保障制度的"碎片化"问题，解决城乡、不同人群社会保障待遇的不公平问题。通过加大财政和国有资本对社会保障基金的投入，完善社会保障基金投资运营方式确保基金保值增值，健全社会保障基金征缴机制和社会保障待遇正常增长机制，解决社会保障制度可持续发展面临的突出问题。引导预期，改善民生既要有所作为，又要量力而行，民生的保障和改善不可能超出经济发展和国家财政所能承受的限度。

要把该办能办的实事竭力办好,把基本民生保障的底线兜牢筑实。

在兜牢基本民生的底线方面,目前该办能办的实事很多,有些该办能办的实事正在办,其中一些还办得很有成效,但也有一些该办能办的实事或者还没有办,或者办理的速度还比较慢。目前,最主要的是以下几方面:

第一,加快推进基础养老金的全国统筹。这项工作本来应该在"十二五"期间完成,但因为各种原因,至今没有完成。做好这项工作,不仅可以有效地解决部分地方养老金收不抵支的问题,大大减少中央财政专项转移支付的压力,而且可以有效解决地区之间养老保险缴费率事实上存在的过大差距,促进公平。

第二,健全养老金待遇的正常调整机制,并进而在国家相关立法中作出规范性的规定,以避免养老金水平调整的随意性。从2005年开始,已经连续13年提高企业退休人员基本养老金水平,2016年扩大到提高企业和机关事业单位退休人员基本养老金。2005—2015年,除2006年外,企业退休人员养老金每年以10%左右的幅度递增,2016年和2017年增幅有所下降。从国际上看,养老金水平的提高,主要考虑两个因素,即物价上涨指数和在岗职工的工薪上升水平,前者要解决的是退休人员的养老金水平不因物价的上涨而下降,后者要解决的是共享发展成果。从过去13年基本养老金水平"十三连涨"看,不仅涨幅过大,而且随意性很大。

第三,厘清相关社会救助项目之间的关系,解决不同社会救助项目之间存在交叉和不协调的问题。现行社会救助项目繁多,相互之间缺乏应有的协调配合。许多项目都是根据当时的实际需要逐步建立和发展起来的,分属不同的部门进行管理,因而不同的社会救助项目之间难免出现交叉和不协调的地方,最典型的如农村低保制度与五保户制度、低保标准与扶贫标准等。

四、改善民生关键是制度建设

经济快速发展，为民生的改善奠定了越来越雄厚的物质基础。从总体上看，改革开放 40 年来，尤其是进入 21 世纪后的近 20 年，我国民生问题得到了稳步的、很大程度的改善，但是，民生领域仍然存在一些突出的问题。进一步保障和改善民生，使民生的改善同经济发展同步，同国家财力的增长同步，同人民群众的新期待新要求相适应，必须完善保障和改善民生的制度安排。

保障和改善民生，讲了很多年，党和政府，以及社会各界、各个方面都高度重视，人民群众充满了期盼。但是，在现实生活中经常有这样一种现象，一些保障和改善民生的事情说得很多，也说得很好，落实得却不是太好，有的事情甚至说的和做的是两回事。这其中的原因是多方面的，但缺少制度或制度的约束力不够可能是一个重要的原因。邓小平曾经说过，还是制度靠得住些，制度好，可以使人充分做好事，不做坏事；制度不好，容易使人走向反面。保障和改善民生，必须有相应的制度作保障。

党的十七届五中全会通过的"十二五"规划建议明确提出，要完善保障和改善民生的制度安排。党的十九大鲜明指出："民生领域还有不少短板，脱贫攻坚任务艰巨，城乡区域发展和收入分配差距依然较大，群众在就业、教育、医疗、居住、养老等方面面临不少难题。"为此，必须坚持在发展中保障和改善民生，在发展中补齐民生短板。要优先发展教育事业，加快教育现代化，办好人民满意的教育；要坚持就业优先战略和积极就业政策，实现更高质量和更充分就业；要坚持按劳分配原则，完善按要素分配的体制机制，促进收入分配更合理、更有序；要按照兜底线、织密网、建机制的要求，全面建成覆盖全民、城乡统筹、权责清晰、保障适度、可持续的多层次社会保障体系；要坚决打赢脱贫攻坚战，让贫困人口和贫困地区同全国一道进入全面小康社会是我们党的庄严承诺；要实施健康中国战略，完善国民健康政策，为人民群众提供全方位全周期健康服务。这些都是事关民生保障和改善的重大政策取向和制度安排。必须健全相应的制度，使之落到实处。

为了切实解决民生问题，必须通过制度创新逐步建立一个比较完整的民生保障制度体系。这一制度体系主要包括：

一是服务型政府体系。服务型政府是保障和改善民生的重要保证。只有建设好一个公共服务型政府，才能有效地为全社会提供公共物品，提供职业化、专业化的公共服务，从而有效地推动民生状况的改善；也只有服务型政府，才能够成为一个节约型政府，才能够最大限度地防止挥霍浪费，从而将公共财力最大限度地用于民生的改善。建设服务型政府，关键是转变观念和转变职能。要由单一的、不全面的发展观向科学发展观转变，由以GDP衡量政府政绩向将公共服务置于重要位置的政绩观转变，由经济建设型政府向公共服务型政府转变，着力解决政府在民生保障和改善方面的职能缺位问题。

二是基本公共服务供应体系。公共服务可以分为基本公共服务和非基本公共服务。着力保障和改善民生，必须逐步完善符合国情、比较完整、覆盖城乡、可持续的基本公共服务体系，提高政府保障能力，推进基本公共服务均等化。我国城乡发展不协调、区域发展不协调，基本公共服务差距比较大，这就必须优化基本公共服务的结构和布局，扩大基本公共服务的覆盖范围，更加注重向农村、基层、欠发展地区倾斜，向社会弱势群体倾斜，从而更好地保障这些地方人们的基本公共服务需求。

三是公共财政体系。要建立和健全公共财政体制。政府的财政收入除了保障国家机器的正常运转和国防支出等需要外，应当主要用于民生领域，真正做到财政取之于民用之于民。现在财政支出用于民生方面的比重如果说已经达到70％，应该说不低了。今后，一方面，要提高政府财政收入增量部分用于改善民生的比重；另一方面，要调整用于民生的财政支出的结构，将财政支出的重点用于公共安全、公共卫生、公共教育、社会保障和公共基础设施建设等民生薄弱环节。

四是社会安全体系。一方面，现代社会越来越成为风险社会，人类正在遭受着来自多方面的、全方位的"社会风险"的重大威胁和挑战；另一方面，从我们国家来看，刑事犯罪、社会治安案件、公共安全事故频繁发生，严重影响着社会的和谐稳定和社会成员的生存发展。因此，必须建立一个完整的能够有效保障社会稳定和个人安全的社会安全体系，为社会成员提供可靠的安全保障。

五是社会信任体系。当代中国社会正处于一个剧烈的社会结构分化和重组时期，越来越成为一个价值观念、思想文化多元化的社会，再加上社会诚信存在诸多缺失、社会成员缺乏信任感的现实，必须加强社会信任体系的建设，以推动社会的整合或一体化。

六是现代职业体系。就业是民生之本。在未来相当长一个时期，我国劳动力仍然是供大于求，就业问题不可能在短期内得到根本性的解决。因此，必须逐步建立能够广泛吸纳各类劳动力就业的现代职业体系。

七是社会资源和国民财富的公正合理分配体系，尤其是国民收入分配体系。收入分配理论要与时俱进，要建立一个更为完整的收入分配政策体系。

这些事关保障和改善民生的几大制度体系建设好了，共建共享的全面小康社会也就有了制度性的保障。

为了解决民生问题，我们国家出台了很多政策，制定了很多制度。这是必要的。但是，很多政策和制度是分别针对不同的人群建立的，不同的人群享受不同的待遇，这也就是人们常说的政策和制度的"碎片化"。我们不能过多地指责这种"碎片化"，这是一个客观事实，是我国民生保障政策和制度发展的一个阶段，有这些"碎片"比没有好。既然这些"碎片"之间存在不公平、不合理的问题，就应该稳步地推进"碎片"的整合。党的十八大以来，我国分步骤地整合了城乡居民基本养老保险和基本医疗保险制度，并推进实现基础养老金的全国统筹。

从养老保障制度讲，目前我国不仅有城镇企业职工基本养老保险制度、城镇居民基本养老保险制度、新型农村社会养老保险制度，而且还有农民工社会养老保险制度、失地农民养老保险制度、计划生育夫妇养老保险，以及老年津贴制度、农村五保户制度、城市孤寡老人福利制度，等等。推进养老保障制度的整合，必须把人人"老有所养"作为优先目标，在基本公共服务均等化的原则下，通过现行制度的整合，全面将城乡居民纳入社会养老保障覆盖范围，逐步把城乡分设的社会养老保障制度发展成为"制度合一、服务衔接、功能配套"的社会养老保障制度体系。最有条件、也最容易实现整合的制度，就是把新型农村社会养老保险制度与城镇居民基本养老保险制度整合为城乡居民基本养老保险制度。这项工作在党的十八大之后很顺利地完成了。从中长期来看，应该把职工基本养老保险制度和城乡居民基本养老保险制度整合为统一的国民基本养老保险制度。①

在医疗保障制度方面，最有条件、也最容易实现整合的制度，就是把新型农村合作医疗制度与城镇居民基本医疗保险制度整合为城乡居民基本医疗保险制度。新型农村合作医疗制度与城镇居民基本医疗保险制度的整合，其难度肯定会大于新型农村社会养老保险制度与城镇居民基本养老保险制度的整合，但这两种制度在建立和发展过程中已经留下了两者整合的接口。两种医疗保障制度的资金来源，都主要是参保者个人缴费和国家财政补贴，只是目前两者的筹资标准和待遇水平存在比较大的差距。实际上，城乡居民的医疗消费是基本相同的，只是农村居民的缴费能力比较低，如果国家财政能够向农村居民参保提供更多一点补助，城乡居民的医疗保险待遇是有可能达到大致均等水平的。从长远看，要改革机关事业单位仍然在实行的计划经济体制下建立的公费医疗制度，建立公职人员基本医疗保险制度，或直接同城镇职工基本医疗保险制度整合，进而与城乡居民基本医疗保险制度整合为统一的国民基本医疗保险制度。

从社会救助制度讲，现行社会救助项目繁多，相互之间缺乏应有的协调配合。许多项目都是根据当时的实际需要逐步建立和发展起来的，分属不同的部门进行管理，因而不同的社会救助项目之间难免出现交叉和不协调的地方，比如农村居民最低生活保障制度与五保户供养制度的协调就是一个突出问题，城市社会救助体系中的一些项目也是相互重叠或叠加的。

事实上，许多国家和地区的社会救助通常都包括一般社会救助、

---

① 参见郑功成主编：《中国社会保障改革与发展战略（总论卷）》，人民出版社 2011 年版，第 101 页。

专项社会救助和特殊社会救助等三个大类，每个大类又包括众多的项目。借鉴其他国家和地区的经验，以及我国社会救助体系发展的客观趋势，逐步健全我国综合型社会救助体系事实上已经提上日程。为此，必须将最低生活保障制度发展成为基本生活救助制度，并将基本生活保障制度同其他专项社会救助制度脱钩，不再把享受最低生活保障作为享受其他专项社会救助的前提条件；健全专项社会救助制度，以满足贫困群体和其他困难群体的多样化救助需求。

随着城市化进程的加快和流动人口的急剧增加，通过制度整合逐步实现城乡社会救助制度的一体化越来越迫切。目前最有条件、也最容易实现整合的制度，就是把城市居民最低生活保障制度与农村居民最低生活保障制度整合为城乡居民最低生活保障制度。从长远来看，医疗救助、教育救助、住房救助、自然灾害救助，必须逐步消除城乡户籍差异，最终实现这些制度的城乡一体化。真正需要单独保留的专项社会救助制度，只有农村"五保户"供养制度和城市流浪乞讨人员社会救助制度。

在社会福利制度方面，要把目前分散的、由不同部门针对不同人群分别设立的各种社会福利，整合为统一的国民社会福利制度。比如，在老年人福利方面，目前在农村有计划生育户津贴、双女户老年人奖励，在城市和农村都有高龄老人津贴等，这些制度要逐步统一归并、整合为城乡居民老年津贴制度。目前，在妇女福利、儿童福利、残疾人福利等方面，也都有许多制度性安排，应逐步加以归并和整合。

五、改善民生重在补短板

习近平总书记指出：以人民为中心的发展思想，不是一个抽象的、玄奥的概念，不能只停留在口头上、止步于思想环节，而要体现在经济社会发展各个环节。要坚持人民主体地位，顺应人民群众对美好生活的向往，不断实现好、维护好、发展好最广大人民根本利益，做到发展为了人民、发展依靠人民、发展成果由人民共享。把以人民为中心的发展思想落到实处，最关键的就是做好当前保障和改善民生的各项工作。

建设中国特色社会主义，总布局是经济建设、政治建设、文化建设、社会建设、生态文明建设"五位一体"。社会建设的重点是保障和改善民生。自党的十七大提出加快推进以改善民生为重点的社会建设，党的十八大提出在改善民生和创新管理中加强社会建设以来，保障和改善民生始终是政府工作的重中之重，保障和改善民生工作取得重大进展，人民群众的获得感、幸福指数明显提升。但是，在保障和改善民生方面，仍然存在许多突出问题，其中最主要的是农村贫困人口、城镇低保人口、65岁以上的老年人、城镇务工的农民工、在特大城市就业的大学毕业生等其他常住人口、城镇登记失业人员等特殊困难人群，他们的基本生活保障是保障和改善民生的短板，其中农村贫困人口脱贫、城镇住房困难家庭的住房问题，是短板中的短板。因此，党的十九大以来，我国保障和改善民生工作的重点，放在补短板、强弱项上。只有把短板补齐，才能把以人民为中心的发展思想真正落到实处，真正实现全体人民共享改革发展成果。

（一）补齐贫困地区和贫困人口这一全面建成小康社会最大的民生短板

农村贫困人口脱贫是全面建成小康社会最艰巨的任务，也是保障和改善民生必须补齐的最大一块短板。到2020年，全国农村现行贫困标准下的 7000 多万贫困人口全部脱贫，贫困县全部摘帽，解决区域性整体贫困，这是我们党和政府作出的一项郑重承诺。习近平总书记要求各级党委和政府必须增强紧迫感和主动性，在扶贫攻坚上进一步厘清思路、强化责任，采取力度更大、针对性更强、作用更直接、效果更可持续的措施，特别要在精准扶贫、精准脱贫上下更大功夫。扶贫开发贵在精准，重在精准，成败之举在于精准。各地都要在扶持对象精准、项目安排精准、资金使用精准、措施到户精准、因村派人（第一书记）精准、脱贫成效精准上想办法、出实招、见真效。要坚持因人因地施策，因贫困原因施策，因贫困类型施策，区别不同情况，做到对症下药、精准滴灌、靶向治疗，不搞大水漫灌、走马观花、大而化之。

在中央扶贫开发工作会议上，习近平总书记特别强调要解决好"怎么扶"的问题。各地贫困人口致贫的原因是不同的，每一个贫困人口致贫的具体原因更是千差万别，因而精准扶贫必须分类施策，因人因地施策，因贫困原因施策，因贫困类型施策。按照贫困地区和贫困人口的具体情况，实施"五个一批"工程：发展生产脱贫一批、易地扶贫搬迁脱贫一批、生态补偿脱贫一批、发展教育脱贫一批、社会保障兜底一批。总的说来，就是要锁定目前农村贫困人口，建档立卡，分类施策，不留锅底。习近平总书记一直强调，要防止形式主义，扶真贫、真扶贫，扶贫工作必须务实，脱贫过程必须扎实，脱贫结果必须真实，让脱贫成效真正获得群众认可、经得起实践和历史检验。面对脱贫攻坚中出现的一些思想倾向。2017 年 3 月 7 日，习近平总书记在参加辽宁代表团审议时明确强调，脱贫攻坚一定要扎扎实实，我们的时间表就是到 2020 年实现全面建成小康社会，还有几年时间，不要脱离实际随意提前，这样的提前就容易掺水。

当前，精准扶贫、精准脱贫工作中要防止三个倾向：

一是不切实际的随意提前脱贫摘帽。我们在调研中发现，一些贫困县贫困发生率很高，精准扶贫、精准脱贫的工作任务很重，相当多的贫困人口脱贫的难度很大，但是，这些县提出的脱贫摘帽时间表都比国家提出的 2020 年要大大提前，甚至提前到了 2017 年、2018 年，实际上，以 2020 年为脱贫摘帽时间点的并不多。这种脱离实际的随意提前，事实上很难实现，"实现"了也会有很多水分。

二是假脱贫、"被脱贫"、数字脱贫。要切实落实脱贫攻坚责任制，实施最严格的评估考核，严肃查处假脱贫、"被脱贫"、数字脱贫，确保脱贫得到群众认可、经得起历史检验。

三是精准扶贫的一些政策措施存在短期效应。比如，2017 年初，我们调研过的西部山区某县，当地政府制定的脱贫摘帽时间表是 2018 年。为此，县政府投入巨资，专门为贫困村设立了产业发展基金，其中一部分用于贫困村公共基础设施建设，另一部分按贫困人口数分配给贫困户，以股份的形式投入各种合作经济之中。合作经济利润的分红比例，2018 年及之前贫困户和村集体分别占 80％和 20％，2019—2023 年调整为各占 50％，2023 年以后则取消贫困户的分红，收益全部归村集体。类似的在短期内对贫困户脱贫很有效果，长远看则会降低贫困户收入，甚至重新返贫的做法，在其他一些地方也存在。

（二）让广大人民群众在住有所居中创造新生活

住房问题自古以来就是重大的民生问题，关系千家万户的基本生活保障。近年来，"房子、房价"成为全社会持续关注的热点，牵动着十几亿人的神经。2016 年 12 月中旬，中央经济工作会议提出，要坚持"房子是用来住的，不是用来炒的"定位，回归住房居住属性。

2016年12月21日，习近平总书记在中央财经领导小组第十四次会议上进一步指出："要准确把握住房的居住属性。"由于缺乏政策的厘清与定位，过去很长一段时间内许多人片面地将住房视作投机炒作与赚钱谋利的工具。房地产商捂盘惜售，借机拉抬出售价格；包括一些国有企业在内的主营业务非房地产的企业，不务正业，大量涉足房地产，在推升房价中大发横财；不少个人或投机者借助信贷杠杆结队"扫楼"，囤积居奇并频繁高抛低吸，从而造成整个社会相当一部分金融资本集结到房地产领域。这不仅导致一、二线城市房价轮番暴涨，也使三、四线城市陷入库存积压的窘境，还大幅抬高了居民的生活成本，日益增大的财富泡沫加剧了金融风险。① 正因如此，2018年12月，中央经济工作会议明确强调"房子是用来住的，不是用来炒的"，一方面，这一论断明确了住房的定位，使得住房市场有望回归到居住的基本功能上来；另一方面，它旨在稀释住房的资本品属性，标明政策取向将朝着继续打击投机、防止热炒与抑制房地产泡沫的方向深入推进。为此，中央经济工作会议提出，要综合运用金融、土地、财税、投资、立法等手段，加快研究建立符合国情、适应市场规律的基础性制度和长效机制。

要"坚持住房的居住属性"，落实地方政府主体责任，加快建立和完善促进房地产市场平稳健康发展的长效机制。

第一，要以市场为主满足多层次需求。以市场为主满足多层次需求的终极目标是"让房价稳定下来，让高端有市场，中端有支持，低端有保障"，让每个人的"安居梦"都得以实现。商品房是市场化的，不同收入水平的人有不同的住房需求，房地产市场要在国家政策范围

---

① 参见毕夫：《让住房市场回归到基本居住功能上来》，《中国青年报》2017年2月6日。

内,尽力满足不同层次的市场需求,繁荣市场。

第二,要以政府为主提供基本保障。住房既是商品,也是民生保障品,政府有责任为困难群众提供基本住房保障。正如习近平总书记指出的:"总有一部分群众由于劳动技能不适应、就业不充分、收入水平低等原因而面临住房困难,政府必须'补好位',为困难群众提供基本住房保障。"目前城镇还有几千万人居住在条件简陋的棚户区,要持续进行改造。2017年国家完成棚户区住房改造600万套,与此同时,发展公租房,因地制宜提高货币化安置比例,加强配套设施建设和公共服务,让更多住房困难家庭告别棚户区,让广大人民群众在住有所居中创造新生活。2018年又完成600多万套棚户区住房改造。

第三,要因城施策去库存。目前,三、四线城市房地产库存仍然较多,要支持居民自住和进城人员购房需求。随着城镇化的快速推进,越来越多的农民将成为新市民,住房是他们的基本生活,是刚需。2016年底,我国城镇化率已经达到57.35%,城镇常住人口达到7.9亿,这7.9亿人口中包括近3亿以农民工为主体的外来常住人口。但由于一些城市房地产业投机炒作造成高房价,绝大部分新市民根本无力买房,只能在城市边缘临时性不稳定租住,处于"半城市化或不完全城市化"的"候鸟"状态。促进新型城镇化的稳定、健康和可持续发展,必须着力解决好满足新市民基本住房需求这一住房刚需问题。

第四,要加强房地产市场分类调控,房价上涨压力大的城市要合理增加住宅用地,规范开发、销售、中介等行为。目前,一些城市房价上涨过快,原因是多方面的,其中供需矛盾尤其是供给与需求的结构性矛盾突出是主因。解决这一问题仅仅在需求上进行抑制和打压,只能是治标不治本,长此以往,矛盾只能是累积性的。因此,必须加大供给侧结构性改革的力度,增加住宅用地供应,增加住房有效供给,更充分地满足居民的购房需求。

当前,解决城乡住房困难家庭的住房问题还要特别注意防止三个倾向:

一是棚户区改造、公租房和廉租房等保障性住房建设方面,政府包揽过多,市场和社会力量参与不够。尤其是公租房和廉租房,绝大多数城市政府都是采取政府直接建设的方式。实际上,许多城市尤其是三、四线城市,房地产去库存压力很大,政府完全可以采取收购存量房,转用为公租房和廉租房。这样一方面,可以有效减少房地产去库存压力;另一方面,可以省去新建公租房和廉租房的建设周期。

二是脱离实际需求的追求保障性住房的数量、数字好看漂亮。许多城市政府都提出了建设保障性住房的指标,也建设了大量的保障性住房,但是,对保障性住房的真实需求没有进行认真的科学的调研,保障性住房的供给远远超过真实的需求,政府花费宝贵的财力和土地建设的保障性住房出现大量空置和浪费。

三是农村异地搬迁和危房改造搞面子工程、形象工程。最典型的莫过于热衷建设整齐划一的移民安置点,不考虑乡村的整体发展和未来规划把危房改造项目建设在公路边,作为样板的危房改造项目大大超过相关标准,等等。

六、改善民生也要由民作主

在经济发展的基础上,着力保障和改善民生,这是我们党和政府提出的一项重大战略任务和作出的郑重承诺。但是,保障和改善民生决不是党和政府单方面的给予,不是党和政府包办一切,而应当发挥各个方面的积极性和作用,尤其是人民群众的积极性、主动性和创造性。改善民生也必须由民作主。杭州市"民主促民生"的生动实践，充分说明了这一点。

"民主促民生"的一个典型，是住户全程参与危旧房改善工程。2007年，杭州市全面启动危旧房改善工程。一是改善前，问计于民。通过入户调查、设计方案公示和召开住户听证会"三步曲"，充分听取住房意见，确定改善与否、改善内容和改善方式。二是改善中，加强安民告示与现场监督。进场施工前3个工作日就将告示发给各住户，并张贴在项目主要出入口处，以便住户了解工程情况，监督现场施工。他们还成立了"义务监督员巡查小组"，对项目质量、扰民情况、施工安全情况进行监督。三是改善后，问绩于民。工程完成后，邀请义务监督员和住户代表参加竣工验收会，对提出的有关质量方面的意见，限期要求施工单位进行整改。他们还建立了危旧房改善工程质量回访制度，对改善效果、施工质量等进行回访。经过两年的努力，杭州市对156.8万平方米危旧房进行了改善，基本解决了2.84万户危旧房住户的住房问题。

"民主促民生"的另一个典型，是实施庭院改善工程中建立的"四问四权"工作机制。一是"问情于民"，"改不改"，由老百姓定。工程立项前，对庭院内居民进行100%入户书面调查，必须有2/3以上的住户要求改善的庭院方可列入改善计划。通过全覆盖调查制度、多数人同意可以更改设计方案制度、解决居民意见分歧票决制度，保障了住户对改善工程拥有民主决策的权利。二是"问需于民"，"改什么"，由老百姓选择。对列入改善计划的项目，通过设置社区公告栏、开通热线电话、发放居民需求调查表等形式，让居民选择改善的具体内容。庭院改善安排的改善内容达22项。每个庭院具体如何实施，都要听取老百姓的意见。三是"问计于民"，"怎么改"，让老百姓提。在改善庭院的主要出入口设置工程公示牌，在每个单元门口张贴改善公告，将管理人员联系方式等内容告知住户，及时收集住户对工程的要求。组织专家、义务监督员、青年志愿者检查改善工程，听取他们的意见。建立市、区、街道信访处置三级工作网络，每件意见都要层层溯源、层层落实，实现落实一个意见带动一类问题的解决。四是"问绩于民"，"改得好不好"，让老百姓评。在立面整治脚手架拆除前，通过发放居民意见征求表和在现场设置咨询服务台等方式征求住户意见，对收集到的意见一一对应落实整改并反馈给住户。未开展"问绩于民"回头看活动、市民意见未整改和市民不满意的工程，不得进入工程验收程序。据杭州市统计局抽样调查，群众对庭院改善工程的满意率达92.7%。杭州市计划用3年时间完成745个庭院、3365幢楼房的改善目标，让55.5万受益群众享受到宜居的庭院环境。

在背街小巷改善、推出"免费单车"系统，以及出台《杭州市基本医疗保障和基本养老保障办法》等民生工程中，杭州市都比较充分地运用了民主促民生的工作机制，广泛动员市民群众积极参与方案的讨论、决策和监督。

人民群众对过上更加美好生活的愿望越来越深切，对保障和改善民生寄予了热切的期望。近年来，我们党和政府采取了一系列重大举措着力保障和改善民生，成效是十分显著的。但是，确实有一个问题值得我们深思，这就是怎么样把好事办好。好事办好的标准可能有很多，但最主要的就是看人民群众满意不满意、高兴不高兴、答应不答应。好事必须经得起历史和群众的检验。要做到这一点，就必须在保障和改善民生的工作中，充分尊重人民群众的主体地位，民生工程必须由民作主，从哪些方面着力保障和改善民生、怎么样保障和改善民生、保障和改善得怎么样，都应该是老百姓说了算。

第二章

办好人民满意的教育

习近平总书记在党的十九大报告中指出：建设教育强国是中华民族伟大复兴的基础工程，必须把教育事业放在优先位置，加快教育现代化，办好人民满意的教育。办好人民满意的教育，这是很有针对性的。人民对教育不满意，最主要的就是教育不公平。因此，要推进教育公平，推动城乡义务教育一体化发展，健全学生资助制度，努力让每个孩子都能享有公平而有质量的教育，使绝大多数城乡新增劳动力接受高中阶段教育、更多接受高等教育。

一、教育是民族振兴和社会进步的基石

百年大计，教育为本。教育是民族振兴、社会进步的基石，是提高国民素质、促进人的全面发展的根本途径，寄托着亿万家庭对美好生活的期盼。强国必先强教。优先发展教育、提高教育现代化水平，对实现全面建设小康社会奋斗目标、建设富强民主文明和谐的社会主义现代化国家具有决定性意义。当今世界正处在大发展大变革大调整时期，世界多极化、经济全球化深入发展，科技进步日新月异，人才竞争日趋激烈。我国正处在改革发展的关键阶段，经济建设、政治建设、文化建设、社会建设以及生态文明建设全面推进，工业化、信息化、城镇化、市场化、国际化深入发展，人口、资源、环境压力日益加大，经济发展方式加快转变，都凸显了提高国民素质、培养创新人才的重要性和紧迫性。中国未来发展、中华民族伟大复兴，关键靠人才，基础在教育。

（一）教育是提高我国综合国力和国际竞争力的关键

综合国力是一个综合性概念，不仅包括一个国家自然形成的诸如国土面积、地理环境、自然资源、人口数量等基本能力及人为形成的科技、经济、国防等能力，这些称作硬国力，而且包括文化、教育、政治、外交、组织领导、管理决策、意志、精神能力等，这些又叫软国力。综合国力不是这些组成要素的简单相加，而是有机结合形成的整体能力。

当今世界正处在大发展大变革大调整时期。世界多极化、经济全球化深入发展，科技进步日新月异，人才竞争日趋激烈。我国正处在改革发展的关键阶段，经济建设、政治建设、文化建设、社会建设以及生态文明建设全面推进，工业化、信息化、城镇化、市场化、国际化深入发展，人口、资源、环境压力日益加大，经济发展方式加快转变，都凸显了提高国民素质、培养创新人才的重要性和紧迫性。中国未来发展、中华民族伟大复兴，关键靠人才，基础在教育。

邓小平曾经深刻地指出：我们国家，国力的强弱，经济发展后劲的大小，越来越取决于劳动者的素质，取决于知识分子的数量和质量。一个十亿人口的大国，教育搞上去了，人才资源的巨大优势是任何国家比不了的。以江泽民同志为核心的党的第三代中央领导集体同样高度重视教育。江泽民反复强调：我们必须把教育摆在优先发展的战略地位，努力提高全民族的思想道德和科学文化水平，这是实现我国现代化的根本大计。在党的十六大报告中，把教育发展和"人民享有接受良好教育的机会"纳入了全面建设小康社会的奋斗目标。胡锦涛在不同场合多次强调，要努力办好让人民满意的教育，并把这一要求同深入实施科教兴国战略和人才强国战略、建设人才资源强国紧紧地联系在一起。在党的十七大报告中，胡锦涛再次强调，要办好人民满意的教育。这是以胡锦涛同志为总书记的党中央深入贯彻落实科学发展观的重大决策，是关系我们国家现代化建设和中华民族伟大复兴全局的又一战略抉择。在党的十九大报告中，习近平总书记又强调，要推进教育公平，努力让每个孩子都能享有公平而有质量的教育。我们要从事关中国特色社会主义事业总体布局和中华民族前途命运的高度，充分认识办好人民满意的教育的战略意义。

（二）教育是我国社会主义现代化建设"智力支持"的基础

为社会主义现代化建设提供智力支持，是教育在社会主义现代化建设中的独特作用的具体体现。这种智力支持：一是培养具有各种知识的专门人才和熟练掌握各种技能的劳动者。二是为人们传授科学文化、劳动生产技能等方面的知识。无论是有知识、有技能的各类人才的培养，还是科学文化、劳动生产技能的传播传授，在现代社会中都主要是通过教育，尤其是通过各级各类学校教育来实现的。学校教育在人才的培养和知识的传播传授方面发挥的重要作用，是任何其他教育场所和教育形式无法相比的。学校教育对全面提高人的素质越来越具有举足轻重的作用，为社会主义现代化建设提供智力支持的使命将更多地由教育特别是各级各类学校教育来承担。当今世界，各国之间激烈的竞争，说到底，是人才的竞争，是民族创新能力的竞争。而培养人才和增强民族创新能力，基础在教育。新中国成立以来，我国教育事业得到巨大发展，为我国的经济发展和社会全面进步培养了大量高素质人才，充分发挥了为社会主义现代化建设提供智力支持的作用。

（三）教育是全面建成小康社会的题中之义

根据党的十五大提出的到 2020 年、建党一百年和新中国成立一百年的发展目标，我们要在本世纪头 20 年，集中力量，全面建设惠及十几亿人口的更高水平的小康社会，使经济更加发展、民主更加健全、科教更加进步、文化更加繁荣、社会更加和谐、人民生活更加殷实。

党的十九大报告指出，从十九大到二十大，是"两个一百年"奋斗目标的历史交会期，我们既要全面建成小康社会、实现第一个百年奋斗目标，又要乘势而上开启全面建设社会主义现代化国家新征程，向第二个百年奋斗目标进军。这个宏伟目标，不仅内涵丰富，包括了经济、政治、文化、社会生活等多方面内容，涵盖了社会的全面进步，而且具有极强的亲和力、感召力，符合人民的心愿和党的事业发展的要求。

（四）教育是体现发展为了人民、发展依靠人民、发展成果由人民共享的一个重要方面

我国宪法明文规定，中华人民共和国公民有受教育的权利和义务。我们党的教育方针是"坚持教育为社会主义现代化建设服务，为人民服务，与生产劳动和社会实践相结合，培养德智体美全面发展的社会主义建设者和接班人"。教育不仅要为现代化建设服务，同时要为人民服务。教育涉及千家万户，惠及子孙后代，是体现发展为了人民、发展依靠人民、发展成果由人民共享的重要方面。教育是满足人民美好生活需要的重要因素，办好人民满意的教育是实现好、维护好、发展好最广大人民根本利益的体现，始终是我们党和国家一切工作包括教育工作的出发点和落脚点。党的十九大报告明确要求办好人民满意的教育，就是要在经济发展的基础上更加注重保障和改善民生，努力使全体人民"学有所教"，共享改革发展成果。办好人民满意的教育，从根本上说，就是要全面贯彻党的教育方针，满足人民群众日益增长的多样化的教育需求，不断促进人的全面发展。

（五）教育是促进人的全面发展的基础性工程

马克思、恩格斯在创立唯物史观和剩余价值学说的基础上，通过对空想社会主义的批判，实现了社会主义学说的历史性变革，使社会主义走出了乌托邦的荒野，由空想变成了科学。马克思主义的科学社会主义不仅论证了社会主义取代资本主义的必然性和历史条件，阐明了无产阶级的历史使命和无产阶级政党、无产阶级革命、无产阶级专政等重大问题，而且对未来社会的发展过程、发展方向和基本特征等作出了科学的预测和设想。与空想社会主义者对未来理想社会的"乌托邦"式美妙描绘不同，马克思、恩格斯对未来社会的预测只是指出了大致的轮廓和发展方向。马克思、恩格斯认为，未来社会是自由人的联合体。"代替那存在着阶级和阶级对立的资产阶级旧社会的，将是这样一个联合体，在那里，每个人的自由发展是一切人的自由发展的条件。"[1] 1894年1月9日，恩格斯在致意大利友人朱·卡内帕的信中，引述了《共产党宣言》中的这句话作为对未来社会的一个基本看法。他说，除了从《共产党宣言》中摘出这段话外，再也找不出更合适的词句了。由此可见，未来社会的本质规定是在自由人的联合体中实现人的全面和自由的发展。马克思、恩格斯认为，未来社会就是一个"以每个人的全面而自由的发展为基本原则的社会形式"[2]。"一切民族，不管他们所处的历史环境如何，都注定要走这条道路，——以便最后都达到在保证社会劳动生产力极高度发展的同时又保证人类最全面的发展的这样一种经济形态。"[3] 人的全面和自由发展，是未来共产主义社会的本质规定。

今天，我们正处在新时代中国特色社会主义发展阶段。在现阶段，

---

[1] 《马克思恩格斯选集》第1卷，人民出版社1995年版，第294页。
[2] 《马克思恩格斯全集》第23卷，人民出版社2002年版，第649页。
[3] 《马克思恩格斯选集》第3卷，人民出版社1995年版，第757页。

促进人的全面和自由发展，就是要把我们的人民培养成有理想、有道德、有文化、有纪律的社会主义公民，提高全民族的思想道德素质、科学文化素质和健康素质。教育的主要社会功能，就是培养人。人是社会实践的主体，培养什么样的人，直接影响到建设什么样的社会。学校教育对人的培养，不仅仅是传授生产经验、技能和自然科学知识，而且要传播社会生活经验、能力和社会科学知识。通过学校教育培养出来的人，既应当具有高度的智慧，也应当具有高尚的灵魂。公民能否树立崇高的理想、远大的志向和正确的世界观、人生观、价值观，能否具备优良的道德品质，能否掌握丰富的科学知识，能否具有强健的体魄和良好的心理素质，教育都具有至关重要的基础性作用。

青少年强则国家强，青少年兴则国家兴。青少年是祖国的未来和希望。只有培养千千万万具有高尚思想品质和良好道德修养、掌握现代化建设所需要的丰富知识和扎实本领的建设者和接班人，才能确保我们党和国家的事业代代相传，才能实现国家的长治久安。因此，我们的教育必须始终把坚定正确的政治方向放在第一位，坚持德育首位的原则，把我们的青少年培养成为有理想、有道德、有文化、有纪律的，德、智、体、美全面发展的社会主义建设者和接班人。

二、教育公平是社会公平的重要基础

推进教育公平是我们党教育思想中一以贯之的重要原则和要求。党的十七大报告指出："教育公平是社会公平的重要基础。"党的十八大进一步强调，要大力促进教育公平，合理配置教育资源，重点向农村、边远、贫困、民族地区倾斜，支持特殊教育，提高家庭经济困难学生资助水平，积极推动农民工子女平等接受教育，让每个孩子都能成为有用之才。党的十九大再次强调要推进教育公平。

在全面建成小康社会进程中，促进教育公平无疑是一项具有全局性、战略性的重大任务，也是我国教育改革和发展坚定不移追求的目标。必须把促进公平作为国家的基本教育政策。教育公平的关键是机会公平，基本要求是保障公民依法享有受教育的权利，重点是促进义务教育均衡发展和扶持困难群体，根本措施是合理配置教育资源，向农村地区、边远贫困地区和民族地区倾斜，加快缩小教育差距。教育公平的主要责任在政府，全社会要共同促进教育公平。

之所以说教育公平是社会公平的重要基础，这是因为：

第一，教育公平是体现社会公平的重要方面。由于社会现象的错综复杂性和多维性，我们可以把公平划分为经济公平、政治公平、文化公平和伦理公平等不同的类别。公平当然包括教育公平，而且，教育公平是社会公平的一个重要方面，是一个不可或缺的方面。一个公平的社会，不能没有教育的公平。没有教育公平的"公平社会"只能是空有其名的，至少是有重大欠缺的。

第二，社会公平的实现有赖于教育公平。公平是由起点、过程和结果三个环节构成的，三个环节是一个相互制约、不可分割的有机整体。起点公平是指人们在占有生产资料和社会资源方面的公平，这实际上是人们在社会政治和经济地位方面的平等问题。过程公平也就是机会平等、规则公正。结果公平是人们追求的目标。结果的公平是由起点公平和过程公平所决定的，其中任何一个环节发生问题，都不可能达到真正的结果公平。结果的公平，必须靠起点公平和过程公平来保证。教育则是起点公平的重要保障。没有教育的公平，就不会有真正意义上的起点公平，侈谈结果公平是毫无意义的。教育水平与收入水平之间的高度相关性就说明了这一点。随着中国劳动力市场化程度的提高，教育与收入水平的关系越来越密切。明瑟收益率是衡量教育与经济收入相关度的重要指标，表示社会成员每多接受一年教育，在经济收入上提高的百分比。有学者基于国家统计局的相关数据研究表明：简单明瑟教育收益率从1991年的2.76%上升至2000年的8.21%。而且，随着受教育程度的提高，年均教育收益率呈现出明显的递进规律。相对接受小学教育者而言，初中、高中、中专、大学专科、大学本科的年均教育收益率依次为3.74%、5.24%、5.4%、6.24%和8.84%[①]。缩小收入差距，促进社会公平，首先要缩小教育差距，使人们具有平等接受教育的机会，并且通过有效的措施努力控制教育结果上的差距。只有借助公平的教育，才能将中国庞大的人口资源转换为人力资源，为社会发展提供动力，为社会公平奠定基础。

第三，教育公平是促进合理社会流动和形成良性社会结构的重要保证。我们正在进行社会主义现代化建设。在一个已经实现了现代化的国家，都有一个人数众多的稳定的中等收入者群体，从而形成一种"两头小、中间大"的所谓"橄榄型"社会结构。目前，西方发达国家的中等收入者一般占到人口的一半以上，而我国的中等收入者所占比重还很低。相应的，我国现阶段的社会结构是呈"金字塔型"的：高收入者出现了，但是极少数；中等收入者出现了，但所占比重也很小；绝大多数人是低收入者。所以，必须积极扩大中等收入者比重，从而改善我国的社会结构，推动我国社会结构的合理化和现代化。要做到这一点，首先，必须大力发展教育，使我们的人民都能接受良好的教育，从而不断提高收入水平。其次，必须建立健全顺畅的社会流动机制，使更多的低收入者能够顺利进入中等收入者行列。

---

① 参见岳昌君：《教育对个人收入差异的影响》，《经济学》2004年第3卷。

在一个开放的现代社会,社会分层仍然是一个客观事实。社会成员因为经济、政治、社会地位的高低不同而分化为不同的社会阶层。在正常情况下,社会阶层之间是相互开放和平等进入的,人们能够在不同的社会阶层中垂直流动。处于地位较低阶层的社会成员,通过自己的努力和奋斗,完全可以流动到经济、政治、社会地位更高的社会阶层。任何一个社会阶层中的成员,都不是天生注定要在父辈所处的社会阶层中继承父辈的身份而终其一生,然后再把这种身份世代遗传给子孙后代。这种正常的社会流动,是社会充满生机和活力的源泉,是实现社会公平正义的保障,更是构建和谐社会的必然要求。

实现社会流动的机制和途径是多种多样的,比如社会革命、经济社会结构的重大变革或转型、社会职业结构和劳动就业结构的重大变化等。在常规化的社会流动中,促进社会流动的有效机制当首推教育及其因教育而获得的知识和技能。法国著名社会学家布迪厄曾出版过《教育、文化和社会的再生产》一书,提出了教育是阶级再生产的机制的论断。在该著作中,布迪厄"令人信服"地说明,教育机构的职能不仅仅是传授知识和颁发文凭,同时也是再生产社会不平等并使之合法化的方式,是现代社会中阶级再生产的一种重要机制。这是因为通过教育机构,家庭背景的差异甚至对不同语言和生活方式熟悉程度的差异,会转化为学校考试成绩的差别。这样一来,教育就不断地将社会中已有的阶级结构复制出来了。我们不难发现,布迪厄在自己的理论中避开了一个关键性问题,这就是教育的公平性。不同社会阶级的成员掌握的资源尤其是教育资源,事实上是不平等的。有钱人能够给自己的子女创造更好的教育条件,穷人则不可能做到这一点,他们的子女不能享受到同富人们的子女相同的教育。但是,在现代社会,教育水平的高低恰恰直接或间接地决定着一个人的职业选择和社会地位,所以教育就成为阶级再生产的机制了。

一旦实现了教育的公平，教育就会充分发挥出促进社会流动的积极作用。一个人即使出身贫寒，只要他刻苦读书，日后就可能找到一个好的职位，有一份不错的收入，从而进入社会的上层，既改变了自己的家庭状况，也改变了自己的社会地位。我国历史上的科举制，就是这样一种重要的社会流动机制。（当然，科举制存在许多弊端，我们不在这里讨论）一个出生于贫寒家庭的孩子，如果天资聪颖而又勤奋好学，考取了某种功名，就可以为官，从而实现向上的社会流动。在现代社会，社会分层的主轴是职业分层，因而教育更是实现社会流动的最重要机制。这就又提出了另一个问题，即如何保证和实现教育资源和受教育机会的公平分配。换言之，教育资源和受教育机会能不能公平地惠及各个社会阶层，尤其是处于弱势地位的社会阶层及其社会成员。

据中国社会科学院社会学研究所"当代中国社会阶层结构课题组"的研究，自20世纪80年代以来，处于较为优势地位的国家与社会管理者、经理人员、专业技术人员阶层的代际继承性明显增加，代内流动明显减少；而处于经济社会地位较低阶层成员的子女，要进入较高地位的社会阶层，其门槛明显增高；社会阶层之间的流动障碍不是弱化了，而是强化了。一份关于北京高等院校生源的调查报告则显示，尽管来自农村的生源的绝对人数是增加的，但来自农村的学生所占比例出现了明显下降。20世纪80年代时还占30%，90年代末就仅占17%多一点了。这两个看似没有什么联系的课题研究结果，其实都说明了一个问题，目前我国的社会流动出现了比较严重的障碍，阶层之间的流动渠道不是变宽了，而是变窄了，社会流动出现了阻塞现象。这背后的重要原因，恰恰就是教育的不公平性，教育资源和受教育机会在不同社会阶层之间的分配是不公平的。

第四，促进教育公平有助于消除"贫困文化"，促进社会融合。美国社会学家与人类学家奥斯卡·刘易斯提出的"贫困文化"论认为，长期生活于贫困之中的穷人，会逐渐脱离社会主流文化、不受主流文化的影响而形成一种自我保护机制，即特定的生活方式、行为规范、价值观念等。这一"贫困文化"的形成和存续，会对周围的人，特别是穷人的后代产生深远影响并且代际相传。处于"贫困文化"体系保护下的穷人群体，彼此之间维系着简单的人际关系，以血缘、亲缘、地缘为半径而建立的社会关系网络规模小，社会资本质量低。而且，由于"贫困文化"的阻隔，穷人与主流社会的接触机会很少，无法通过社会关系网络获取更多的稀缺资源。"贫困文化"现象割裂了社会群体之间的融合，并极有可能造成彼此间的对立和冲突，与建设和谐文化的努力方向背道而驰。

哈夫曼和沃尔夫认为，教育具有积极的"外溢作用"：教育可以改善穷人的知识贫困状态，改变观念、行为、意识与精神面貌，增加与主流文化接触的意愿和机会，增强社会参与能力，扩大其人际交往的范围，从而提高穷人的社会资本存量，切断贫困代际传递的纽带；教育可以增加医疗卫生知识，改善配偶和家庭成员的健康状况，降低因病致贫的风险；教育可以降低生育率，减轻家庭抚养子女的负担；等等。对此，有学者提出："要消灭贫困，首先必须改造贫困文化……而要摆脱贫困文化的束缚，就应当增加他们及其后代与主流文化接触的机会及其被主流文化接纳的技能。而要做到这一点，关键在于教育，即促进教育机会的均等。"[1]

---

[1] 郑杭生、李迎生：《全面建设小康社会与弱势群体的社会救助》，《中国人民大学学报》2003年第1期。

我们尤其要看到，通过教育获取的文化资源是人们竞争就业、晋升等社会资源的必备条件，尤其是一些高薪、稳定的职业岗位，对教育背景要求更高。教育的不公平，将演变为文化资本的分配不公。在一定条件下，文化资本可以向经济资本、社会资本转化。由此引发的社会资源分配的"马太效应"，将导致社会的政治、经济、文化等资源过多地向少数的社会群体集中，使大部分的社会成员由于资源匮乏而长期处于社会下层。占人口绝大部分的社会成员相对剥夺感一旦受到激化，容易引发社会不稳定因素，直接阻碍社会主义和谐社会的建设。正因为这样，解决教育公平问题已经刻不容缓。在构建社会主义和谐社会进程中，必须努力做到教育公平。

三、教育花费不应成为致贫的首因

有一份研究报告曾提出两个结论：一是教育花费成为城乡居民致贫的首要原因。二是缺乏知识和技能是城乡居民对挣不到钱的一致归因之一，引起了人们的广泛兴趣。对这两个结论的深入解读，可以引出一连串的话题。

（一）城乡居民把挣不到钱归因于缺乏知识和技能，那么为什么会缺乏知识和技能

城乡居民把挣不到钱的原因一致归因于缺乏知识和技能，这至少说明我们的普通百姓认识到了教育的重要性。我们的民族向来重视教育，我们的民众向来重视受教育。在现代社会，随着产业结构的升级和大量新职位的产生，社会成员并不缺乏向上流动、通往较高职位的机会和途径，但这些晋升对人们的素质和能力的要求也越来越高，甚

至越来越苛刻。问题在于，我们的教育，尤其是高等教育，仍然是一种精英教育，是一种脱离实际需要的教育，不能给民众提供充分有用的知识和技能。许多人即使上完了九年义务教育，甚至上完大学，仍然一无所长，对就业找工作帮助不大。

（二）城乡居民把挣不到钱归因于缺乏知识和技能，是所有城乡居民都缺乏知识和技能吗

肯定不是。缺乏知识和技能的，只是一部分城乡居民。是哪一部分城乡居民呢？不用进行深入细致的调查也能发现，主要是贫困的那一部分城乡居民以及他们的后代。因为教育机会和教育资源分配的不公平，他们能够分享到的教育机会和教育资源比一般居民更少。享受不到应有的教育，当然就会缺乏知识和技能，就难以就业，更难有一份好的工作和收入，就会更贫困而摆脱不了贫困，甚至进而出现贫困的"代际转移"。法国著名社会学家布迪厄就曾提出过一个著名的论断：教育是阶级再生产的机制。这是因为通过教育机构，家庭背景的差异甚至对不同语言和生活方式熟悉程度的差异，会转化为学校考试成绩的差别。这样一来，教育就不断地将社会中已有的阶级结构复制出来了。当然，我们不难发现，布迪厄在自己的理论中避开了一个关键性问题，这就是教育的公平性。不同社会阶级的成员掌握的资源尤其是教育资源，事实上是不平等的。有钱人能够给自己的子女创造更好的教育条件，穷人则不可能做到这一点，他们的子女不能享受到同富人们的子女相同的教育。但是，在现代社会，教育水平的高低恰恰直接或间接地决定着一个人的职业选择和社会地位，所以教育就成为阶级再生产的机制了。

（三）既然城乡贫困居民缺乏知识和技能是因为受教育少，那么他们为什么受教育少

在全面建成小康社会、构建社会主义和谐社会的今天，在全社会都更加重视社会公平和正义的文明时代，不会有人认为穷人就天生应该受教育少，或者说他们没有接受更多教育的必要。根据前述研究报告的资料，在 2004 年 10 月—2005 年 10 月，在拥有就学阶段孩子的农村家庭中，子女教育花费占家庭收入的比重达到了 32.6%；城市和小城镇家庭中，子女教育花费占家庭收入的比重也分别达到了 25.9% 和 23.3%；城市、小城镇、农村的贫困人群中均有 40%~50% 的人提到家里穷是因为"家里有孩子要读书"，特别是农村家庭，教育花费是他们的头号家庭开支。现如今，教育花费在拥有就学阶段孩子的家庭中占去了家庭消费的一大块，贫困家庭更是如此。把教育花费看作城乡居民致贫的首要原因，也就"有理有据"了。

（四）城乡贫困居民受教育少是因为他们穷，一般居民也因为家里有孩子上学而陷入贫困，为什么会出现这种情况

时下，一句民谚很有概括性："不上学等着穷，上学马上穷。"教育本来是摆脱贫困的手段和途径，却成了贫困的原因，这说明在某些方面肯定出了问题。我们实行的是九年义务教育，义务教育应该是完全免费的，不仅仅因为这是"义务教育"的本义，而且因为义务教育在全世界都是免费的。但是，我们的义务教育仅仅是不收学费，名目繁多的杂费、书本费以及所谓"择校费"，则是照收不误的，义务教育阶段的这些花费成为城乡居民尤其是贫困居民家庭的重负。令人欣慰的是，从 2005 年开始，在义务教育阶段，对农村贫困家庭的学生实施

了"两免一补",即免除杂费、免除书本费,对住宿生实行生活补贴。2018年,"两免一补"的范围将扩大到整个西部地区,2019—2020年将覆盖全国。实际上,在许多国家的非义务教育阶段,比如高等教育,学生的学习生活费用,也主要不是由学生和他们的家长埋单,而是由政府和社会(或通过学校)提供的奖学金、助学金等来支付的。由此说来,教育花费本不应该成为城乡居民家庭致贫的首要原因,更不应该成为贫困家庭孩子上不起学的障碍。只要我们的政府、社会各个方面担负起应尽的责任和义务,"花费教育成为城乡居民致贫的首要原因"就一定会成为过去时。

四、"知识改变命运"是可信的

"知识就是力量""知识改变命运",一直是莘莘学子奋发图强、求学上进的动力和座右铭。恢复高考30多年后的今天,我们从高学历带来高收入的传统观念里走出,失去了包分配的就业制度,失去学历带来的安全感,却有了更多追求自己生活自由的机会。然而,也有人说,现在走门路、通关系决定一切,关系、机遇、背景决定一切。不知,"知识改变命运"今天还依旧可信吗?

恢复高考30多年来,数以千万计的青年接受了高等教育,成为我国经济、政治、文化和社会各领域的栋梁之材。其中不乏出身普通百姓之家的子女,包括农家子弟,通过自身奋发图强、接受高等教育,超出了他们父辈的期望,实现了更多功成名就,也实现了向上社会流动。

在社会学领域,社会流动是指个人或社会群体在不同社会经济地位之间的变动。人们通常习惯于把社会流动理解为社会地位的改善,也就是社会学中所说的向上流动。其实，社会流动的类型和方式是多种多样的。根据社会流动参照基点的不同，社会流动可以分为代际流动和代内流动。前者是指子代相对于父辈而言的社会阶层地位的变化，参照的基点是父辈在同一年龄段的职业地位或其他社会地位。后者则是指一个人一生中社会地位的升降变化，参照的基点一般是自己的最初职业地位。不论是代际流动，还是代内流动，都包括向上流动和向下流动。这两者统称为垂直流动。只是前者指从地位较低的阶层流入地位较高的阶层，后者则相反。

一般而言，社会流动的形态，也被看作划分现代社会与传统社会的重要标志之一。在现代社会，人们的社会地位主要是自致的而不是先赋的，也就是说，人们是通过发挥自己的技能、运用学到的知识和接受的教育以及自己的努力，来获取社会地位的。在传统社会，则正好相反，社会地位是先赋的，而且是永远不会改变的。也就是说，人们获得某种社会地位，并非依靠个人的努力和奋斗，而是由那些个人无法控制或几乎无法控制的因素，如种族、性别、家庭背景等决定的，换言之，也就是由"血统"或"关系"决定的。在现代社会，虽然家庭背景、性别、民族和种族等先赋因素，对人们获得社会地位也有一定影响，但不是主要的或起决定性作用的因素。随着社会文明程度的增强，一个人要获得较高的社会地位，实现向上的社会流动，会越来越多地凭借自身的努力和能力。其中一个重要因素或途径就是教育。

为什么会有这种区别呢？道理很简单。在现代社会，社会经济地位的主要决定因素，是人们从事的职业。随着工业化程度的提高，特别是产业结构的升级，需要简单知识和技术的低工资、低社会地位的工作岗位逐渐减少，具有较高社会地位的工作职位则会越来越多。这些工作需要大量的知识和更高更新的技能与之匹配，从事这些工作的劳动者也必须具备相应的知识、技能、素质和能力。虽然通过自学和实践经验的积累，人们是可以成才的，也是可以获得大量知识和技能的，但是，随着社会结构的变迁、科学技术的日新月异，教育作为成才主要渠道的作用日趋明显。我国恢复高考多年来，成千上万的普通青年、农家子弟通过接受高等教育，成了专家、教授、工程师、企业家或国家公务员，改变了自身的经济社会地位，也改变了简单重复父辈的命运。如果没有高等教育的恢复和发展，这些都是不可能实现的事情。

当然，也要看到，随着我国高等教育从"精英教育"逐步走向大众教育、平民教育，高等教育对于改善一个人的生活处境和社会地位的作用，不像起初那样显著了。同时，随着高校毕业生"就业难"问题的日益显现（大学毕业生"就业难"，实际上是难以找到一份各方面都让人满意的工作，而不是找不到工作），在寻找工作时"关系"开始变得重要起来。因此，有人对知识改变命运产生了疑问，认为，现在"关系"起着关键作用，社会关系、家庭背景决定着一切。其实，如果说"关系"在改变人们社会地位方面，没有任何作用，那是"睁着眼睛说瞎话"。即使在欧美一些发达国家，家庭背景等社会关系因素对人们获得社会地位也有一定影响，更何况在我国这样一个具有人情传统的国家。但是，认为"关系"决定一切，而无视个人努力的意义，却是本末倒置了。

需要强调的一点是，教育以及通过教育而获得知识、技能、素质和能力，对处于社会基层的人们实现向上流动，具有更加重要的意义。这也正是在我国党和政府重视教育，尤其是重视普及九年义务教育的原因。教育涉及千家万户，惠及子孙后代，是体现发展为了人民、发展依靠人民、发展成果由人民共享的重要方面。因此，党和政府也将保证人民享有接受教育的机会和条件，看作自身义不容辞的职责。目前，"上学难"，尤其是城乡困难家庭和农民工子女接受义务教育的问题比较突出，必须多管齐下加以解决，努力做到教育公平，从而使每一个学龄青少年都能够平等地享有受教育的权利和机会。这也是构建社会主义和谐社会的要义之一。

五、满足人民更美好生活的需要必须推进教育公平

我国本来教育机会和资源就不足，而有限的教育机会和资源在城乡之间、区域之间、社会群体之间、社会成员之间的分配和使用又是相当不合理的。

教育不公平在现实生活中的表现形式无法一一列举，教育不公平现象主要表现为：

一是城市教育与农村教育的不公平。城市教育的水平越来越高，农村的教育水平则较之低了很多，很多农村学校不仅缺乏基本的教学器材，而且缺师资，缺校舍。与城市学校相比，全国农村中小学的办学条件普遍要差。

二是区域教育之间的不公平。目前，我部某些地区和大城市的教育水平已接近发达国家的水平，而西部贫困地区仍未完全普及九年义务教育。义务教育属于公共产品，实现全面覆盖适龄学童是义务教育的根本要求，也是教育公平的重要体现。然而，这一要求并没有得到很好地落实。

教学资源的优劣，在很大程度上取决于教育经费的投入力度。全国教育经费执行情况的有关数据表明，北京、上海、天津等大城市及

广东、浙江等东部发达地区的生均预算内教育事业费开支明显要高出河南、安徽、四川、新疆等中西部欠发达地区。就生均预算内教育事业费开支水平最高的省市与最低的省市进行比较分析，两者相差最为悬殊的是普通高中教育阶段，高达数十倍。

改革开放以前，高等教育的入学机会主要强调家庭出身和政治标准，从人口地域分布而言是相对均等的。实行统一高考制度后，凸显了不同地区之间发展的事实差距。目前，中国的统一高考制度采取的是分省定额划线录取的办法，各省市区的录取定额并不是按照考生数量平均分布的，而是按优先照顾城市考生，许多高校在教育相对落后的中、西部地区的招生计划指标远远低于东部地区。

三是学校教育之间的不公平。我国基础教育阶段的学校曾经被简单地分为城市重点、城市普通学校，农村重点、农村普通学校这样四类，形成从高到低的差序格局。其中重点之中还有国家重点、省重点、区重点之分，它们获得的资源、待遇又各不相同。研究表明，重点学校与非重点学校在生均教育经费上虽有差别，但并不严重，差别主要来自附加经费。不仅如此，重点学校还可以得到在师资配备和待遇、招生政策等方面的各种特殊政策，与普通学校完全不是基于市场的平等竞争。资源、待遇不同导致重点学校和非重点学校出现严重的两极分化，它们被区分为"优质学校"和"薄弱学校"。

四是强势群体与弱势群体教育的不公平。如正常儿童与特殊儿童教育的不公平，正常儿童基本上实现了普及义务教育，而特殊儿童很多不能上学；女性教育与男性教育之间的不公平；贫困家庭学生与富裕家庭学生教育之间的不公平；等等。按照不同标准，社会成员可以区分为不同的社会群体或阶层。通常情况下，社会地位较低、经济相对贫困、身体有缺陷的社会群体和女性群体在社会竞争中经常处于弱势，在获取教育机会时亦是如此。

此外，备受社会广泛关注的流动人口的子女就学问题虽然已经有所改善，但他们受到的教育待遇和当地学童相比差距仍然很大。流动人口子女就地接受教育需要支付高昂的借读费和赞助费，部分学生因为家庭经济承受能力有限或家庭经济情况恶化而不得不选择失学、辍学。武汉市调研组资料显示，即使在大力提倡降低公立学校门槛、取消借读费的武汉，仍然有大量公办学校向进城务工农民子女收取借读费。特别是受高考学籍的限制，一些城市所有重点中学都拒绝接收进城务工农民子女入学。有些人虽然在当地公立学校上学，但"借读生"或"外来生"的身份差异容易导致歧视现象，不可避免地影响其健康成长。

残障群体囿于身体缺陷，在社会生活中经常受到歧视，在享受教育问题上尤为突出，在教育机会、教育过程和教育结果各个层面均有体现。

解决教育公平问题已经刻不容缓。在建立社会主义和谐社会的进程中，必须努力做到教育公平。《国家中长期教育改革和发展规划纲要（2010—2020年）》强调，要"把促进公平作为国家基本教育政策"。教育公平是社会公平的重要基础。教育公平的关键是机会公平，基本要求是保障公民依法享有受教育的权利，重点是促进义务教育均衡发展和扶持困难群体，根本措施是合理配置教育资源，向农村地区、边远贫困地区和民族地区倾斜，加快缩小教育差距。教育公平的主要责任在政府，全社会要共同促进教育公平。要形成惠及全民的公平教育。坚持教育的公益性和普惠性，保障公民依法享有接受良好教育的机会。建成覆盖城乡的基本公共教育服务体系，逐步实现基本公共教育服务均等化，缩小区域差距。努力办好每一所学校，教好每一个学生，不让一个学生因家庭经济困难而失学。切实解决进城务工人员子女平等接受义务教育问题。保障残疾人受教育权利。

教育是一个社会具有先导性、基础性的部门，为社会各行业、各系统提供智力支持，培养专业人才，传播先进的价值理念，受益者不仅仅是个人，还直接关系到整个民族的素质和国家的命运，关系到社会公平的实现，关系到和谐社会的建设。为所有社会成员提供公共产品是政府的基本职能之一。义务教育是纯公共产品，非义务教育（特别是高等教育）是半公共产品或准公共产品，这都是应该由政府直接提供（如前者）或者由政府主导保障提供（如后者）的。否则，作为一个服务型政府而言，就构成了职能"缺位"。因此，促进教育资源的合理配置，保障教育权利的公平享有，首先要改变的就是过去的精英教育价值取向，确立公平的教育理念，以面向全体社会成员，培养合格公民为目标，而不是以培养少数"英才"为目标，切实保障每个人应享有的教育权利。

一般而言，实现公平要遵循三个原则：一是基本权利完全平等。二是非基本权利比例平等。三是利益补偿。根据我国目前的社会发展状况以及教育本身的发展情况，应在如下几个方面确立教育发展的公平原则：

一是义务教育阶段教育权利的完全平等原则。义务教育是针对所有社会成员所实施的一种基础教育，也是一个国家或社会及其所有成员能正常生存和发展的前提条件，因此，在义务教育阶段，应贯彻平等对待原则，以保证入学机会平等和受教育过程的机会平等。要大力推进义务教育均衡发展。均衡发展是义务教育的战略性任务。首先，要切实缩小校际差距，着力解决择校问题。加快薄弱学校改造，着力提高师资水平。实行县（区）域内教师、校长交流制度。实行优质普通高中和优质中等职业学校招生名额合理分配到区域内初中的办法。义务教育阶段不得设置重点学校和重点班。在保障适龄儿童少年就近进入公办学校的前提下,发展民办教育,提供选择机会。其次,要加快缩小城乡差距。建立城乡一体化义务教育发展机制,在财政拨款、学校建设、教师配置等方面向农村倾斜。率先在县(区)域内实现城乡均衡发展,逐步在更大范围内推进。再次,要努力缩小区域差距。加大对革命老区、民族地区、边疆地区、贫困地区义务教育的转移支付力度,鼓励发达地区支援欠发达地区。

二是非义务教育阶段教育权利的比例平等原则。非义务教育与义务教育相比更强调教育的选拔功能,需要根据社会分工的现状和对人才素质的要求,对每一个受教育者做出某种鉴别和选拔,是一种"有差异的公平"。但尊重个体差异的前提是,所有的人面对的评价标准和被选拔机会是同样的。即保证教育起点的机会平等和教育过程的机会平等,在此基础上进行自由竞争。

三是针对弱势群体教育权利的补偿原则。目前,低收入家庭子女、流动人口子女、边远地区儿童、女性群体、残疾人士等社会弱势群体受教育中处于不利地位是既定的社会事实。政府应健全法律法规,确保弱势群体的受教育权,并在教育过程中,构建无差别、无歧视的学校教育环境,促进每个社会成员的全面自由发展。正如罗尔斯主张:"为了平等对待所有人,提供真正同等机会,社会必须更多注意那些天赋较低和出生于较不利的社会地位的人们。"①

依据利益补偿原则,对社会弱势群体进行补偿,是促进教育公平

---

① 〔美〕罗尔斯著,何怀宏、何保钢、廖申白译:《正义论》,中国社会科学出版社1988年版,第96页。

的重要条件,建立和完善国家对弱势群体就学的救助制度,政府应扮演好主导角色。教育救助是个系统而复杂的工程,有赖于政府、社会和学校等多方合力完善。因此,需要从构建和谐社会的高度出发,继续探索教育救助机制的新思路。

教育救助体系包括直接救助和间接救助。直接救助的对象是具体明确的受教育者个人,主要形式有减免费用、赠予性资助、自助性资助等。间接救助则是通过帮助受教育者团体、教育机构及其他相关组织,使得受教育者从完善基础教学设施和服务设施、改善教育质量等途径间接受益。如我国实施西部地区"两基"攻坚计划、农村中小学危房改造工程、农村中小学现代远程教育工程等教育扶持项目,以及对校办企业实施税收优惠政策等。完善教育救助体系必须关注以下四方面:

首先,要健全国家资助政策体系。各地根据学前教育普及程度和发展情况,逐步对农村家庭经济困难和城镇低保家庭子女接受学前教育予以资助。提高农村义务教育家庭经济困难寄宿生生活补助标准,改善中小学生营养状况。建立普通高中家庭经济困难学生国家资助制度。完善普通本科高校、高等职业学校和中等职业学校家庭经济困难学生资助政策体系。完善助学贷款体制机制。推进生源地信用助学贷款。建立健全研究生教育收费制度,完善资助政策,设立研究生国家奖学金。根据经济发展水平和财力状况,建立国家奖助学金标准动态调整机制。

其次,要建立政策到位、职责明确、协调有序的教育救助管理体系。要适当调整宏观教育政策,缩小地区间的教育发展差异;制定具有可操作性的弱势群体教育保障政策、法规,对弱势群体教育保障的经费来源、组织管理、政府责任等做出明确的规定。要将弱势群体的教育救助从临时性资助向制度性资助转变，制定弱势群体教育保障制度，统筹弱势群体教育资助资金，协调各弱势群体教育资助主体。要把弱势群体教育保障工作纳入政府工作计划，作为一项长期工作常抓不懈。如设立弱势群体教育保障与资助专项资金；建立财政转移支付制度，保证贫困地区学生接受最低限度的义务教育；基本普及残疾儿童少年义务教育，切实把特殊教育纳入我国普及九年义务教育的总体规划之中，大力推广残疾儿童随班就读；建立各种资助体系，保证非义务教育阶段的弱势群体学生能够顺利完成学业；提高女性的受教育水平。加大保护教育弱势群体的执法力度，成立教育弱势群体维权中心，对侵害教育弱势群体受教育权的责任人依法给予相应的处罚或处分；强化弱势群体受教育权的司法保障，对违法行为给予相应的法律制裁。①

再次，要建立全民关注、齐心协力、共同参与的教育救助网络。要使每一个适龄学生不因贫困、性别、残疾等原因而失学、辍学，除了强化政府职责，推进制度保障，还需要广大社会成员的参与。在一定意义上，社会救助可以被认为是个体利益向公众利益的让渡行为；或者说，社会救助本身也是一种投资活动，出资者对其有成本和收益的期望。为此，政府应当通过营造宽松和鼓励性的政策环境，推动社会组织及个人对教育救助的支持。一是实行倾斜性政策如减免税收等，引导个人和企业捐资教育。二是建立表彰制度，宣传和表彰教育捐助行为，提高企业或个人的社会知名度、美誉度。三是建立联系社会组织和个人的多元化渠道，如高校充分挖掘校友资源，做好校友联络，

---

① 参见贾汇亮、黄崴：《教育弱势群体救助：制度安排与保障体系》，《中国教育学刊》2006 年第 4 期。

吸引更多的社会捐资，甚至可以考虑发售专题彩票，筹措资金用于教育救助。四是积极争取国际社会援助，积极向国际社会反映我国目前贫困学生受教育的现状和存在的困难，争取世界银行、联合国儿童基金会、亚洲开发银行等国际组织以及海外华人的帮助。五是建立专门的组织机构并完善相应的管理制度，提高社会捐助财、物的管理能力与社会公信力。社会捐助活动应逐渐从政府行政部门的工作序列中剥离出来，由社会中介如非政府组织（NGO）来承担；政府更多地承担监督功能，促进社会救助资金使用的公开化、透明化和高效化。

最后，要建立高效有序的教育救助运行机制。教育救助体系在运行过程中往往要涉及很多地区和部门、很多个人和群体，缺乏有效的运行机制，教育救助将难以收到预期实效。比如为了保障资助资金分配给真正需要救助的贫困学生，而避免发放失误，就必须准确、科学地计算学生的预期家庭贡献和家庭支付能力，必须对学生真实贫困状况跟踪调查，必须有覆盖有关区域的贫困家庭统计网络。同时，财政、教育、民政以及地方政府的基层组织之间也必须有一个顺畅的沟通渠道，实现多部门的分工与协作，以使教育救助的效益达到最大化。要充分利用现代信息技术手段，建立起教育救助信息平台，通过计算机系统对救助对象的基本情况及其领取教育救助金的实际情况进行动态管理。这样既可以避免不在救助之列的人冒领的现象，也可以让全社会了解教育救助的实施状态，起到社会监督的作用，防止少数地区和个人片面追求本地区利益而影响整个制度的公正性。同时，也可以使同一地区的人对计算机系统资料的真实性进行监督，预防弄虚作假现象的发生。

第三章

缩小收入差距实现共同富裕

一、社会主义就是要共同富裕

共同富裕是人类进入文明时代以来就一直存在的千古向往,更是体现社会主义本质的一个东西,是社会主义本质的必然要求,是我们建设中国特色社会主义必须始终坚持的基本价值理念。

在我国,孔子曾提出过"大同"的思想,孟子提出过"仁政"的思想,荀子提出过"富民"思想,墨子提出过"兼爱"思想。在周代,曾提出过"保息六政"的治国安民方针,即"一曰慈幼,二曰养老,三曰振穷,四曰恤贫,五曰宽疾,六曰安富"。在历次农民起义中,还鲜明地提出过"均贫富,等贵贱"的思想。

在西方,随着资本主义生产方式的出现及其矛盾的逐步暴露,产生了一种后来被称为"空想社会主义"的社会思想。这种思想直接源自对资本主义财富占有和社会产品分配极度不公的批判,主张"伦理公平",即全体社会成员在经济、政治、社会地位上普遍公平,人们需要进行劳动,并取得财富。空想社会主义发展的顶峰是19世纪初出现的三大空想家,即圣西门、傅立叶和欧文,他们在现代化大生产基础上构想、塑造未来理想社会的模式,把空想社会主义推向了巅峰。圣西门系统地阐述了他对未来合理制度的设想和实业制度取代现存社会制度的必要性和必然性,他还以工人阶级代言人的姿态,宣告奋斗的最终目的是工人阶级的解放。傅立叶则详尽地向人们描绘了一个名叫"法朗吉"的未来社会。这是一个有资本家也有工人、有富人也有穷人的和谐社会,人们之间的阶级对立将在集体劳动中消失,所有的人都会在追求人类幸福这一共同目标下团结友爱。欧文作为一个空想社会主义者,首先在自己的工厂里开始了实现未来理想社会的试验。空想社会主义代表了早期无产者的利益和意愿,代表了那个时代人类对美好未来的不懈追求。空想社会主义者们为此义无反顾地舍弃了一切,包括金钱、权力、优裕的生活、显赫的爵位,甚至是宝贵的生命,他们第一次深刻地揭露了资本主义制度的内在矛盾和不合理性,第一次为人类提出了消灭剥削、消除两极分化、实现人人劳动、共同富裕的社会理想。恩格斯曾指出:"德国的理论上的社会主义永远不会忘记,它是依靠圣西门、傅立叶和欧文这三位思想家而确立起来的。虽然这三位思想家的学说含有十分虚幻和空想的性质,但他们终究是属于一切时代最伟大的智士之列的,他们天才地预示了我们现在已经科学地证明了其正确性的无数真理。"①

19世纪中叶,马克思、恩格斯在创立唯物史观和剩余价值学说的基础上,通过对空想社会主义的批判,实现了社会主义学说的历史性变革,使社会主义走出了乌托邦的荒野,由空想变成了科学。与空想社会主义者对未来理想社会的"乌托邦"式美妙描绘不同,马克思、恩格斯对未来社会的预测只是指出了大致的轮廓和发展方向。马克思、恩格斯认为,未来社会是自由人的联合体。"代替那存在着阶级和阶级对立的资产阶级旧社会的,将是这样一个联合体,在那里,每个人的自由发展是一切人的自由发展的条件。"② "一切民族,不管他们所处的历史环境如何,都注定要走这条道路,——以便最后都达到在保证社会劳动生产力极高度发展的同时又保证人类最全面的发展的这样一种经济形态。"③ 在未来的自由人联合体中,没有阶级,没有国家,劳

---

① 《马克思恩格斯选集》第2卷,人民出版社1995年版,第300—301页。
② 《马克思恩格斯选集》第1卷,人民出版社1995年版,第294页。
③ 《马克思恩格斯全集》第19卷,人民出版社2006年版,第130页。

动成为人们生活的第一需要，社会产品实行按需分配。由于社会产品的极大丰富和按需分配的实现，所有社会成员的物质文化生活需要将得到极大的满足。因而，没有剥削和贫富悬殊现象，人人劳动，共同富裕，也就是未来自由人联合体的题中应有之义。马克思、恩格斯创立科学社会主义理论的基本出发点，就是要"剥夺剥夺者"，消灭资产阶级剥削制度，使生产力得到解放和发展，使全体社会成员都能过上富裕的生活，实现社会成员的共同富裕。遗憾的是，马克思、恩格斯都没有能够亲身经历过社会主义建设的伟大实践。后来，列宁、斯大林在社会主义建设实践中，认真实践了马克思、恩格斯的许多设想，把实现全体社会成员的平等和共同富裕作为社会生产的基本目的。斯大林还将"在社会生产不断发展的基础上满足全体劳动者日益增长的物质和文化需要"，作为社会主义社会的基本经济规律。在社会主义建设中，苏联在公平分配和增加社会成员的社会福利方面，进行了长期的努力并取得了巨大的成就。事实证明了列宁所指出的："只有社会主义才可能广泛推行和真正支配根据科学原则进行的产品的社会生产和分配，以便使所有劳动者过最美好的、最幸福的生活。"①

毛泽东最早使用了"共同富裕"的提法。1955年7月31日，毛泽东在《关于农业合作化问题》的报告中指出："要在逐步地实现社会主义工业化和逐步实现对于手工业、对于资本主义工商业的社会主义改造的同时，逐步地实现对于整个农业的社会主义改造，即实行合作化，在农村中消灭富农经济制度和个体经济制度，使全体农村人民共同富裕起来。"这里讲的是农民的共同富裕问题。1955年10月，毛泽东进一步阐述了这个思想。他说："我们还是一个农业国。在农业国的

---

① 《列宁选集》第3卷，人民出版社2012年版，第546页。

基础上，是谈不上什么强的，也谈不上什么富的。但是，现在我们实行这么一种制度，这么一种计划，是可以一年一年走向更富更强的，一年一年可以看到更富更强些。而这个富，是共同富裕，这个强，是共同的强，大家都有份，也包括地主阶级。"他还着重指出："这种共同富裕，是有把握的，不是什么今天不晓得明天的事。"①

什么是社会主义、怎样建设社会主义，这是邓小平理论首要的基本问题。邓小平在深刻总结历史经验的基础上，紧紧抓住这个首要的基本问题，深刻揭示了社会主义的本质，明确指出共同富裕是体现社会主义本质的一个东西。邓小平在1974年和1975年主持中央工作期间，就社会主义应当是穷的还是富的这个重大问题，同"四人帮"进行了争论，批驳了他们鼓吹的穷社会主义论。邓小平指出，没有穷的社会主义，"社会主义时期的主要任务是发展生产力，使社会物质财富不断增长，人民生活一天天好起来，为进入共产主义创造物质条件"②。

粉碎"四人帮"以后，为了澄清人们对社会主义的错误观念，邓小平尖锐地提出了"什么是社会主义优越性"的问题。他说："我们是社会主义国家，社会主义制度优越性的根本表现，就是能够允许社会生产力以旧社会所没有的速度迅速发展，使人民不断增长的物质文化生活需要能够逐步得到满足。按照历史唯物主义的观点来讲，正确的政治领导的成果，归根结底要表现在社会生产力的发展上，人民物质文化生活的改善上。"③ 他还明确地指出："贫穷不是社会主义，社会主义要消灭贫穷。"④ 1980年5月，邓小平在一次谈话中第一次提出了

---

① 《毛泽东文集》第6卷，人民出版社1999年版，第495、496页。
② 《邓小平文选》第3卷，人民出版社1993年版，第171页。
③ 《邓小平文选》第2卷，人民出版社1994年版，第128页。
④ 《邓小平文选》第3卷，人民出版社1993年版，第116页。

"社会主义的本质"这一概念。他说:"社会主义是一个很好的名词,但是如果搞不好,不能正确理解,不能采取正确的政策,那就体现不出社会主义的本质。"① 此后,邓小平抓住这个重大理论问题,一步步地深化对社会主义本质的认识。在1985年8月的一次谈话中,邓小平说:"对内搞活经济,是活了社会主义,没有伤害社会主义的本质。"② 在1990年12月的一次谈话中,邓小平又说:"社会主义不是少数人富起来、大多数人穷,不是那个样子。社会主义最大的优越性就是共同富裕,这是体现社会主义本质的一个东西。"③ 1992年初,邓小平在视察南方的谈话中,全面、深刻、精辟地概括了社会主义的本质。"社会主义的本质,是解放生产力,发展生产力,消灭剥削,消除两极分化,最终达到共同富裕。"④

在社会主义本质中,解放生产力、发展生产力和消灭剥削、消除两极分化,都是为了最终实现共同富裕。社会主义社会是共同富裕的社会,共同富裕是体现社会主义本质的一个东西,是我们的根本目标。社会主义的根本原则就是共同富裕。邓小平反复强调:"致富不是罪过。但我们讲的致富不是你们讲的致富。社会主义财富属于人民,社会主义的致富是全民共同致富。""社会主义的特点不是穷,而是富,但这个富是人民共同富裕。"⑤ 共同富裕是社会主义的根本目标,也是社会主义制度的最大优越性。实现共同富裕,防止两极分化,这才是社会主义。

---

① 《邓小平文选》第2卷,人民出版社1994年版,第313页。
② 《邓小平文选》第3卷,人民出版社1993年版,第135页。
③ 《邓小平文选》第3卷,人民出版社1993年版,第364页。
④ 《邓小平文选》第3卷,人民出版社1993年版,第373页。
⑤ 《邓小平文选》第3卷,人民出版社1993年版,第172、265页。

二、我们离共同富裕远了吗

近年来，尽管党和政府采取了一系列调控收入差距的政策措施，收入差距扩大的势头仍未得到根本扭转，收入差距仍然在持续扩大。因而，一些人对共同富裕产生了怀疑，一些人甚至发出了我们离共同富裕的目标不是近了而是远了的感叹。事实果真是这样吗？

（一）我们离共同富裕近了而不是远了

我们离共同富裕是远了还是近了，对这个问题的最好回答是事实。

首先，我国的贫困人口大幅度地减少。据有关部门推算，新中国成立初期，我国4亿多人口中，有一半以上处于饥饿状态。1978年，国家统计局做过一个测算，我国农村人均年纯收入低于100元的贫困人口，估计有2.5亿，贫困发生率为30%。1985年，我国第一次公布了农村贫困标准，为人均年纯收入200元。按这一标准测算，我国农村有贫困人口1.25亿，占当时农村总人口的14.8%。与1978年相比，在短短的7年时间里，贫困人口减少了一半，平均每年减少1786万人。2000年国家"八七"扶贫攻坚计划完成时，贫困线已经调整为年人均纯收入625元。按这一标准测算，我国农村贫困人口为3000万人，占农村总人口的比例为3%左右。2007年在我国农村建立了最低生活保障制度，目前，大约3800万农村居民享受到了最低生活保障，基本做到了"应保尽保"。一方面，农村贫困标准随着经济的发展在逐步提高；另一方面，农村贫困人口数逐年稳定减少，并且从2007年起享有最低生活保障。这一事实雄辩地说明我们在稳步地摆脱贫困、走向共同富裕。

其次，我国中等收入者规模在扩大。从国际经验来看，一个国家是越来越贫富分化的还是越来越共同富裕的，一个重要的判断标准是中等收入者群体是否扩大，整个社会结构是不是从原来的"金字塔型"向"橄榄型"转变。改革开放以前，我国城乡居民处于共同贫困中。从 20 世纪 70 年代末以来，随着社会生产力的发展和居民收入水平的提高，我国中等收入者在人口中所占的比重不断扩大，从而使我国社会结构逐步从原来的所谓"金字塔型"向"橄榄型"转变。为了促成这一转变，我们党和政府明确提出了到 2020 年中等收入者占人口多数的目标。扩大中等收入者比重，从而使中等收入者在人口中占多数，高收入者和低收入者占少数，这是比较合理的收入分配格局，我们离共同富裕的目标也就越来越近了。

最后，我国城乡居民的收入水平得到了快速的提高。改革开放 40 年来，我国城镇居民人均可支配收入由 1978 年的 343 元增长到 2009 年的 17175 元；农民人均纯收入由 1978 年的 133 元增长到 2009 年的 5153 元，分别增长 50 倍和近 38 倍，不但城乡居民收入的绝对值得到了大幅增长，而且增长速度越来越快。1997 年到 2002 年，城镇居民家庭人均可支配收入和农村居民家庭人均纯收入平均每年实际增长分别为 8.6% 和 3.8%。2008 年和 2009 年，城镇居民家庭人均可支配收入比实际增长分别为 8.4% 和 9.8%；农村居民家庭人均纯收入实际增长分别为 8% 和 8.5%。

我国的贫困人口在减少，中等收入人口在大幅度增加，城乡居民收入水平不断提高，这是我们有目共睹的事实。

（二）实现共同富裕还有很长的路要走

我们的目标是共同富裕，我们正在朝着这一目标坚定地前进。但是，当前我国收入分配差距仍然在持续扩大，这又是一个客观事实。

有学者估计，我国基尼系数已经从改革开放之初的0.28上升到2007年的0.48，目前实际上已经超过0.5。我国城乡居民收入差距，则从1978年的2.57倍扩大到2009年的3.3倍。地区之间、行业之间的收入差距也是持续扩大的。当务之急是采取有力的政策措施强力调控收入差距，遏制收入差距持续扩大的势头。遏制收入差距持续扩大的势头，逐步缩小收入差距，最根本的当然是大力发展社会生产力。但是，在社会生产力发展的既定水平和特定的时期，国民收入总量是既定的。在这个前提下要缩小收入差距，就必须改革和完善收入分配制度。

在我国现阶段，收入差距持续扩大，在很大程度上讲是因为第一次分配差距过大导致的。因此，必须理顺第一次分配关系，努力缩小第一次分配产生的过大差距。在这方面，当前一个最突出的问题是如何准确地量化劳动、资本、技术、管理等生产要素的贡献大小。我国是一个人力资源十分丰富的国家，大多数劳动者只拥有劳动要素，但在目前乃至今后相当长一段时期劳动力供大于求的状况都不会有太大的改变，受劳动力供求关系的影响，劳动力价格长期偏低，劳动报酬在第一次分配中所占的比重持续走低已经成为一个值得高度重视的现实问题。

再分配要更加注重公平，发挥政府对收入分配的调节职能。政府对收入分配进行调节的方式和手段是多种多样的。从当前来讲，尤其要重视三个方面的调节作用：一是充分利用税收杠杆进行宏观调节，实现收入的再分配。二是建立健全覆盖城乡居民的社会保障体系。社会保障制度是一种重要的国民收入再分配制度。当前的工作重点是尽快构建起覆盖城乡居民的基本养老保障制度、基本医疗保障体系和最低生活保障制度。三是通过财政转移支付手段对国民收入进行再分配,加大对农村,尤其是农村贫困地区的扶持和支持力度,以兼顾各个地区、各个社会阶层的利益,实现合理和公平的国民收入分配。

推进基本公共服务或公共物品分配的均等化,可以在相当大程度上缩小目前存在的巨大收入差距。因为公共服务的分配是以政府的公共财政为物质基础的,所以公共服务的分配实际上也是一种间接的收入分配。在我国现阶段,一方面,必须不断增加公共服务的总量;另一方面,必须优化公共服务的结构和布局,扩大公共服务和公共产品的覆盖范围,更加注重向农村、基层、欠发展地区倾斜,向社会弱势群体倾斜,从而更好地保障这些地方人们的基本公共服务需求。

三、收入差距的四种类型与双重社会效应

居民收入差距产生和扩大的原因各不相同。因此,对由不同原因所产生和扩大的收入差距的经济社会影响,要作具体的分析。

(一) 收入差距的两种分类方法和四种基本类型

对居民收入分配差距,我们可以从量和质两个方面先做一个简单的分类。

从量的方面分类,姑且用基尼系数为标准,分为适度的收入差距和不适度的收入差距。所谓适度的收入差距,就是基尼系数值处于比较合适区间的收入差距,既不过大,也不过小。具体来讲,基尼系数在 $0.2\sim0.4$,特别是在 $0.3\sim0.4$ 是比较合适的。根据国际上的通行划分方法,基尼系数值在 $0.2\sim0.3$,表示收入分配相对平均;基尼系

数值在 0.3~0.4，表示收入分配差距比较合理。所谓不适度的收入差距，就是基尼系数值处于不合适区间的收入差距，既包括过大的收入差距，也包括过小的收入差距。具体来讲，基尼系数在 0.2 以下，收入分配是绝对平均的，收入差距过小；基尼系数在 0.4 以上，收入差距过大，这两者都是不适度的收入差距。

从质的方面分类，主要根据收入差距是如何产生的，分为合理的收入差距和不合理的收入差距。随着改革的深化，实行按劳分配为主体与多种分配方式并存的制度，劳动、资本、技术、管理等生产要素按贡献参与分配，一部分人通过诚实劳动和合法经营先富起来，而另一部分还没有富起来或富得比较慢，这样出现或形成的收入差距就是合理的收入差距。这种收入分配差距是合理的，也是不可避免的，而且是提高经济效益、推动社会进步的必要代价。一些人利用制度、法规的不完善和不配套，贪污受贿、营私舞弊、权钱交易、走私贩私、偷税漏税、制假售假等而暴富，或者凭借垄断优势以及政策、制度的漏洞等获得高收入，从而拉开了与其他社会成员的收入差距，这样的收入差距就是不合理的收入差距，是违背社会公正原则和市场经济本质的。我们平常所讲的收入分配不公，主要就是指这种收入分配差距。

根据前述收入分配差距的两种分类方法，我们可以把收入差距分为四种基本类型：合理而适度的收入分配差距；合理但不适度的收入分配差距；不合理但适度的收入分配差距；既不合理也不适度的收入分配差距。

合理而适度的收入差距，实质上是人的能力、素质的差距，是按劳分配和劳动、资本、技术、管理等生产要素按贡献参与收入分配的必然结果，这种收入分配差距的产生和存在具有合理性，是人们能够接受的，也是应该允许的。合理但不适度的收入分配差距，在我国现阶段主要表现为收入差距虽然是合理产生的，但是差距过大，这种收入分配差距有可能突破人们的心理承受能力而产生某些负面效应，因而我们要尽可能缩小这种收入分配差距，通过完善再分配手段也是完全可以缩小的。不合理但适度的收入分配差距，特别是既不合理也不适度的收入分配差距，违背了社会公正的原则和市场经济的本质，是不公平分配的产物，因而是我们必须坚决反对和消除的。必须通过制度、法律法规的完善和相应的配套措施，来限制和消除这两种收入分配差距。

（二）收入分配差距的积极作用

不合理的收入分配差距，不论"适度"还是"不适度"，对经济社会发展和人们的心理都只有消极作用，而没有任何积极作用可言。合理但不适度的收入分配差距，其积极作用也是十分有限的，如果不加以正确的引导，它所产生的消极作用可能还会远远大于其积极作用。因此，我们讨论收入分配差距的积极作用，主要是针对合理而适度的收入分配差距而言。

合理而适度的收入分配差距，是在全社会认真贯彻党和国家尊重劳动、尊重知识、尊重人才、尊重创造这一重大方针的必然要求，对形成与社会主义初级阶段基本经济制度相适应的思想观念和创业机制，营造鼓励人们干事业、支持人们干成事业的社会氛围，放手让一切劳动、知识、技术、管理和资本的活力竞相迸发，让一切创造社会财富的源泉充分涌流，全面建设小康社会、开创中国特色社会主义事业新局面，都具有十分重大的积极的促进作用。

具体来讲，合理而适度的收入分配差距的积极作用体现在：

第一，有利于克服平均主义。改革开放以来，我们实行了允许一部分人先富起来的政策。一部分人收入多一些，先富了起来，只要这种富是通过诚实劳动和合法经营实现的，而不是以牺牲另一部分人的利益、降低另一部分人的收入为代价取得的，就是正当的、合理的。承认和鼓励人们的收入分配拉开适当的差距，使那些对社会贡献较大的人得到相应的收入报酬，可以有效地改变那种"干与不干一个样""干多干少一个样""干好干坏一个样"的状况，从而在全社会逐步形成诚实劳动、合法经营，人人力争率先致富的良好氛围。

第二，有利于调动各个方面的积极性。全面建设小康社会，加快我国经济社会发展，必须调动各个方面的积极性。平均主义不利于调动人们的积极性，而只会抑制人们的积极性。合理而适度的收入分配差距，则有利于调动各个方面的积极性。作为劳动者，不论是从事体力劳动还是脑力劳动，不论是从事简单劳动还是复杂劳动，只要是从事有益于人民和社会的劳动，为我国社会主义现代化建设作出贡献的劳动，就能够多劳多得，率先富起来，因而，他们的劳动积极性会得到充分的调动和发挥。作为投资者，他们通过投资建厂、办企业，从而获得投资收入，他们的合法收入包括合法的劳动收入和合法的非劳动收入都能够得到切实的保护，相应地，他们的创业积极性就会得到充分的调动和发挥。作为科技人员，他们从事的是复杂劳动，他们的劳动创造的社会价值比简单劳动要高得多，相应地，他们获得的劳动收入多一些，与其他劳动者适当拉开收入差距，能够充分地调动和发挥广大科技人员从事知识创新和科技创新的积极性。总之，合理而适度的收入分配差距，有利于调动和发挥各种生产要素所有者的积极性，逐步形成全体人民各尽所能、各得其所而又和谐相处的局面。

第三，有利于形成一种示范力量，先富带后富，最终达到共同富裕。拉开适当的收入分配差距，一部分人先富起来所产生的示范力量是巨大的，可以极大地带动其他地区、其他企业和其他人向他们学习。这样，必然会形成一种后富追赶先富、先富向更高目标前进的你追我赶的竞争局面，从而使整个国民经济不断地波浪式地向前发展，使全国各族人民都能够比较快地富裕起来，逐步走向共同富裕。

第四，有利于吸引人才、留住人才。当今世界激烈的综合国力的竞争，包括人才的竞争，甚至首先是人才的竞争。谁拥有更多的高素质人才，谁就能在激烈的竞争中取胜。面对经济全球化的新形势，特别是我国加入世界贸易组织以后，许多国家特别是一些跨国公司纷纷以各种优厚的待遇和条件，同我们争夺人才。在这种情况下，我们必须尽快采取切实可行的措施，包括给予优秀人才比较高的收入，更有效地防止人才的流失。

在党和国家尊重劳动、尊重知识、尊重人才、尊重创造重大方针和允许一部分人、一部分地区先富起来政策的指引下，合理而适度的收入分配差距的积极作用得到了人们越来越广泛的认同。据广州市社情民意中心所做的专项抽样调查，63.4%的受访市民对高收入阶层推动社会发展的作用给予了肯定，其中认为"作用很大"者占19.4%，认为"有一定作用"者占44%，认为"作用不大"和"没有作用"者仅占18.6%。

（三）收入分配差距的消极作用

不合理的收入分配差距（不论差距大还是小），以及合理但不适度的收入分配差距，对经济社会发展和人们的心理具有严重的消极影响。不合理的收入分配差距是收入分配不公的结果和表现，它对社会发展的负面影响是显而易见的。本来社会发展了，环境应该优化，但却恶化了；差距应该缩小，却扩大了；公平度应该提高，却下降了。这一发展结果与发展目标相反的情况，被有的学者概括为"发展困境"。合理的收入分配差距但是差距过大，甚至达到两极分化的悬殊状态，超过人们的心理承受能力，把人们的心理平衡也给打破了，这样的收入分配差距对社会的影响也是破坏性的，严重者可能危及社会的稳定和正常运转。

具体来讲，上述两类收入分配差距的消极作用主要表现在：

第一，对经济发展的消极影响。经济的增长主要依靠市场的拉动。但大量的统计调查数据说明，目前我国居民收入分配差距不断扩大，使购买力向少数人过度集中，已经严重地影响我国经济的持续稳定和快速发展。

从城乡居民收入分配差距来看，2000年城镇居民人均可支配收入为6318元，农村居民人均纯收入为2253元，城镇居民人均可支配收入是农村居民人均纯收入的2.8倍。由于城乡居民收入差距的扩大，已经直接影响到城乡居民购买力的强弱，造成农村居民的实际购买力过低。著名经济学家吴敬琏教授在出席全国政协会议期间接受媒体集体采访时直言不讳地指出：就消费谈消费解决不了根本问题，消费的大市场是9亿农民。"太有钱"反而消费倾向下降，前几年报道大款买跑车，但大款不可能买两架波音747，带动不起根本的消费，而低收入层想消费却没钱。消费的根本带动在于每个农民家庭能多增加10元钱，因此要解决"三农"问题。

从城镇居民内部收入分配差距来看，2000年的住户调查资料显示，占城镇居民10%的最高收入家庭年均收入为13311元，占城镇居民10%的最低收入家庭年均收入为2653元，两者的差距从1992年的3.26倍扩大到了5.02倍。从收入增长速度看，不同收入层的收入增长速度呈阶梯式格局,也就是说,收入越高的组别收入增长速度越快,中等偏上收入组及其以上各组别的收入增长速度均快于全国平均增长速度。收入分配差距的扩大,意味着社会财富越来越向高收入的居民集中,购买力出现严重的分布不均。根据边际消费倾向递减规律,目前高收入层已经明显地表现出需求不足的现象。中等收入层主要是工薪阶层,衣食已经不成问题,住和行开始提上消费计划表,但目前还没有能力实现。这样一来,就出现了一个"可买的都已经买了,想买的没有钱"的中间地带。近年来推出的医疗制度改革、住房制度改革、教育制度改革、养老制度改革和就业制度改革等,一方面,增强了居民未来支出的预期;另一方面,又降低了居民未来收入的预期,结果导致居民增加即期储蓄,减少即期消费。特别是下岗职工的增加,使一些原来的中等收入家庭在短期内变成了低收入家庭,这更强化了这一收入层消费不足的现象。低收入层的消费倾向很强烈,但是收入水平低,没有能力消费。

以上仅仅是就居民收入差距过大的一般情况来讲的。如果这种过大的收入分配差距是由不合理的收入所形成的,或者说是因收入分配不公所造成的,那么,它对经济发展的影响将是破坏性的。因为收入分配不公,本质上严重破坏了市场经济的秩序,损害了社会的公平公正原则,伤害了人们诚实劳动、守法经营的意识和自觉性。

第二,加重了贫困人口的生活困境。在一定时期,一个社会的总收入是既定的。收入分配差距的扩大,意味着低收入群体在社会总收入中所占的比重下降,因而会加剧贫困状况的恶化。据 2000 年 9 月民政部提供给国务院"完善社会保障体系"会议的背景材料,2000 年 6 月我国城镇居民中实际处于最低生活保障线以下的人口达 1382 万人。1992 年全国总工会对 5 万名职工的调查数据则表明,全国贫困职工家庭人口数超过2000万人。1994年中国人民大学社会调查中心根据他们的有关调查数据推算，我国城镇居民中有近5000万贫困人口。如果按照国际规范的估计办法，那么我国的贫困状况可能远远超过我们的想象：1995年农村贫困发生率为28.6%，城镇贫困发生率为8%。据此得出的农村贫困人口数是2.46亿，城镇贫困人口为2800万。目前有关方面公布的贫困人口数，事实上被严重低估，一个重要原因就是确定的贫困线过分偏低，大量事实上处于贫困状态的人口被排除在贫困人口统计数据之外。

由于收入低，贫困人口的生活状况是令人忧虑的。2000年，我国城镇贫困居民人均消费支出只有2320元，比全国城镇居民平均水平（人均4798元）低51%，其中用于食品方面的消费支出1173元，恩格尔系数为50.6%，比城镇居民平均水平（39.2%）高出11个多百分点，仅为勉强度日的水平。贫困居民在其他各主要消费项目上的支出，也远远低于社会的平均水平。其中，衣着支出为166元，为城镇居民平均水平的33%；家庭设备用品和服务支出为106元，为平均水平的24%；医疗保健支出为141元，为平均水平的44%；交通通信支出为125元，为平均水平的32%；娱乐教育文化服务支出为258元，为平均水平的41%；居住支出为281元，为平均水平的27%。

第三，对社会心理的负面影响。经济学者在研究收入分配差距的影响时曾提出过一个所谓的"收入的外部效应"。也就是说，一个人对收入的满足感不仅取决于他的绝对收入，而且取决于他的相对收入，即他与其他人收入的相对水平。改革开放以来，我国城乡居民的生活水平有了很大的提高，绝对收入都增加了，但居民之间的收入差距也确确实实拉开了。收入分配差距的扩大，意味着一部分人的绝对收入可能并没有减少，但相对收入水平下降了，因而引起部分社会成员的不满。

在我国现阶段，收入分配差距的扩大对整个社会心理产生了比较大的冲击，这是事实。但是，我们在讨论这个问题时，不能不考虑到这样几个特殊的因素。一是我国收入分配差距的扩大具有时间短、速度快的特点，但由于过去在一个相当长的时期实行的是平均主义分配方式，人们已经习惯于社会的高度平均，许多人对突然而来的收入分配差距扩大的心理承受能力很低，一时很难适应，不满情绪比较强烈，这是可以理解的。二是我国目前的收入分配差距是在总体收入水平还比较低的情况下出现的。在多数人刚刚解决温饱问题、整个国家刚刚从总体上迈进小康门槛的情况下，一部分人的收入达到了相当高的水平，这对低收入群体乃至整个社会的社会心理稳定，不可避免地会产生相当大的影响，因而人们很难容忍和接受它。三是我国现阶段的收入分配差距，在一定程度上是某些不合理因素所造成的。一些人凭借权力和垄断获得大量的"灰色收入"或"黑色收入"，一些人则靠制假售假、走私贩私、投机欺诈、招摇撞骗等非法经营手段而暴富。从数量上看，这些非法或不合理收入对收入差距的扩大所产生的影响是有限的，但对人们心理上的消极影响则是巨大的。

据1994年中国人民大学社会学系进行的抽样调查结果，72.8%的被调查者认为贫富差距严重和比较严重，12.6%的被调查者认为一般，只有7%的被调查者认为不太严重和不严重。这一看法在社会各阶层中具有相当的一致性。在对工人、干部、科技人员和私营企业主等社会阶层的调查中，认为贫富差距问题严重者均超过被调查人数的70%。另据原国家计委社会发展研究所与国家统计局城调队于2000年7月对6个城市居民的问卷调查结果，36.5%的被调查者对当前收入差距拉大完全不能接受或不太能接受，认为一般的占40.8%，只有

19.7%的被调查者表示勉强可以接受或完全可以接受。此外,值得重视的是,收入分配差距对不同人群社会心理的影响存在相当大的差异。对目前的收入差距,收入低的人群的体验比收入高的人群要更深一些。据广州市的调查,月收入800元以下的人群认为目前收入"差距悬殊"的比例,达到月收入3000元以上人群的两倍多。

第四,对社会秩序和社会稳定的消极影响。稳定和秩序是一个国家经济社会发展和保证人们正常生活的必要条件。鉴于历史的经验教训,邓小平曾明确提出:"中国要实现自己的发展目标,必不可少的条件是安定的国内环境与和平的国际环境。"其中,安定的国内环境是实现我国发展目标的首要条件。"中国的问题,压倒一切的是需要稳定。"当前我们处于经济体制转轨时期,人们的思想观念转变需要一个过程,各方面利益关系变动较大,各种矛盾可能会比较突出,保持稳定更具有重大的现实意义。没有稳定的政治和社会环境,一切都无从谈起,多么好的规划、方案都将难以实现。维护社会稳定,创造和谐、稳定、良好的社会秩序和环境,是贯彻落实"以人民为中心"思想的必然要求,也是全国各族人民的根本利益之所在。

大量的研究结果证明,居民收入分配差距的扩大与社会秩序之间具有相当高的相关性。美国学者亨廷顿就曾经考察了30个国家收入不平等与政治动乱之间的关系。他发现,在18个国家中,税前收入不平等(基尼系数)与死于政治冲突的人数之间的相关系数为0.34;在另外12个国家中,税后收入不平等与政治冲突之间的相关系数则高达0.36。我国学者胡鞍钢曾就"地区差距过大,可能带来的最大后果是什么"这个问题,对部分省地级领导干部做过专门的问卷调查,83.9%的被调查者认为将会导致社会不稳定,16.1%的被调查者认为可能会出现国家分裂,没有人认为仅仅是收入分配不公而已。

居民收入分配差距的扩大,不是影响社会稳定和秩序的直接原因,但它会激化社会矛盾,助长某些不稳定因素的发展,从而危及社会的稳定与秩序。一方面,低收入群体有可能把对收入分配差距扩大的不满,转化为对整个社会的不满,对政府的不满,从而引发破坏社会秩序的行为;另一方面,收入分配差距的扩大,不可避免地会导致社会的分化,高收入阶层与低收入阶层将出现隔阂、摩擦甚至对立,严重者可能酿成社会的动荡和混乱。因此,我们对此应该有足够的认识和重视。

(四) 正确认识我国收入差距过大的问题

改革开放以来,在经济快速发展的基础上,城乡居民收入水平得到了稳步提高,但收入差距持续扩大。党和政府高度重视收入差距扩大问题,采取了许多重大政策措施,广大人民群众对此也十分关注。如何正确看待收入差距持续扩大问题,如何有效遏制当前收入差距持续扩大的势头,这是摆在党、政府和社会各界面前的一个严肃课题。当前,无论在学术界还是在普通民众中,对收入差距持续扩大问题都存在许多模糊的看法和认识,甚至有的人借此否定改革开放的成就、方向和政策。因此,正确认识这一问题,在全党和全民中形成统一认识是至关重要的。

第一,当前我国收入差距确实已经处于过大的区间,但不能得出已经出现两极分化的判断。收入差距大小,可以用"五等分法"来衡量,即整个社会中20%收入最高的人的平均收入与20%收入最低的人的平均收入之比,也可以用基尼系数来衡量。由于资料获取的困难,学术界主要依据抽样调查数据和国家公布的相关数据测算或推算,因而不同的学者和研究机构得出的收入差距数据存在相当大的差异。比如基尼系数，1995 年有 5 个数据：0.365、0.3515、0.39、0.445、0.415；1996 年有两个数据：0.4577、0.376；1998 年有两个数据：0.456、0.386。这么大的差别与抽样有关，与数据不实也有关。这对我们正确把握收入差距的真实状况带来了相当大的难度。从目前学术界对收入差距现状的判断看，基尼系数应该不会低于 0.47，显然已经处于差距过大的区间。

我们应该承认，我们现在的收入差距确实过大，但是，不能得出已经出现两极分化的判断。这是因为在我们国家，"两极分化"不是一个单纯的经济学或社会学概念，而具有特殊的政治意义。邓小平当年就讲过，如果出现了两极分化，我们的改革就失败了，我们就真的走上邪路了。因此，如果我们随意使用"两极分化"这一概念，甚至认为我们已经出现了两极分化，极有可能被西方敌对势力和一些别有用心的人用来攻击我们的改革开放政策，否定改革开放的社会主义方向。事实是，改革开放 40 年来，我国绝大多数国民都从中获益了，只是获益的大小不同，差距较大。所谓"两极分化"，讲的是穷的越来越穷，富的越来越富，一边是财富的积累，一边是贫困的积累，这显然不符合当前我国的现实，不能得出我国已经出现两极分化的结论。

第二，收入差距持续扩大不是改革的结果，恰恰是改革发展中存在的问题。有些人把收入差距过大归因于改革，并据此否定改革的社会主义方向，这是不对的，而且是有害的。在市场经济条件下，由于价值规律的作用和市场竞争，以及人们先天禀赋的差距，收入差距拉开是不可避免的。但是，在完善的市场经济条件下，通过健全的体制机制和配套政策措施，是完全可以使收入差距控制在一个人们可以承受的合理区间的。

导致当前收入差距持续扩大以至于达到过大区间的原因是复杂的，

是多因素共同作用的结果，比如由历史和地域条件的原因造成不同地区居民的收入差距。我国居民收入分配差距，特别是城乡居民收入分配差距和地区居民收入分配差距，在历史上就长期存在，并不是改革开放以后才产生的。要从根本上解决这些问题，需要一个相当长的历史过程。我国农村居民的人均收入即使比城镇居民的人均收入以更快的速度增长，他们之间的绝对收入差距也将在一个相当长的时间内持续扩大。地区之间的收入差距也是这样，即使中西部地区以高于东部地区的速度增长，在一个相当长的时期内，绝对收入差距也是扩大的。当然，在分析地区居民收入差距扩大的原因时，我们还必须充分考虑到区位环境、基础条件、人口素质、生产力发展水平等历史的和地域的因素。又比如收入分配不公加剧了收入差距的扩大。目前主要体现在三个方面：一是存在大量不合法的收入。人民群众对收入差距问题反应比较强烈，一个重要原因就是存在大量的不合法收入。二是劳动和资本两个主要的生产要素在收入分配中的关系严重失调，劳动报酬在初次分配中的比重持续下降。一些超经济因素（比如歧视性城乡政策、私人资本不正常发展、放任投资资本的增长、党政机关获得的市场化收入、国有经济的异化等）导致资本收入过多。三是那些凭借对资源的占有权而形成垄断的行业，获得了比其他行业高得多的利润，职工收入水平明显高于其他行业，这一部分社会成员的高收入并不是通过按劳分配的手段获得的，而是靠的垄断。马克思的"平均利润率"规律制约不了这些"特殊"的行业，它们在一个比较长的时期内获取了超额的垄断利润或超额收入，人为地拉大了居民之间的收入差距，干部群众对此意见很大。此外，制度的不健全和一些特殊的政策也会导致收入差距扩大。当然，导致当前收入差距持续扩大的原因还有很多。

因此，我国当前出现的收入差距持续扩大以至于过大的问题，不是改革的结果，更不是改革的目的，而是改革发展过程中存在的问题。一是计划经济的一些遗留问题仍然没有解决改革仍然在路上。比如改革开放前搞的统购统销，改革开放后问题就没有彻底解决，使农民在工业化、城市化过程中吃了不少亏，导致城乡居民收入差距持续拉大；一些干部搞特权、搞腐败，这与市场经济规则是不相容的。二是改革过程中一些政策不配套、措施不到位，造成市场体系不完善，包括生产要素的市场定价机制还没有真正形成。市场经济会打破平均主义，拉大收入差距，通过政策的调节则完全可以把收入差距控制在合理的限度内。因此，不能以目前收入差距持续扩大为理由，否定市场化改革，否定市场经济体制。

第三，要高度重视收入差距持续扩大造成的社会经济影响，但不宜夸大其影响。收入差距持续扩大会引发复杂的社会政治矛盾。正如有学者指出的，相对于收入差距过大，其他问题只是一种常量因素，收入差距过大是最大的变量因素。由于收入差距过大，几乎所有其他问题都带有新的意义和更多更深的复杂性。例如腐败问题，正是由于收入差距过大，社会对腐败的容忍度极低；再比如房地产和住房问题，既是收入差距的直观反映，又是造成收入差距扩大的一个重要因素；再如政治层面，近40年来，自由、民主、人权等价值理念一直不断渗透，事实证明这些抽象理念在中国社会没有太大的市场，但由于收入差距扩大，很容易成为做文章的话题。一些学者担心，收入差距持续扩大有可能成为我国今后进一步发展的严重障碍。

收入差距持续扩大的一个直接结果，可能是影响社会的和谐稳定。现在，一些媒体文章经常谈到基尼系数达到0.4就超过了国际公认的警戒线标准。其实，仅就0.4而言，对不同的国家、同一个国家的不同时期、不同国家的同一时期、不同国家的不同时期，其含义是很不一样的，必须考虑到各个国家的具体国情背景等一系列因素。我国居民收入分配的基尼系数，确实已经超过 0.4 的国际警戒线标准，但是，0.4 只是一个警戒线标准，它只表明一种可能性，而并不是一种现实性。基尼系数达到 0.4 以后，究竟对社会的和谐稳定会产生什么样的影响，会产生多大的影响，需要进行综合的深入分析。基尼系数与社会冲突是什么样的关系，我国社会对收入差距的容忍度有多大，目前在理论上并不清楚。我们应该高度重视这种影响的存在，但不应夸大这种影响。何况基尼系数对于我们这样一个城乡二元结构仍然很突出的国家，与西方发达国家的意义是不同的，只是一种参考数据。

第四，在经济发展尤其是经济转轨过程中收入差距呈现扩大趋势是大多数国家普遍存在的现象，并不是中国独有的。根据世界银行 1996 年《世界发展报告》的资料，中东欧和苏联各加盟共和国在经济转轨过程中，都出现了居民收入差距扩大的趋势。1993 年与 1987—1988 年相比，在有数据的 8 个国家中，4 个国家的基尼系数上升了 10 个百分点，其中俄罗斯上升了 20 个百分点；2 个国家的基尼系数上升了 5~10 个百分点；只有 2 个国家的基尼系数上升不到 5 个百分点。按照世界银行的估计，在此期间中国的基尼系数上升了 5~7 个百分点。1988—1993 年的 5 年，俄罗斯的收入差距扩大幅度，就超过了中国在过去的 18 年（指 1978—1996 年）收入差距扩大的幅度。

不仅经济转型国家在转轨过程中出现了居民收入差距扩大的现象，而且大多数西方发达国家从 20 世纪 80 年代以来也曾经历了收入差距不断扩大的过程。在 80 年代初期到 90 年代初期，在 18 个发达国家中，收入差距扩大幅度达到5%～10%和10%～15%的国家各有3个，达到16%～29%的国家有2个（美国、瑞典），有1个国家（英国）的扩大幅度高达30%以上，只有意大利和丹麦的居民收入差距出现了比较明显的下降。值得我们注意的是，这些发达国家的收入差距在持续一段时间的扩大后又出现了缩小的趋势，目前多数发达国家的收入差距处于一个合理的区间。

美国经济学家西蒙·库兹涅茨对18个国家的收入差距和经济发展水平作了对比之后，在1955年提出了"倒U曲线假设"，即收入分配的长期变动轨迹是先扩大，后缩小。用库兹涅茨的"倒U曲线假设"来对比我们国家同其他国家居民收入差距的变动轨迹，可能会给我们一些启发。一是从同发展中国家的比较看，多数发展中国在经济发展的起步时人均GDP大约为100美元，随着经济的增长，收入差距不断拉大，但在人均GDP增长到1500美元左右以后，收入差距也基本上达到了"倒U曲线"的顶点，然后出现缩小的势头。我们国家在1980年时人均GDP约为250美元，随着经济的快速发展，也出现了收入差距不断拉大的现象。但是，当我国人均GDP达到1500美元左右时并没有出现居民收入差距由扩大向缩小转变的迹象。我国人均GDP达到3000美元的时候收入差距还在扩大，现在已经达到5000多美元了，也看不出收入差距达到顶点的迹象。二是从收入差距持续扩大的时间看，不论是发展中国家还是发达国家，收入差距持续扩大的时间通常在10—15年，很少有国家连续扩大20年以上，但是，我们国家居民收入差距持续扩大的时间却已经超过了30年。所以，下大力气采取切实措施，遏制居民收入差距持续扩大的势头，并进而逐步缩小目前过大的收入差距，应该说是刻不容缓的。

四、先富不会自动带后富

社会主义就是要共同富裕。为此，必须让一部分人先富起来，先富带后富，逐步实现共同富裕。这是邓小平提出的一个重要战略思想，也是改革开放 40 年来我们党从未动摇的一个重大战略。然后，贫富差距扩大、一部分人已经很富但仍有相当多的人很穷的现实又促使人们思考，先富带后富什么时候能够实现？如何实现？

（一）富裕与贫困本来就是相对的

贫困、小康、富裕，富人与穷人，都是表征人们富裕程度的概念。收入的高低，财富占有的多少，本来就是呈等级式分布的。在任何一个社会、任何一个历史时期，人们的收入总会有高有低，财富的占有总会有多有少。正因为这样，任何一个社会都会有穷人，也会有富人。问题是谁是富人，谁是穷人，用什么标准来衡量呢？

严格地讲，一成不变的、普遍适用的标准是不存在的。在西方发达国家，拥有百万、千万财富的人可以称之为富人，但也只占总人口的少数，多数人是拥有比较稳定收入、衣食无忧的所谓"中产阶级"，也有少数人生活陷入困境，需要社会的救助，因而整个社会呈现出一种所谓"橄榄型"社会结构。改革开放 40 年来，随着经济的发展，我国也出现了一个人数不断增多的拥有家财百万、千万甚至过亿的富人群体，我国已经成为世界上富人人数增长最快的国家之一。但是，从整个社会来讲，多数人生活还并不是那么富裕，还有数以千万计的人生活在贫困之中，中等收入者人数在增加，但仍只占很小的比重，因而整个社会仍然是一种所谓的"金字塔型"社会结构。

先富的人要帮助后富的人，先富带后富，最终达到共同富裕。但是，共同富裕并不是大家都一样，都同等的富裕。共同富裕指的是：其一，不能是富的越富，穷的越穷，那是两极分化。其二，先富和后富的人都能够分享改革发展的成果。其三，随着经济的发展，后富的人能够以更快的速度和幅度富起来，这就要先富帮后富。

（二）先富帮后富已经不是时机是否成熟的问题

让部分人先富起来，是我们党在特定历史背景下提出和实施的一个重要战略措施。这个特定历史背景就是改革开放以前的一个相当长时期，我们不太重视社会生产力的发展，特别是经过"文化大革命"的十年浩劫，生产发展缓慢，人民生活得不到应有的改善，全体人民处于共同贫穷、同等贫穷的状况。要打破这种状况，就必须让一部分人先富起来。当然，让一部分人先富起来，是要让那些辛勤努力成绩大的人先富，先富必须依靠诚实劳动、合法经营来实现。

先富不是目的，而是实现共同富裕的途径和手段。在一部分人先富起来以后，必须让更多的人富起来，逐步实现共同富裕。针对"什么时候、在什么基础上"提出和解决这个问题，邓小平曾明确提出，20世纪末达到小康水平的时候，"就要突出地提出和解决这个问题"。"中国发展到一定的程度后，一定要考虑分配问题"，"到本世纪末就应该考虑这个问题"。我们党在提倡和鼓励部分人先富的同时，就已经充分考虑到了部分先富后如何解决差距扩大的问题，先富政策成功后必然更加强调以先富促共富，逐步实现共同富裕。

经过改革开放40多年的发展，我国社会生产力得到了快速发展，社会财富有了巨额增加，一部分人已经率先富裕起来了。在这样的背景下，先富带后富，使全体人民逐步走向共同富裕，就不应该再是一个议题了，更不是时机是不是成熟的问题了，而是必须切实采取措施加以推进的实际行动了。因为，先富能够真正做到帮后富，让后富更快一点、步子更大一点地富起来，这不仅是全体人民的热切期盼，而且事关构建社会主义和谐社会、全面建设小康社会的全局，事关扩大党执政的社会基础、巩固党的执政地位，事关中国特色社会主义的成败。

（三）贫富差距扩大不是先富战略的错

进入21世纪，先富帮后富，通过不断缩小贫富差距以实现共同富裕本应更加突出地提上议程，但是事实上贫富差距不但没有缩小，反而在持续扩大。测量贫富差距有不同的指标。最主要的有两个：一个是收入分配差距，一个是财富占有差距。大量的数据和资料说明，无论是收入分配差距，还是财富占有差距，都在持续扩大而不是逐步缩小。从大量资料来分析，如果不采取强有力的措施，这种扩大趋势有可能在今后一个相当长的时期里继续下去，而不可能在短期内根本扭转。

贫富差距持续扩大并不是先富战略的错，更不能说先富战略本身出了什么问题。其实，贫富差距扩大的原因是错综复杂的，很多学者都做过这方面的探讨。

一个值得重视的问题是：贫富差距扩大，在很大程度上是因为我们的一些分配政策及其配套措施导致的。我们制定和实施这些政策以及配套措施的出发点是很好的，甚至可以说，我们的目的本来就是缩小差距，实现共同富裕，但是，结果并不是我们所期望的那样。因为任何一项改革措施的出台和实施，对不同社会群体和社会成员的影响不一样，从而会对居民收入分配产生这样或那样的影响。正因为这样，改革必须配套进行，对那些为改革发展作出牺牲和付出代价的社会群体和社会成员给予必需的补偿。但事实上，我们的一些改革措施出台和实施后,并没有充分考虑到这一点。其中,住房制度改革就是一个明显的例子。以出售公有住房和住房分配货币化为主要内容的住房制度改革,是在承认既得住房利益的基础上进行的。这一改革没有对原公有住房分配中形成的不平等因素加以认真的考虑,比如对有公有住房者和没有公有住房者、有好房者和有次房者、有大房者和小房者的差别,没有按照市场经济的原则进行认真的算账。因而,这一改革不但扩大了城镇居民之间的收入分配差距,更扩大了城乡居民之间的收入差距。

  一个更值得我们重视的问题,则是我们实施的一些政策和措施有助于缩小贫富差距,并对缩小贫富差距起到了应有的作用。但是,我们实施的另一些政策和措施恰恰相反,起到的是扩大贫富差距的作用,把其他政策和措施在缩小贫富差距方面发挥的作用抵消掉了。也就是说,不同的政策和措施在缩小贫富差距方面产生的作用恰恰是相反的。比如,我们实施了最低工资制,但劳动力市场又被人为地分割为城乡两个市场,农民工得到的基本上都是最低工资,又何谈缩小城乡居民收入差距?又比如我们建立了一系列针对城镇住房困难的低收入家庭的住房保障政策,但政府垄断城市土地供应,地方政府人为推高地价,加上放任地产商追逐利润,一些先富者趁机投资投机倒房,从而导致房价高企,大量无房少房急需住房的中低收入家庭为解决住房这一最为紧要的民生问题付出高昂的成本。这不仅不是先富帮后富,恰恰相反,是后富帮先富使之更富。

五、四次分配论与分配制度的改革创新

  合理的分配制度是社会公平的重要体现。改革开放以来,我国分

配制度改革不断深化，形成和确立了按劳分配为主体、多种分配方式并存的分配制度和劳动、资本、技术、管理等生产要素按贡献参与分配的制度，有力地促进经济社会发展和人民生活水平的提高。但是，我国分配领域也还存在一些突出矛盾和问题。这些突出矛盾和问题的解决，迫切要求我们党和政府采取有力的政策措施。但是，政策的制定和完善必须以科学的理论来支撑，深化分配制度改革的现实需要，呼唤新的分配理论的构建。

（一）构建新的分配理论面临的难题

传统意义上的两次分配论，要解决的是收入分配问题。这也是研究分配问题的经济学的角度。全国人大原副委员长成思危提倡实行"三次分配"。三次分配论在两次分配的基础上把观察问题的视野拓宽到了慈善事业。从缩小贫富差距的现实需要出发，必须把研究分配问题的视野拓展到公共服务或公共品的分配。因此，构建新的分配理论，我们首先面临三个难点，或者说首先有三个问题需要回答：

第一，分配什么？"两次分配"解决的是收入分配问题。但是，收入分配只是整个分配领域中的一个方面，尽管是最重要的方面。在现代社会，公共服务或公共品包括公共基础设施等的分配，对社会成员的福利水平具有极为重要的影响，公共服务的分配成为衡量分配领域公平度的一个重要指标。道理很简单，拥有同等收入的人因为享受的基本公共服务不等值或不均等，他们所能享有的生活水平和生活质量会存在差别，甚至相当大的差别。这是因为那些不能或较少享有公共服务的社会成员，只能用他们收入中的一部分到市场上去购买公共服务的替代品。比如，一个没有本市户口的人，他的子女如果不能享有同该市户籍学生同等接受义务教育的权利，他就得从自己的收入中拿出一部分来用作所谓"借读费"等。所以，要缩小贫富差距，实现共同富裕，分配的就不仅仅是收入，而应该包括公平服务或公共品。

第二，由谁来分配？显然，收入分配中的初次分配主要是由市场进行的，政府一般不进行干预；再分配则主要依靠政府，由政府对初次分配后形成的可能比较大的收入差距进行调节。公共服务的分配，也主要是政府。因而，初次分配和再分配，以及公共服务的分配，有两个分配的主体：一是市场，二是政府。但是，如果再深入探究下去会发现，分配的主体不仅仅包括市场和政府，而且包括其他的社会组织和社会成员个人。各种社会组织尤其是慈善组织在为社会成员提供社会公共服务、重新分配社会资源等方面发挥着越来越大的作用。企业在照章纳税取得合法收入后，也承担着应尽的社会责任。社会成员在取得个人可支配收入以后，也不是全部用于个人或家庭消费。越来越多的社会成员积极投身于慈善捐赠和社会公益事业。至此我们会发现，公平分配的目标实际上是由多个主体共同实现的，既包括市场和政府，又包括各种社会组织和公民个人。

第三，如何分配？要缩小贫富差距，当然要根据公平的原则。但问题是我们如何确定公平原则呢？公平是人们对某种社会现象所作出的价值判断，同某种价值判断相符合的就是公平的，同某种价值判断不相符合的就是不公平的。分配是由起点、过程和结果三个环节构成的，三个环节是一个相互制约、不可分割的有机整体。起点公平是指人们在占有生产资料和社会资源方面的公平，这实际上是人们在社会政治和经济地位方面的平等问题。过程公平也就是机会平等、规则公正。结果公平是人们追求的目标。从分配的角度来讲，结果公平应该包括两个方面：一是人们在生产中付出了什么就应该得到什么，换言之，就是应该给每一个人他所应得的。二是分配结果比较均衡或平均，差距不大或者说在一个比较合理的范围之内，人们能够接受，比较满意。从这一方面来讲，一部分社会成员可能应得而未得，他们在创造价值和财富中作出了比较大的贡献，他们所得到的收入与他们所作出的贡献可能是不对称的，换言之，他们所得到的报酬不足以补偿他们的付出，但是其他社会成员（可能是占人口多数的社会成员）所得到的收入可能大于他们在创造价值和财富中所作出的贡献，因而是比较满意的，认为这样的分配结果比较公平。从这里我们可以看出，分配结果公平的两个方面，本身就是相悖的。得所应得，就不可能比较均衡，从而会拉开差距，甚至出现收入差距悬殊；比较均衡，就会使一部分人应得而未得。

正是因为确定公平原则的复杂性，人们对这一问题的看法又存在比较大的分歧，解决如何分配这一看似简单的问题其实是非常困难的。显然，在初次分配和再分配等收入分配领域，以及在基本公共服务等其他社会资源的分配领域，公平的体现或公平的标准应该有所不同。或者说，在不同的分配领域和不同的社会资源分配中，我们所强调的公平原则的侧重点或角度是有差异的。

（二）四次分配论及其适用的公平原则

根据上述分析，我们认为，新的分配理论应该突破两次分配论和三次分配论的局限，构建四次分配的新理论。

一次分配或初次分配，是在生产活动中，企业作为分配主体，将国民生产总值在国家、企业、个人之间进行分配，生产要素的提供与报酬的支付形成最基本的初次分配关系。在市场经济条件下，劳动、资本、技术、管理、土地等生产要素的使用不是无偿的，对每一种生产要素都必须支付一定的报酬，这种报酬就形成各生产要素所有者和使用者的初次分配收入。初次分配关系主要由市场机制形成，生产要素价格由市场供求关系决定，政府通过法律法规和税收进行调节和规范，一般不进行直接干预。在初次分配中，劳动、资本、技术、管理等生产要素按对创造价值和财富的贡献大小参与收入分配，那些劳动付出更多尤其是掌握复杂劳动能力的人、那些掌握更多资本和先进技术、先进管理经验的人，就会获得更多的收入。因此，初次分配后可能会出现比较大的收入差距，这是必然的，也是应该允许的。在初次分配中，最能体现公平原则的就是劳动、资本、技术和管理等生产要素按贡献大小进行分配，按生产要素的贡献大小进行分配就是公平的。按生产要素的贡献大小进行分配，这是公平分配原则在初次分配中的集中体现。当然，初次分配中的公平，也应该包括机会均等。我们应该从规范市场主体的竞争行为和保证公平的竞争环境等方面，努力实现机会均等。

二次分配或再分配，是在初次分配结果的基础上，政府对要素收入进行再调节的过程。初次分配后可能出现过大的收入差距，甚至出现收入差距悬殊，因此，再分配的首要功能是缩小收入差距，均衡各方面的利益关系。再分配的主体是政府，政府主要通过税收手段，为国民提供包括社会救助、社会保险、社会福利等在内的社会保障，以及财政转移支付等手段进行调节，重点是调节地区之间、城乡之间、部门之间、社会群体之间、社会成员之间的收入关系，防止收入差距过大，尤其是保障低收入者和无收入者的基本生活。在再分配中，最能体现公平原则的应该是均衡，这也是再分配的首要功能。针对初次分配中可能出现的差距过大现象，政府要通过再分配手段进行调节，比如对高收入者征收个人所得税，对低收入者或没有收入者提供基本生活保障，从而缩小收入差距。再分配的一个重要目标，就是通过政府对收入分配差距的调节，以调节差距过大的收入，从而实现公平。显然，这里讲的公平，就是社会成员的收入比较均衡，差距不应该过大。

三次分配，属于公共服务或公共品的分配。党的十九大报告明确提出，要完善公共服务体系，保障群众基本生活，不断满足人民日益增长的美好生活需要。为国民提供基本的公共服务，是服务型政府的一项基本职能。各国提供的公共服务的范围，因经济社会发展水平高低和政府公共财政能力大小的不同，而可能存在一定的区别，但基本上都涵盖了公共教育、公共卫生、公共文化等社会事业，公共交通、公共通信等公共产品和公共基础设施，以及就业服务，等等。在基本公共服务或公共品的分配中，最能体现公平原则的当然是均等。基本公共服务的提供或公共品的分配必须以均等为原则，使城乡居民、不同地区居民、不同社会群体和不同社会成员享有比较均等的就业、住房、医疗、教育、基本公共文化的机会，以及大致均等的基本公共服务水平和良好生活环境。因此，我们通常所讲的教育公平、医疗卫生资源分配的公平，以及公共基础设施、社会保障等方面的公平，都是从均等的角度界定的。

四次分配，是机关事业单位、企业、居民个人基于社会责任而对自己所获得的收入进行的自我调节，也就是我们通常所讲的捐赠和慈善。在第四次分配中，先富起来的人、强势群体或者说处于优势地位的人，以及经济效益好、实力强的企业应该承担起更多的社会责任和义务，比如热心多做善事、多献爱心、扶贫济困，等等。在第四次分配中，也就是慈善捐赠方面，最能体现公平原则的是能力。有能力的人不捐赠是不公平的，有能力的人不捐赠而让没有能力的人捐赠就更不公平了。一个人的能力有大小，我们鼓励每一个社会成员热心慈善捐赠，但第一个社会成员从事慈善捐赠应该同其能力大致相符，这才是公平的。

从四次分配来看，前三次分配是主要的，尤其是第一次和第二次分配，第四次分配也就是慈善捐赠是对前三次分配的一个必要的补充。四次分配在实现公平分配、缩小贫富差距、促进共同富裕中的地位和作用是不同的。

（三）解决分配领域突出问题的关键是完善分配政策

解决当前分配领域的突出问题，尤其是遏制收入差距持续扩大的势头，逐步缩小收入差距，最根本的当然是大力发展社会生产力，增加社会财富总量，为满足人民日益增长的物质文化需要奠定雄厚的物质基础。但是，在社会生产力发展的既定水平和特定的时期，国民收入和社会财富总量是既定的。在这个前提下要缩小差距，就必须改革和完善分配制度。从当前来讲，依据四次分配理论，对我国现行的分配政策和相应配套措施进行适当的调整和改革显得尤其必要。

在我国现阶段，贫富差距尤其是收入差距持续扩大，在很大程度上讲是因为第一次分配差距过大导致的。因此，必须理顺第一次分配关系，努力缩小第一次分配产生的过大差距。首先，必须完善市场机制，努力创造公平的竞争环境，实现机会均等。政府应该从规范各市场主体的竞争行为和保证公平的竞争环境两个方面，消除由于竞争机会不公平，特别是不正当竞争而产生的收入差距。尤其要合理调节少数垄断性行业的过高收入，必须坚决纠正凭借行业垄断和某些特殊条件获得个人额外收入。其次，在第一次分配中，要更好地贯彻公平原则，保证劳动、资本、技术和管理等生产要素按贡献大小得到公平合理的回报和补偿。在这方面，当前一个最突出的问题是如何准确地量化劳动、资本、技术、管理等生产要素的贡献大小。我国是一个人力资源十分丰富的国家，大多数劳动者只拥有劳动要素，但在目前乃至今后相当长一段时期劳动力供大于求的状况都不会有太大的改变，受劳动力供求关系的影响，劳动力价格长期偏低，劳动报酬在第一次分配中所占的比重持续走低已经成为一个值得高度重视的现实问题。再次，要大力整顿和规范第一次分配领域的秩序。近些年来，一些地方和部门在国家统一的工资政策外自行出台了各种津贴补贴政策，在部门之间和地区之间出现了新的分配不公，扰乱了正常的收入分配秩序。不着力解决这一问题，在第一次分配中必然产生非正常的过大差距。

再分配要更加注重公平，发挥政府对收入分配的调节职能。对收入分配进行必要的调节，这是社会主义国家的重要经济职能。进一步加大个人收入分配调节力度，合理调整国民收入分配格局的总的原则，就是"提低、扩中、调高、打非"，并加大"保困"力度。政府对收入分配进行调节的方式和手段是多种多样的。从当前来讲，尤其要重视三个方面的调节作用：一是充分利用税收杠杆进行宏观调节，实现收入的再分配。比如通过完善个人所得税、遗产税、赠予税等，调节过高的收入，从而缩小居民个人之间的收入差距。个人所得税制要贯彻公平税赋原则，一方面，要加大对高收入者的税收调节力度；另一方面，要在税收制度上真正体现对低收入者的必要保护，比如进一步提高个人所得税的免征点，个人所得税的征收应该考虑家庭赡养系数、家庭结构、家庭是否有正在上学的子女、是否有病人以及家庭是否有其他特殊困难等。二是建立健全覆盖城乡居民的社会保障体系。社会保障制度是一种重要的国民收入再分配制度。从当前的城乡、区域以及不同群体之间存在巨大差距的现实出发，建立覆盖城乡居民的社会保障体系只能分阶段有步骤地推进。当前的工作重点是尽快构建起覆盖城乡居民的基本养老保障制度、基本医疗保障体系和最低生活保障制度。三是通过财政转移支付手段对国民收入进行再分配，加大对农村，尤其是农村贫困地区的扶持和支持力度，以兼顾各个地区、各个社会阶层的利益，实现合理和公平的国民收入分配。

第三次分配，遵循均等原则对公共服务或公共物品进行分配，可以在相当大程度上缩小目前存在的巨大的贫富差距。实现基本公共服务均等化，从而缩小城乡居民之间、不同地区居民之间，以及不同社会群体之间、不同社会成员之间生活水平的差距，使这种差距控制在一个比较合理的区间内，这本来就是国民收入或国民财富分配的题中应有之义。因为公共服务的分配是以政府的公共财政为物质基础的，所以公共服务的分配实际上也是一种间接的收入分配。在我国现阶段，一方面，政府提供公共服务的能力与人民群众日益增长的公共服务需求之间存在比较大的差距，要更好地满足人民群众日益增长的公共服务需要就必须不断增加公共服务的总量；另一方面，我国城乡发展不协调、区域发展不协调，公共服务差距比较大，这就必须优化公共服务的结构和布局，扩大公共服务和公共品的覆盖范围，更加注重向农村、基层、欠发展地区倾斜，向社会弱势群体倾斜，从而更好地保障这些地方人们的基本公共服务需求。

第四次分配必须坚持能力原则，鼓励有能力的企业、社会组织和公民个人积极从事慈善捐赠。为此，必须完善相关政策措施，比如企业和公民个人从事慈善捐赠抵扣所得税，慈善机构和其他公益性社会团体享受相关免税政策，政府加大对慈善机构和其他公益性社会组织的财政支持等，以促进慈善事业健康发展。

六、扩大中等收入群体

我国的收入分配政策改革，必须服从和服务于实现共同富裕的目标。为此，在分配政策上必须确立扩大中等收入者比重，提高低收入者收入水平这一根本取向。这一根本取向也就是我国今后要努力形成的收入分配新格局，即中等收入者居人口的多数，并占有大部分收入和财富的格局。这样的收入分配新格局，符合社会主义就是要共同富裕这一本质规定。

（一）中等收入者的构成和分布

中等收入者是有稳定的收入来源，在收入分层序列中处于中等状态的那一部分社会成员。在任何一个社会，社会成员的收入水平都不可能完全一样，都存在差异，换言之，都存在收入分层现象。只要存在收入分层现象，就肯定有中等收入者。问题是究竟哪些人属于中等收入者。

要准确地确定中等收入者的标准，必须对全体居民的收入状况进行普查或抽样调查，然后根据收入差距五等分法来确定中等收入水平的上限和下限。居于中等收入水平上限和下限之间的社会成员，就是中等收入者。中等收入者是一个相对的概念。相对于整个社会成员的收入水平而言，他们处于中等状态。从我国目前情况来看，对"中等收入者比重"不能估计过高，对"中等收入水平"也不可估计过高。具体标准是一个需要慎重研究和探讨的问题。可以肯定的是，巨富是极少数；城乡贫困人口还有几千万，但相对于十几亿人口而言，也是少数；人数最多的还是处于中间收入状态的这一部分。问题是处于中间状态的人口中，还有相当一部分人的收入水平偏低，还不是真正意义上的中等收入者。

中等收入者不是一个阶层，也不是某个阶层或某些阶层的代名词。但中等收入者在某些社会阶层中又确实是相对集中的，甚至个别社会阶层的成员都居于中等收入者行列。

在我国现阶段各社会阶层中，国家和社会管理者、知识分子、企业经营管理者、民营科技企业的创业人员、受聘于外资企业的管理技术人员、个体户、私营企业主、中介组织从业人员、自由职业人员等社会阶层的成员，收入水平普遍相对较高，处于中等收入水平甚至中等收入水平以上，它们是我国目前中等收入者比较集中的几个社会阶层。低收入者则相对集中于城乡失业半失业和无业人员阶层、农业劳动者阶层和产业工人阶层等少数社会阶层之中。随着收入差距的扩大，低收入群体的不满情绪已经产生，如果处理不好甚至有激化的可能。在我国现阶段，正确认识和处理各社会阶层之间的相互关系，在某些情况下直接表现为处理好中等收入者比较集中的社会阶层与低收入者比较集中的社会阶层之间的关系。从社会发展趋势和促进社会的稳定出发，必须扩大中等收入者比重，通过提高低收入者的收入水平，使尽可能多的低收入者成为中等收入者。因而，我们的政策应该是鼓励和支持中等收入者比较集中的社会阶层保持发展的活力，同时要更多地关注低收入者比较集中的社会阶层，切实保障这些社会阶层成员的基本生活，并积极帮助他们提高收入水平，改善生活条件，从而更好地处理和协调各社会阶层之间的相互关系，减少、缓解低收入者比较集中的社会阶层与其他社会阶层之间的摩擦、隔阂和冲突，促进社会各阶层之间的和谐相处和共同发展。

(二) 扩大中等收入者比重是一个重大的政策取向

改革开放以来，我们首先打破了平均主义、"大锅饭"的分配格局，提出让一部分人、一部分地区先富起来。从平均主义和"大锅饭"到让一部分人先富起来，这是我国分配政策的根本性改革。让一部分人先富起来是一个重大的政策取向。在继续允许和鼓励一部分人先富起来的同时，适时地提出扩大中等收入者比重，这是我国分配政策取向的又一重大调整，无疑将进一步深化我国分配政策的改革。

扩大中等收入者比重是实现共同富裕的需要。实现全体人民的共同富裕是社会主义的本质规定和根本目标。共同富裕不是同等富裕、同时富裕、同步富裕，全体人民要同等富裕、同时富裕、同步富裕是不可能的。实现共同富裕是一个有先有后、有快有慢逐步实现的过程。改革开放以来，我们实行了让一部分人、一部分地区先富起来，进而先富带后富的政策。这是一个大政策，这一政策取得了巨大的成功。现在必须进一步提出一个大政策，就是从一部分人、一部分地区先富起来到走向大部分人、大部分地区富起来。在现阶段，具体来讲，就是要扩大中等收入者比重，使更多的低收入者加入中等收入者的行列之中来。从一部分人先富起来到扩大中等收入者比重，说明我们在实现共同富裕目标的进程中迈进了一个新的阶段。扩大中等收入者比重，并使之逐步在人口中占据多数，离共同富裕的目标也就越来越近了。

扩大中等收入者比重是全面建成小康社会的需要。早在2002年，党的十六大在深刻分析我们党和国家面临的新形势新任务的基础上，就提出了全面建设小康社会的奋斗目标。这一目标是中国特色社会主义经济、政治、文化全面发展的目标,是与加快推进社会主义现代化相统一的目标。经过全党和全国各族人民的共同努力,我们胜利实现了现代化建设"三步走"战略的第一步、第二步目标,人民生活总体上达到了小康水平。但是,现在我们达到的小康还是低水平的、不全面的、发展很不平衡的小康。其所以说是低水平的,一个很重要的原因就是人民生活水平还比较低,刚刚解决温饱问题,还不是很富裕。其所以说是很不平衡的,很重要的一个表现就是由于种种原因,不同社会成员之间还存在比较大的收入差距,一些人富得比较快而有些人富得比较慢,甚至还没有富起来。我们要全面建设的小康社会,应该是经济更加发展、民主更加健全、科教更加进步、文化更加繁荣、社会更加和谐、人民生活更加殷实的更高水平的小康社会。要建设这样的小康社会,应该在经济更加发展、人民生活更加殷实的基础上,大大减少贫困人口比重,让多数人达到中等收入水平而富裕起来。正因为如此,党的十九大再次强调要扩大中等收入群体。

扩大中等收入者比重符合现代社会结构变动的总趋势。中等收入者比重的扩大,将极大地改善我国的社会结构,大大推动我国社会结构的合理化和现代化。扩大中等收入者比重,从而使中等收入者在人口中占多数,高收入者和低收入者占少数,这是比较合理的收入分配格局。这样的收入分配格局与现代化社会的社会结构是一致的。在一个已经实现了现代化的国家,都有一个人数众多的稳定的中等收入者群体,从而形成一种"两头小、中间大"的所谓"橄榄型"社会结构。目前,西方发达国家的中等收入者一般占到人口的一半以上。我国社会的中等收入者所占比重太低,而低收入者和中等偏低收入者所占比重太大。相应的,我国现阶段的社会结构是呈"金字塔型"的:高收入者出现了，但是极少数；中等收入者出现了，但所占比重也很小；绝大多数人是低收入者。

扩大中等收入者比重，就必须降低低收入者比重。所以，扩大中等收入者比重的关键，在于提高低收入者的收入水平，使更多的低收入者进入中等收入者的行列。这就必须通过分配政策改革，提高各类企事业单位科技人员、经营管理人员以及技术工人的收入水平，在机构改革和精简人员的基础上提高党政机关工作人员的工资水平，努力增加新型农业和规模农业从业人员的收入水平，使城乡大多数居民的收入水平随着生产的发展而明显提高，加快进入充裕的小康生活水平并向富裕迈进的步伐。我们说扩大中等收入者比重是一个重要的政策取向，道理也就在这里。概而言之，我们的分配政策必须实现从允许和鼓励一部分人先富起来，向提高低收入者的收入水平，进而不断扩大中等收入者比重转变。扩大中等收入者比重，并使之在人口中占多数，将是一个长期的过程。

七、提高"两个比重"，不断增加城乡居民收入

国家、企业和居民个人三者之间的分配关系，是分配领域最重要的一组相互关系。针对我国分配领域中三者关系失衡的问题，必须在提高居民收入在国民收入分配中的比重的同时，提高劳动报酬在初次分配中的比重，并创造条件让更多群众拥有财产性收入。

（一）提高居民收入在国民收入分配中的比重

国民收入分配中的国民收入，有国民总收入和国民净收入之分。国民总收入也就是国民生产总值，它等于国内生产总值加上来自国外

的净要素收入。国民净收入也就是国民生产净值,它等于国民总收入减去固定资产折旧。固定资产折旧归固定资产所有者所有,并用于补偿固定资产消耗,对收入分配的合理性没有太大影响,因此,我们通常讲的收入分配只涉及国民生产总值的分配。

国家、企业和居民个人三者之间的分配关系,是分配领域最重要的一组相互关系。改革开放以来,我国原有的分配格局发生了深刻的变化,国家、企业和居民个人三者之间的分配关系发生了重大的调整和变动,有力地促进了经济发展和人民生活水平的提高。但是,近年来,三者关系中也出现了一些值得重视的问题。据有关方面测算,从2002年到2006年,居民收入在国民收入分配中所占比重呈持续下降趋势,从2002年的62.1%下降到2006年的57.1%,下降了5个百分点。与此同时,企业的收入所占比重从20%上升到21.5%,上升了1.5个百分点,政府收入所占比重则从17.9%上升到了21.4%,上升了3.5个百分点。[①] 居民收入所占比重的下降,使拉动经济增长的需求结构发生了较大变化。从同期三大需求对国民总产值增长率的贡献看,消费的贡献率从43.6%下降到了38.9%。这种变化趋势,已经对消费与投资的合理结构和内需与外需的合理结构产生了不利影响。正因为这样,党的十七大、十八大、十九大都提出要加快转变经济发展方式,强调要坚持扩大内需特别是消费需求的方式,促进经济增长要由主要依靠投资和出口拉动向依靠消费、投资、出口协调拉动转变。要实现这一转变,就必须提高居民收入在国民收入分配中所占的比重。

---

① 参见本书编写组:《十七大报告学习辅导百问》,党建读物出版社、学习出版社2007年版,第170页。

因此，进一步调整和规范国家、企业、居民个人三者之间的分配关系，是继续深化分配制度改革的重要目标和任务。在国家与企业的分配关系问题上，要进一步完善以税收为主要调节手段的国家和企业之间的分配制度。一方面，企业必须依法纳税，国家要加强税收征管，堵塞漏洞，减少税收流失，一些企业偷税漏税骗税，使国家收入受损，这种现象必须坚决纠正；另一方面，国家收入行为必须规范化。目前，我国国家收入来源多元化，不仅有预算内收入和预算外收入，还有制度外收入。预算外收入包含了许多非规范的成分，规模膨胀和管理失控现象严重。在国家与居民个人的分配关系问题上，要进一步完善以个人收入所得税、社会保障和其他转移支付等为主要调节手段的分配制度。一方面，居民个人必须依法纳税，依法缴纳社会保险费用，这是每个公民应尽的义务和责任；另一方面，国家必须建立健全个人收入分配制度，规范个人收入分配秩序。在企业和职工的分配关系问题上，主要是完善按劳分配为主体、多种分配方式并存的分配制度，健全劳动、资本、技术和管理等生产要素按贡献参与收入分配的制度。一方面，要规范企业内部的分配行为，完善企业积累机制，防止和克服企业经营行为短期化现象所造成的企业应得利益和国有资产收益大量流失；另一方面，必须加强工资法制建设，包括严格执行最低工资制度，切实保障劳动者的合法权益。

（二）提高劳动报酬在初次分配中的比重

在逐步提高居民收入在国民收入分配中的比重的同时，必须提高劳动报酬在初次分配中的比重。初次分配过程，也就是要素收入分配过程。在一般市场经济条件下，初次分配是按照生产要素市场价格决定的，政府一般不进行干预。因此，劳动、资本、技术、管理、土地等生产要素按贡献大小参与收入分配，就形成了初次分配格局。从我国目前的情况看，我们虽然初步建立了社会主义市场经济体制，但这一体制又还不完善，特别是生产要素市场发育不健全，一些生产要素的价格还没有真正市场化。比如，在资本要素方面，反映资本价格的利率还没有真正市场化；在土地要素方面，获得土地的机会还不均等，还有相当一部分土地是由行政审批和政府定价的，没有按市场运作；在劳动力要素方面，城乡统一的劳动力市场还没有形成。此外，垄断经营、分配秩序混乱等因素，也使初次分配关系出现了严重的扭曲。尤其要看到，目前我国企业职工工资正常增长机制还不健全。正因为这些原因，近年来，企业职工劳动报酬在初次分配中所占的比重持续偏低。

解决劳动报酬在初次分配中所占比重偏低的问题，必须采取一系列综合措施。一是要建立企业职工工资正常增长机制和支付保障机制。二是要随着经济增长，适时地调整最低工资标准。三是要加强国家对企业工资的调控和指导，发挥工资指导线、劳动力市场价位、行业人工成本信息等对工资水平的引导作用。四是通过完善法律法规、深化改革和宏观调节，规范初次分配秩序，使劳动报酬增长同经济增长和企业效益增长相适应。五是要全面实行劳动合同制度和工资集体协商谈判制度，确保工资按时足额发放。

（三）创造条件让更多群众拥有财产性收入

财产性收入是指财产所有人把财产投入社会生产生活中，通过出让财产使用权所获得的收入，比如利润、利息、股息、租金、财产增值收益等。创造条件让更多群众拥有财产性收入，这是党的十七大针对当前财产分配差距过大的突出问题提出来的，是深化分配制度改革、增加城乡居民收入的重要举措。

改革开放40年来,我国经济快速发展,居民家庭财产普遍增加,相应地,财产性收入也不断增加。据国家统计局公布的《首次中国城市居民家庭财产调查总报告》显示,截至2002年6月底,中国城市居民家庭财产户均总值已达22.83万元,户均家庭金融资产达7.98万元。在家庭财产快速增加的同时,财产的分布出现了明显的分化。调查显示,有48.5%的被调查户家庭财产在15万至30万元,有34.8%的被调查户家庭财产在15万元以下,有16.7%的被调查户家庭财产在30万元以上。10%的最高收入家庭,占有了45%的全部居民财产总额;而最低收入家庭的财产总额,仅占全部居民财产总额的1.4%。高收入家庭拥有的财产是低收入家庭的32倍。据广发银行和西南财经大学公布的《2018年中国城市家庭财富健康报告》,我国城市家庭户均总资产规模达到161.7万元,户均可投资资产规模达到55.7万元。其中,2090户家庭资产最多的家庭,平均户均资产总规模为454.5万元。

财产分配的不均等,直接导致了财产性收入的不平等,进而扩大了居民收入分配的差距。居民家庭金融资产和经营资产是形成财产性收入的主要来源,因此,从居民家庭财产的结构我们大致可以判断财产性收入的差距。从前述调查结果看,在城市居民家庭财产的构成中,家庭金融资产为7.98万元,占家庭财产的34.9%;房产为10.94万元,占家庭财产的47.9%;家庭主要耐用消费品现值为1.15万元,占家庭财产的5%;家庭经营资产为2.77万元,占家庭财产的12.2%。而财产在100万元以上的家庭,其财产结构与其他家庭差异明显:金融资产和家庭经营资产比重明显高于平均水平,房产比重明显低于平均水平。该类家庭的财产总量为253.45万元,其中家庭金融资产为98.27万元，占家庭财产的38.8%，高于平均水平8.2个百分点；房产为44.80万元，占家庭财产的17.7%，低于平均水平26个百分点；家庭主要耐用消费品现值为12.51万元，占家庭财产的4.9%，高于平均水平0.2个百分点；家庭经营资产为62.87万元，占家庭财产的24.8%，高于平均水平5.6个百分点。由于拥有财产最多的这部分家庭，其金融资产和经营资产远远多于其他家庭，获得的财产性收入自然远远多于其他家庭，财产性收入差距的拉大进一步扩大了居民家庭之间的收入差距。

让更多群众拥有财产性收入是生产要素按贡献大小参与收入分配原则的体现。1997年9月召开的党的十五大，在分配制度改革方面的最大突破，就是解决了生产要素能不能参与收入分配的问题，明确提出要把按劳分配和按生产要素分配结合起来。2002年11月召开的党的十六大，专门阐述了如何深化我国分配制度改革的问题，明确提出"确立劳动、资本、技术和管理等生产要素按贡献参与分配的原则，完善按劳分配为主体、多种分配方式并存的分配制度"。党的十六大在分配制度改革方面的最大突破，就是确立了劳动、资本、技术和管理等生产要素按贡献参与分配的原则，在党的十五大解决了其他生产要素能不能参与收入分配问题的基础上，进一步解决了其他生产要素怎么样参与收入分配的问题，即按贡献大小参与收入的分配。党的十七大、十八大及其三中、五中全会，进一步强调要坚持和完善按劳分配为主体、多种分配方式并存的分配制度，健全劳动、资本、技术、管理等生产要素按贡献参与分配的制度。党的十九大再次强调，要坚持按劳分配原则，完善按要素分配的体制机制，促进收入分配更合理、更有序。在市场经济条件下，生产要素不是也不可能无偿出让、投入社会生产，生产要素的所有者必然要求获得一定的出让报酬，这些报酬就形成了各生产要素所有者的初次分配收入。人们把自己的财产投入社会生产和社会生活中,通过出让财产使用权获得利润、利息、股息、租金等财产性收入,这是生产要素按贡献大小参与收入分配原则的具体体现。

让更多群众拥有财产性收入,有利于调整财产分布的不平等结构,从而缩小居民收入差距。据国家统计局统计,2009年到2012年间,城镇居民人均总收入由18858.1元增长到26959元,但同期城镇居民人均财产性收入由431.8元增加到707元。可见,财产性收入比其他收入的增长率要高得多。因此,只有让更多群众而不是少数群众拥有财产性收入,才能真正从整体上提高人们的收入水平,从而逐步缩小收入差距。

合理的收入分配格局,应该是一种高收入者和低收入者占少数、中等收入者占多数的"两头小、中间大"的橄榄型格局。目前,我国高收入者只占人口的少数,中等收入者所占比重也很低,大多数人属于低收入者。因此,要努力形成中等收入者占人口多数的橄榄型社会结构和收入分配格局,就必须扩大中等收入者比重。但是,问题就在于如何扩大中等收入者比重。只有提高低收入者收入水平,让更多的低收入者成为中等收入者,才能真正扩大中等收入者比重。让更多低收入者也拥有财产并获得财产性收入,是提高低收入者收入水平的一个重要途径。

八、劳动合作和利益共享是我国现阶段阶层关系的主流

随着改革开放的深入和社会的深刻变革,我国社会阶层状况发生

了新的重大变动。一方面，工人阶级和农民阶级发生了很大的变化，其内部已经分化和重组为多样化的阶层结构；另一方面，出现了民营科技企业的创业人员和技术人员、受聘于外资企业的管理技术人员、个体户、私营企业主、中介组织的从业人员、自由职业人员等新的社会阶层。社会阶层结构的变化，使阶层之间的相互关系也发生了深刻变动。但是，人们对阶层之间的相互关系，存在很不一样的看法。有人认为，阶层之间的关系就是一种利益关系，而且是一种利益竞争的关系，因而所谓处理好阶层之间的相互关系，就是想方设法协调好阶层之间的利益矛盾。这是一种比较有代表性的看法。有人对私营企业主与其员工的关系进行了专门研究，认为他们之间的关系是一种最简单不过的雇佣关系。也有人强调国家和社会管理者阶层与其他社会阶层的关系，认为前者与后者是一种管理者与被管理者的关系，还有人用主仆关系来形象地说明这种关系。这些看法都有一定的道理，从不同的层面和角度揭示了我国现阶段的阶层关系状况，但没有抓住问题的关键。

正确处理好各社会阶层之间的利益关系，基本着眼点是要维护、发展和实现最广大人民的根本利益，正确反映和兼顾不同方面群众的利益，使全体人民朝着共同富裕的方向稳步前进。正确认识和妥善处理各社会阶层之间的相互关系，对于党和国家事业的发展至关重要。在这一问题上，必须明确指出的是，今天我们研究社会阶层之间的相互关系，绝对不是要人为地划出某些社会阶层作为我们的对立面，作为斗争和专政的对象。工人阶级内部的各个社会阶层，都是党的阶级基础。包括农民阶级内部的各个社会阶层在内的其他社会阶层，都是党的群众基础。我们分析和研究社会阶层问题的目的，正是为了明确党的阶级基础和群众基础，是为了正确地处理各社会阶层之间的利益关系和其他方面关系，更好地团结为祖国富强贡献力量的社会各阶层人们，把一切积极因素充分调动和凝聚起来，努力形成全体人民各尽其能、各得其所而又和谐相处的局面。

我国现阶段各社会阶层之间的相互关系，本质上是一种劳动合作和利益共享的关系，是产生于劳动分工基础上的职业关系。为什么这样说呢？

第一，在消灭了剥削制度和剥削阶级的社会主义社会，整个社会体系就是由各个社会阶层在劳动合作和利益共享关系基础上建构起来的。按照马克思主义的基本观点，社会是人类生活的共同体，它是以共同的物质生产活动为基础而相互联系的人们的有机总体。社会主义社会就是由在根本利益一致基础上，以社会政治生活、经济生活和文化生活为活动舞台，分别从事物质生产、精神生产、社会管理与社会服务的众多社会阶层所构成的。无论是以社会政治生活为活动舞台从事社会管理活动的国家和社会管理者阶层，还是以经济生活为活动舞台从事物质和精神生产活动以及提供社会服务的各社会阶层，也不论是以文化生活为活动舞台从事精神生产活动的知识分子阶层等社会阶层，都是相互以其他社会阶层为劳动合作伙伴的，都在为经济社会的发展作出贡献，并且共同分享经济社会发展所取得的成果。不论是从事物质生产活动的社会阶层，还是从事精神生产活动的社会阶层，也不论是从事社会管理活动的社会阶层，本质上只是一种分工和职业的不同。

第二，在现代社会，从某种意义上说，产业之间的密切联系正是通过以不同产业为主要就业领域的各社会阶层之间的劳动合作和利益共享关系形成的。第一产业、第二产业和第三产业之间存在着密切的联系，但这种联系并不仅仅是一种比例关系，也不仅仅是要求保持一种协调发展的关系。它的背后更深层次的关系，实际上是人与人之间、社会阶层与社会阶层之间的关系。因为不同的社会阶层是以不同产业为主要就业领域的，比如农业劳动者阶层主要就业于第一产业，产业工人等社会阶层主要就业于第二产业，商业服务业人员阶层主要就业于第三产业。以某一产业为主要就业领域的社会阶层与以其他产业为主要就业领域的社会阶层之间，正是一种劳动合作和利益共享的关系。比如，以第一产业为主要就业领域的农业劳动者等社会阶层，他们的劳动主要是为社会提供农副产品和部分工业原料，他们所需要的工业产品和其他社会服务，则依靠以第二、第三产业为主要就业领域的社会阶层生产和提供。第一产业发展了，不仅以第一产业为主要就业领域的社会阶层会得到实惠，以第二、第三产业为主要就业领域的各社会阶层也会分享到第一产业发展的成果，反之亦然。

第三，各社会阶层之间的劳动合作和利益共享的关系，在社会劳动组织中表现得尤为突出。在社会劳动组织中，社会成员正是因为不同的劳动分工才形成为不同的社会阶层。这一点，在国有企业、集体企业和机关团体中是没有任何问题的。存在不同看法的主要是私营企业主与其雇佣工人之间的关系，或称业主与员工的关系，是不是一种劳动合作和利益共享关系。我们的回答是肯定的。私营企业的员工具有宪法和法律保护的政治地位和权益，他们同公有制企业职工一样，政治上不是处于依附的地位，他们的权益受国家法律法规和工会组织的保护。他们是通过劳动合同的协议形式受雇于私营企业主，但不是以资本对劳动的统治为前提的，而是由比较利益决定的，是自主择业、双向选择的结果，其中有的是为了取得更高的收入，有的是为了发挥自己的所长，有的是为了学习生产经营本领以图日后自己创业。私营企业的不少员工来自农村，他们不是一无所有的破产农民，而是拥有承包土地作为基本生存保障的务工农民。国家法律法规规定私营企业不仅要从利润中提取公积金，而且要提取公益金用于员工福利，还要按照有关规定为员工交纳社会保障费用。在私营企业中建立工会、职代会，特别是建立党组织后，员工更是有了自己的政治核心。在党和政府的教育、引导和管理下，我国的私营企业主与其员工之间的关系具有逐步建立起自愿基础上互利互惠的劳动合作和利益共享关系的广泛基础与现实要求，并已经出现这种趋势。当然，从国家来说，必须继续加强引导和管理。

人们已经认识到，国家和社会管理者阶层（大致上相当于我们通常所讲的公务员队伍）是社会和人民的公仆，是为人民服务的。因为这一阶层掌握着国家和社会管理的权力，因而它与其他社会阶层之间存在着一种管理者与被管理者的特殊关系。这些都是正确的。但在社会阶层关系发生了深刻变动的新的历史条件下，仅仅停留在这一认识上是不够的。国家和社会管理者阶层与其他社会阶层之间，也是一种劳动合作和利益共享的关系。随着社会化生产的发展和管理革命的推进，管理已经成为一种极为重要的劳动形态。管理劳动不仅包括第一产业、第二产业和第三产业中各种经济组织的经营管理劳动，也包括政府部门中各种各样的管理劳动。随着生产的发展，生产范围的扩大，产品种类和数量日益增加，企业内部分工越来越精细，企业外部社会分工越来越复杂，市场变化日趋加快，竞争日益激烈，企业内部的生产经营活动、国民经济运行和整个社会的运转都越来越需要科学的组织和管理。特别是随着现代科技的高度发展，对管理提出了越来越高的要求，各种经济组织和政府部门的管理人员必须学会和善于运用现代科技进行管理。国家和社会管理者从事的是高度复杂的管理劳动，是组织、协调社会总劳动的劳动，是决定社会总劳动创造更多价值和财富的关键因素。因此，国家和社会管理者阶层与其他社会阶层之间的关系，实际上也是在管理劳动与一般劳动这种劳动分工基础上的劳动合作和利益共享关系。通过国家和社会管理者的科学管理和正确决策，最大限度地使其他社会阶层成员的劳动成为有效社会劳动，从而大幅度地提高社会劳动生产率，加快国民财富的增长。国家和社会管理者阶层的成员可以通过国家税收等再分配手段获得薪金，并且能够随着经济的发展提高薪金水平的真正依据，正是在于国家和社会管理者阶层与其他社会阶层之间存在这种管理劳动与一般劳动的分工合作，以及在合作劳动中共同创造了社会财富。充分认识到这一点，有助于我们更好地处理国家和社会管理者阶层与其他社会阶层之间的相互关系。

我国现阶段社会各阶层之间在劳动合作和利益共享关系中，也不可避免地存在某些矛盾，这是人民内部矛盾在社会阶层层面上的一种表现形式。社会各阶层之间在劳动合作和利益共享关系中存在的矛盾，是在根本利益一致基础上产生的。这些矛盾是可以协调的，而不是不可调和的，更不是阶级对立的关系。

既然社会各阶层之间的关系是一种劳动合作和利益共享关系，就必须尊重和保护一切有益于人民和社会的劳动。不论是体力劳动还是脑力劳动，不论是简单劳动还是复杂劳动，一切为我国社会主义现代化建设作出贡献的劳动，都是光荣的，都应该得到承认和尊重。必须在全社会认真贯彻尊重劳动、尊重知识、尊重人才、尊重创造这一党和国家的重大方针。要充分认识到产业工人、商业服务业人员、农业劳动者阶层的劳动是基础性劳动，他们的劳动应当得到尊重，他们的生活应当得到关心。要充分认识到知识分子阶层的脑力劳动是具有更多创造性的劳动，科技工作不仅已经成为相对独立的劳动形态，而且在现代社会化大生产中已经成为第一生产劳动,尊重劳动必须尊重知识、尊重人才。要充分认识到企业家的经营管理、国家和社会管理者的管理与决策也是劳动,也参与价值和财富的创造。知识分子的科技工作、企业家的经营管理、国家和社会管理者的管理和决策都是复杂劳动,是高增值的劳动。

第四章

加强社会保障体系建设

社会保障是保障人民生活的一项基本制度。完善民生保障制度，最重要最根本的就是加强社会保障体系建设，为全体人民构筑一道牢固的安全网。党的十九大报告强调：按照兜底线、织密网、建机制的要求，全面建成覆盖全民、城乡统筹、权责清晰、保障适度、可持续的多层次社会保障体系。

一、织密筑牢全体人民的安全网

社会保障是保障人民生活的一项基本制度，既是人民的安全网，也是社会的稳定器。党的十八大以来，以习近平同志为核心的党中央，高度重视社会保障体系建设，出台一系列重大方针政策，推出一系列重大举措，推进一系列重大工作，解决了许多长期想解决而没有解决的难题，办成了许多过去想办而没有办成的大事。经过多年的努力，我国已经建立起世界上最大的社会保障安全网，城乡居民养老保险制度已经实现整合，机关事业单位养老保险制度改革稳步推进，医疗保险制度改革不断深化。到2017年底，我国养老保险覆盖人口超过9亿人，医疗保险覆盖人口超过13亿人、实现了全民医保，城镇职工基本养老保险月平均待遇水平超过2300元，城乡居民基本养老保险待遇水平超过120元。

习近平总书记在十九大报告中强调，要"按照兜底线、织密网、建机制的要求，全面建成覆盖全民、城乡统筹、权责清晰、保障适度、可持续的多层次社会保障体系"。这既对加强我国社会保障体系建设提出了明确要求，又为完善我国社会保障体系指明了方向。"兜底线"，就是要完善以最低生活保障制度为重点的社会救助体系，切实保障困难群众的基本生活。"织密网"，就是要通过全面实施全民参保计划，使社会保障这张安全网覆盖全体人民，不能让一个人游离在社会保障安全网之外。"建机制"，就是要健全社会保障体制机制，完善中国特色社会保障法律法规和制度体系。我国的社会保障体系是多层次的。按照习近平总书记的要求，在未来一个时期，我们要全面建成覆盖全民、城乡统筹、权责清晰、保障适度、可持续的社会保障体系，这一目标是坚定明确的，尽管任务艰苦，但经过努力是完全可以实现也必须实现的。

加强社会保障体系建设，必须补短板、强弱项。习近平总书记在十九大报告中针对目前我国社会保障领域存在的突出问题，明确提出了加强社会保障体系建设的一系列重大目标要求和政策举措。其中最主要的有：

第一，要求全面实施全民参保计划。社会保障要发挥全体人民安全网的作用，必须实现全民参保。经过多年的努力，我国社会保障覆盖范围逐步从城镇扩大到农村，从国有企业扩大到各类企业，从单位职工扩大到城乡居民，覆盖人群迅速扩大，越来越多的人享有社会保障。2016年全国参加基本养老保险、城镇基本医疗保险、失业保险、工伤保险、生育保险的人数分别达到8.8777亿人、7.4392亿人、1.8089亿人、2.1889亿人、1.8451亿人。在较短的时间内，全国数亿人被纳入社会保障覆盖范围，建立起世界上最大的社会保障计划。但是，一方面，相关法律法规和政策规定应该参保的部分国民仍然没有参保；另一方面，不同社会保险项目参保情况也存在参差不齐的问题。因此，下一步要继续扩大覆盖面，并争取在较短的时间里实现全民参保。

第二，强调尽快实现"全国统筹""全国统一""城乡统筹""城乡统一"。因为各种特殊的历史原因，我国为城乡居民、不同地区居民、不同社会群体先后建立了差异明显的不同社会保障制度，使我国社会保障体系存在严重的"碎片化"而缺乏统一性。党的十八大提出要整合城乡居民基本养老、基本医疗保险制度，城乡居民基本养老保险制度在党的十八大后很快实现了整合，城乡居民基本医疗保险制度目前也实现了整合，但在归口管理体制方面并没有全国统一。习近平总书记在十九大报告中提出了四个方面的"整合"目标和任务，即：尽快实现养老保险全国统筹；完善统一的城乡居民基本医疗保险制度和大病保险制度；建立全国统一的社会保险公共服务平台；统筹城乡社会救助体系，完善最低生活保障制度。这四个方面的"全国统筹""全国统一""城乡统筹""城乡统一"，指明了我国社会保障体系建设的方向，也明确了未来一段时间加强我国社会保障体系建设的工作重点。

第三，再次强调"房子是用来住的、不是用来炒的"定位。住房问题是极重要的民生。党的十八大以来，我国住房保障成就显著，近8000万困难群众改善了居住条件。坚持以"房子是用来住的、不是用来炒的"为根本遵循，坚持分类调控，因城因地施策，房地产调控成效显现，房价过快上涨的势头得到了有效抑制。习近平总书记在十九大报告中再次强调，要加快建立多主体供给、多渠道保障、租购并举的住房制度，让全体人民住有所居。

第四，明确了社会保障领域补短板、强弱项的主要任务。十九大报告，在党的十七大、十八大提出保障和改善民生的"五有"目标基础上，首次系统地提出了"七有"目标：幼有所育、学有所教、劳有所得、病有所医、老有所养、住有所居、弱有所扶。"弱有所扶"的"弱"者，从社会保障体系来讲，主要是困难群众、残疾人和农村"三留守"。习近平总书记在十九大报告中特别强调，要完善社会救助制度，健全农村留守儿童和妇女、老年人关爱服务体系，加强残疾康复服务。全面进入小康社会，贫困人口和贫困地区一个不能掉队，其他社会弱者也一个不能掉队。

二、建立更公平可持续的社会保障制度

社会保障是保障人民生活、调节社会分配的一项基本制度。经过改革开放以来40年的努力，我国已初步形成了以社会保险、社会救助、社会福利为基础，以基本养老、基本医疗、最低生活保障制度为重点，以慈善事业、商业保险为补充的社会保障体系框架，党的十七大、十八大提出的社会保障体系建设的目标已经基本实现，从而实现了由单位和家庭保障向社会保障、由覆盖城镇职工向覆盖城乡居民、由单一保障向多层次保障的根本性转变。为了确保到2020年，实现"人人享有基本生活保障"的目标，党的十八大提出，要坚持全覆盖、保基本、多层次、可持续方针，以增强公平性、适应流动性、保证可持续性为重点，全面建成覆盖城乡居民的社会保障体系。党的十八届三中全会决定强调，要建立更加公平可持续的社会保障制度。党的十九大进一步提出：按照兜底线、织密网、建机制的要求，全面建成覆盖全民、城乡统筹、权责清晰、保障适度、可持续的多层次社会保障体系。这就明确地提出了今后一段时期我国社会保障制度改革发展必须解决两大突出问题，即如何更加公平、如何可持续的问题。

（一）全面实施全民参保计划

更加公平，首先要扩大覆盖面。要真正实现制度的全覆盖，并从制度的全覆盖走向人口的全覆盖，这就必须全面实施全民参保计划。

进入 21 世纪以来的不到 20 年时间，我国填补了多项社会保障制度建设的空白，已有的制度得到进一步巩固和完善。[①] 颁布实施了《中华人民共和国社会保险法》，这是我国社会保障领域的第一部法律。企业职工基本养老保险制度进一步完善，事业单位养老保险制度改革试点稳步推进。新型农村社会养老保险制度和城镇居民社会养老保险制度先后建立起来，并于 2012 年底实现了制度的全覆盖。职工基本医疗保险制度不断完善，先后建立并全面实施了新型农村合作医疗保险制度、城镇居民基本医疗保险制度和城乡医疗救助制度，从制度上实现了基本医疗保障对城乡居民的全面覆盖。失业保险、工伤保险和生育保险制度普遍实施。全面建立和实施了城乡居民最低生活保障制度。

随着我国社会保障制度建设原有空白的填补和已有制度的完善，社会保障制度所覆盖的人群迅速扩大，越来越多的人享有了社会保障。截至 2016 年，全国城镇基本养老保险参保人数达到 3.7930 亿人。新农保和城镇居民养老保险，这两项制度在 2012 年实现了制度的全覆盖，2013 年达到 4.975 亿人。我国建成了世界上最大的养老保障体系。到 2016 年底，全国参加城镇基本医疗保险人数为 7.4392 亿人。其中，参加职工基本医疗保险人数 2.9532 亿人，参加城镇居民基本医疗保险人数为 4.486 亿人，参加城镇基本医疗保险的农民工人数为 4825 万人。在一个比较短的时间内，全国数亿人被纳入社会保障覆盖范围，建立起世界上最大的社会保障制度体系，从而实现了社会保障制度的全覆盖。

---

① 中共人力资源和社会保障部党组：《覆盖城乡居民的社会保障体系基本建成》，《求是》2012 年第 18 期。

通过加强制度建设，尤其是填补制度漏洞，人人享有基本生活保障的制度已经建立起来。从理论上讲，我国目前的社会保障制度，已经基本上覆盖了城乡所有居民。但是，如前所述，许多制度事实上仍然没有覆盖该制度应该覆盖的所有人群，也就是说，还有许多社会成员没有参加到所设定的制度安排中来。从几大社会保险来看，参保人数最多的是城镇基本医疗保险，达到了7.4亿人，但参加失业保险、工伤保险、生育保险的职工人数均不到2亿人，这就意味着没有参加这几大社会保险的职工，事实上享受不到这些社会保险待遇。因此，要使我们的社会保障制度更公平，首先就必须扩大制度的覆盖面，把所有符合制度设定要求的社会成员覆盖在相应的社会保障制度之中。

（二）着力解决制度的"碎片化"问题

更公平，还必须着力解决制度的"碎片化"问题。所谓社会保障制度的"碎片化"，是指社会保障制度缺乏统一性，分别为城乡居民、不同地区居民、不同社会群体建立差异明显的不同社会保障制度。在整个社会保障制度体系中，包含着一片一片的小制度，甚至于同一个小制度中还套着许多个更小的小制度。我国社会保障制度的"碎片化"问题，体现最为明显的是社会保险制度。比如，"养老保险制度，为城镇企业职工建立了职工基本养老保险制度，为城镇居民建立城镇居民基本养老保险制度，为农村居民建立了新型农村社会养老保险制度，机关事业单位人员目前实行的仍然是退休养老制度。除了这些大的养老保险制度外，为农民工建立了不同于城镇职工也不同于农村居民的养老保险制度，一些地方为失地农民建立了失地农民养老保险制度，为计划生育户和双女户建立了养老补贴制度，为农村干部建立了村干部养老保险制度，等等"①。

我国社会保障制度原本并不存在什么人群区隔或"碎片化"问题。因为新中国成立以后建立起来的社会保障制度，覆盖的主要是城镇体制内人员，也就是国有企业和集体企业职工、机关事业单位工作人员，占人口多数的体制外的社会成员被人为地排除在完整意义上的社会保障体系之外，他们只是享有某些专项社会保障，如城乡困难居民享有的社会救济、农村"五保户"的供养制度等。20世纪90年代初，我国开始对社会保障制度进行改革。当时改革的初衷实际上是为国有企业的改革而配套，改革传统的计划经济时代实行的"国家保险/企业保险"即由国有企业大包大揽的旧制度，建立新的社会保险制度，以减轻国有企业的负担，让国有企业轻装上阵。随着改革的深入和参保覆盖面的扩大，国有企业职工逐步实现了应保尽保，实现了从"国家保险/企业保险"向"统账结合"的新的社会保险制度的转变。

但是，当统账结合制度从国有企业走向非公企业、走向其他群体、走向农村，从而真正走向社会时却发现，这个制度很难完全适应国有企业职工以外的人群。② 1997年，我国开始真正建立社会养老保险的个人账户，但从2002年开始，广东省就逐渐出现农民工退保现象，并逐年扩大。把农民工纳入城镇企业职工基本养老保险制度的尝试遇到了巨大的挑战。为了适应和满足不同参保人群的意愿和要求，各地纷纷开始采取降低费率、单独建立小制度的办法，以覆盖城镇灵活就业人员、农民工、务农农民、失地农民等不同群体。如是，我国社会保

---

① 青连斌：《破解中国社会保障的困局》，云南教育出版社2013年版，第125—126页。
② 参见郑秉文：《中国社保"碎片化制度"危害与"碎片化冲动"探源》，《甘肃社会科学》2009年第3期。

险制度就逐渐产生一个又一个"碎片",为不同的人群分别建立了不同的社会保险制度。

社会保障制度的"碎片化",同我们党秉承的公平正义执政理念是相背离的,同构建社会主义和谐社会的本质要求更是背道而驰的。近年来,我国学术界许多学者都在关注社会保障制度的"碎片化"问题。

解决"碎片化"问题的途径在于制度的"整合",全面将城乡居民纳入社会保障覆盖范围,逐步把城乡分设的社会保障发展成为"一个制度、两个标准、覆盖全体"的保障体系。① "一个制度",就是通过社会保障制度的"整合",把城乡分设的相同保障内容的不同制度进行归并,在统一对象管理的基础上,统一筹资渠道、统一缴费模式、统一计发办法、统一基金管理、统一机构管理,着力消除社会保障各种关系转移接续存在的问题,实现社会保障服务的城乡一体化。"两个标准",是指在同一个制度中,城乡居民因为不同的筹资水平而存在保障待遇水平的差异。"覆盖全体",也就是全面实施全民参保计划,到2020年,通过整合城乡社会保障制度,基本建立起覆盖城乡全体居民的社会保障体系,从制度上覆盖城乡全体居民,实现人人享有基本生活保障的目标。

从社会救助制度讲,现行社会救助项目繁多,相互之间缺乏应有的协调配合。许多项目都是根据当时的实际需要逐步建立和发展起来的,分属不同的部门进行管理,因而不同的社会救助项目之间难免出现交叉和不协调的地方(如农村低保与五保户制度)。城市居民最低生活保障制度与农村最低生活保障制度是在城乡分割的背景下分别建立

---

① 郑功成主编:《中国社会保障改革与发展战略(总论卷)》,人民出版社2011年版,第95页。

起来的，两者的"整合"是必然的。事实上很多地方已经实现了这一整合，形成统一的城乡居民最低生活保障制度。党的十八届三中全会决定也明确提出，要"推进城乡最低生活保障制度统筹发展"①。

从养老保障制度讲，如前所述，目前我国的制度安排是相当"碎片化"的。党的十八大报告都提出了要整合城乡居民基本养老保险。最有条件、也最容易实现"整合"的制度，就是把新型农村社会养老保险制度与城镇居民基本养老保险制度"整合"为城乡居民基本养老保险制度。事实上，城镇居民基本养老保险制度在政策出台时，就已经预先留下了同新型农村社会养老保障制度相衔接的接口。目前，两者的整合已经完成。

在医疗保障制度方面，最有条件、也最容易实现"整合"的制度，就是把新型农村合作医疗制度与城镇居民基本医疗保险制度"整合"为城乡居民基本医疗保险制度。新型农村合作医疗制度与城镇居民基本医疗保险制度的"整合"，其难度可能会大于新型农村社会养老保险制度与城镇居民基本养老保险制度的"整合"，但这两种制度在建立和发展过程中已经留下了两者"整合"的接口。这两种医疗保障制度的资金来源，都主要是参保者个人缴费和国家财政补贴，只是目前两者的筹资标准和待遇水平存在比较大的差距。实际上，城乡居民的医疗消费是基本相同的，只是农村居民的缴费能力比较低，如果国家财政能够向农村居民参保提供更多一点补助，城乡居民的医疗保险待遇是有可能达到大致均等的水平的。党的十八大报告明确提出了整合城乡居民基本医疗保险制度的目标和任务。目前，城乡居民基本医疗保险

---

① 《中共中央关于全面深化改革若干重大问题的决定》，人民出版社2013年版，第46—47页。

制度在部分地区已经完成整合。

（三）提高保障水平与防止"泛福利化"

更加公平、可持续，就要稳步提高社会保障待遇水平，尤其是重点提高低保障人群的社会保障待遇水平，但是，提高保障水平要同经济发展水平、国家财力的支撑能力以及社会各方面的承受能力相适应，防止出现"泛福利化"。

社会保障水平是一定时期内一国或地区居民享受社会保障的高低程度。随着经济的不断发展和国家财力的增强，我国社会保障水平不断提高。近几年，我国社会保障水平提高的幅度是过去所没有的。从2005年起到2019年，连续15年在全国范围内普遍提高退休人员养老金。在医疗保障水平方面，"各级财政对城镇居民基本医疗保险、新型农村合作医疗补助标准从建立这一制度时的每人每年20元提高到2016年的420元左右，城镇职工基本医疗保险最高支付限额由职工年均工资的4倍提高到6倍，城镇居民基本医疗、新型农村合作医疗的最高支付限额分别达到居民年人均可支配收入、农民年人均纯收入的6倍以上。失业保险金、工伤保险金、生育保险待遇以及城乡低保、农村五保、优抚对象抚恤和生活补助标准进一步提高"[1]。

党的十八届三中全会决定提出，要"建立健全合理兼顾各类人员的社会保障待遇确定和正常调整机制"[2]。合理兼顾才能更加公平，建立健全社会保障待遇确定和正常调整机制才能保障可持续。

---

[1] 中共人力资源和社会保障部党组：《覆盖城乡居民的社会保障体系基本建成》，《求是》2012年第18期。

[2] 《中共中央关于全面深化改革若干重大问题的决定》，人民出版社2013年版，第46—47页。

从合理兼顾来讲，当前的重点是逐步提高待遇仍然比较低的人群的社会保障水平，尤其是城乡居民最低生活保障水平和企业职工基本养老保险水平。

城镇居民最低生活保障制度于 1999 年在全国范围内普遍建立起来，这是我国社会救助体系建设的重要里程碑。农村居民最低生活保障制度于 2007 年全面建立起来，从而实现了城乡居民都享有最低生活保障。据统计，截止到 2016 年底，全国享受最低生活保障的人数为 6000 多万人，其中城市有 1480.2 万人，农村有 4586.5 万人。最低生活保障制度目前已经做到了应保尽保，但救助标准仍然偏低。以 2016 年为例，全国城市低保平均标准 494.6 元/人·月，全国农村低保平均标准 3744.0 元/人·年。2018 年，全国城市低保对象已下降到 1007 万人，农村低保对象下降到 3519.1 万人。同年全国城市低保标准达到 579.7 元/人·月，农村低保平均保障标准为 4833.4 元/人·年。尽管保障标准有了很大提高，但这样低的保障水平，还是难以保障最低生活保障对象的基本生活需要的。

反映企业职工基本养老保险水平的最重要指标，是养老金替代率。1997 年建立城镇企业职工基本养老保险制度时，设定的养老金替代率目标为 58%～60%。但是，养老金社会平均工资替代率已经由 1997 年的 76% 下降到 2009 年的 47%，12 年间下降了近 30 个百分点（替代率＝人均养老金支出/当年城镇在岗职工平均工资）。尽管养老金水平在持续提高，但基本养老保险金替代率自 21 世纪初以来持续下降，已成为社会各界关注的热点。企业退休人员基本养老待遇水平仍有继续提高的空间，但更重要的是必须形成基本养老待遇水平与经济发展、工资增长、物价水平相联系的正常调整机制，这也是国际上调整社会保障待遇水平的通行原则和做法。

提高保障水平是全体国民的热切期盼。但是，我们必须清楚地认识到，我国仍然处于并将长期处于社会主义初级阶段，人口多、底子薄、发展不平衡是我国的基本国情。社会保障的一个重要特点就是刚性增长。待遇水平的提高具有不可逆性。也就是说，社会保障待遇只能做加法，不能做减法。做加法大家都高兴，做减法就可能会引起社会的不满。从20世纪70年代后西方一些国家削减社会保障支出，降低社会保障待遇引起社会的普遍不满，特别是受欧债危机后一些欧洲国家降低社会保障待遇水平引发民众的抗议，都可以清楚地说明这一点。因此，提高社会保障待遇，必须始终坚持"保基本"的方针，必须充分考虑到我国经济发展、国家财力和社会各方面的承受能力，既要积极而为，又要量力而行，既要不断满足群众的合理诉求，又要防止"泛福利化"倾向。只有这样，才能既保障人民群众的基本生活，并随着经济社会的发展得到不断的改善，又能够实现社会保障的可持续发展。

（四）增加社会保障投入与基金的保值增值

可持续，就必须努力增加社会保障资金投入，同时确保社会保障基金的保值增值。党中央、国务院把加快推进社会保障体系建设作为保障和改善民生的重要举措，国家的公共财政支出越来越多地投向社会保障领域，财政性社会保障支出在国家财政总支出中所占的比重不断提高。2002年以来的十多年，"各级财政仅对城镇职工5项社会保险的投入累计就达到14542亿元，其中中央财政支出10881亿元"[①]。

[①]《民政部、人社部晒民生和社保10年"成绩单"》，中国经济网，http://www.china.com.cn。

增加社会保障投入，要多方面作出努力。首先，要根据我国经济发展水平、财政收入增长状况和社会保障事业发展需要，逐步加大各级财政对社会保障的支出比重，进一步提高财政性社会保障投入水平。从国际上看，西方国家的财政性社会保障支出一般占到财政总支出的30%以上，北欧一些福利国家更是达到45%以上。据学者的测算，我国目前财政性社会保障支出占财政总支出的比重在13%左右。但是，如果按照西方国家的统计口径，我国社会保障支出占财政总支出的比重则达到24.08%（2010年）；"2010年最宽口径的社会保障支出占全国财政总支出的42.59%"[①]。当然，我国同西方国家的统计口径不同，不能简单地比较。总体上看，随着我国财政收入的不断增加和国家财政支出结构的调整，提高财政性社会保障支出占财政总支出的比重还有相当大的空间。其次，要加强各类社会保险基金收缴，做到应收尽收。目前，我国社会保险缴费率偏高，但另一方面应缴而没有足额收缴的情况又比较突出。党的十八届三中全会决定提出了要适时适当降低社会保险费率，这是对企业、参保者对降低费率的热切期盼的积极回应。现在的问题是，参保者个人，尤其是参保企业缴费欠费问题仍然比较突出。再次，要继续扩大全国社会保障基金规模，充实国家战略储备。2000年8月1日，经中共中央批准，国务院决定建立全国社会保障基金。全国社会保障基金是中央政府集中的国家战略储备基金，由中央财政拨入资金、国有股减持或转持所获资金和股权资产、经国务院批准以其他方式筹集的资金及其投资收益构成。截至2012年底，"社保基金会管理的基金资产总额

[①] 王延中：《中国社会保障发展报告（2012）》，社会科学文献出版社2012年版，第2页。

11060.37亿元"①。最后,要充分调动社会资源,主要是大力发展慈善事业,引导社会各界热心捐献及提供志愿服务,同时利用市场机制,如各种补充保险、商业保险等。只有多渠道加大资金投入,才能充实社会保障的物质基础,实现社会保障的可持续发展。

我国社会保障基金规模不断扩大。"2011年,城镇5项社会保险基金收入、支出和累计结余分别达到2.40万亿元、1.81万亿元和2.90万亿元。"② 社会保障基金规模的不断扩大,为社会保障体系的可持续发展奠定了较为坚实的物质基础。但是,如何尽快制定投资运营办法,开辟社会保障基金投资渠道,努力实现增值保值的问题日益突出地摆在我们面前。

以养老保险基金为例,我国养老基金主要有三大支柱:企业年金、全国社保基和基本养老保险基金。截至2011年底,三项基金分别达到3580亿元、8690亿元和1.95万亿。③ 其中,前两部分资金均已实现规范的专业化市场投资运作,但基本养老保险基金仍然以银行存款为主,收益极为低下。从世界范围看,养老保险基金要么购买国债,要么采用市场化投资运作,存银行的只有中国独此一家。在以银行存款为主的投资体制下,中国养老保险基金获得的年均收益率甚至达不到年均通货膨胀率,不但没有实现保值增值,反而贬值了。因此,党的十八大报告强调,要"扩大社会保障基金筹资渠道,建立社会保险基

---

① 全国社会保障基金理事会:《2012年全国社会保障基金理事会基金年度报告》,全国社会保障基金理事会网,http://www.ssf.gov.cn. 2013-6-27.

② 韩秉志:《社保事业结硕果》,《经济日报》2012年9月16日。

③ 周锐:《专家:养老保险基金持续"缩水"亟需"走出"银行》,中国新闻网,http://www.chinanews.com. 2012-10-22.

金投资运营制度,确保基金安全和保值增值"①。党的十八届三中全会决定再次强调,要"健全社会保障财政投入制度,完善社会保障预算制度。加强社会保险基金投资管理和监督,推进基金市场化、多元化投资运营"②。党的十九大报告也再次强调要"尽快实现养老保险全国统筹"。

三、社会保障法制化建设的目标与任务

早在1992年,邓小平就曾指出:"恐怕再有三十年的时间,我们才会在各方面形成一整套更加成熟、更加定型的制度。"③习近平总书记强调,今天,摆在我们面前的一项重大历史任务,就是推动中国特色社会主义制度更加成熟更加定型,为党和国家事业发展、为人民幸福安康、为社会和谐稳定、为国家长治久安提供一整套更完备、更稳定、更管用的制度体系。④ 在各方面形成一整套更加成熟更加定型的制度,必须及时总结建设和发展中国特色社会主义的实践经验,从当代中国国情出发,全面深化改革,加强社会主义法治。社会保障制度是保障人民生活、调节社会分配的一项基本制度。到2020年我国要全面建成覆盖城乡居民的社会保障体系,既要坚持全覆盖、保基本、多

---

① 胡锦涛:《坚定不移沿着中国特色社会主义道路前进 为全面建成小康社会而奋斗》,人民出版社2012年版,第36—37页。

② 《中共中央关于全面深化改革若干重大问题的决定》,人民出版社2013年版,第46—47页。

③ 《邓小平文选》第3卷,人民出版社1993年版,第372页。

④ 参见《习近平:坚定制度自信不是要固步自封》,新华网,http://www.xinhuanet.com/politics/2014-02/17/c_119373758.htm.

层次、可持续方针，以增强公平性、适应流动性、保证可持续性为重点，更要加强社会保障制度的法制化建设，为我国社会保障制度的成熟定型提供法制保障。

（一）法制化是更公平更可持续社会保障制度成熟定型的根本标志

到 2020 年，我国社会保障制度与其他方面制度一样，要实现成熟定型的目标，以保证社会保障事业的稳定健康和可持续发展。要实现这一目标，必须加强社会保障的法制化建设，全面建成中国特色社会保障法律体系。

1. 法制化是社会保障制度的应有之义

社会保障是当今世界上绝大多数国家实施的一项社会政策，也是一个国家经济政策的重要组成部分。它是工业革命以来不可替代的重要制度安排和政策设计，"是用经济手段解决社会问题进而实现特定政治目标的重大制度安排，是维护社会公平、促进人民福祉和实现国民共享发展成果的基本制度保障"①。社会保障制度具有许多重要的特点，其中最重要的就是依法实施。世界各国实施社会保障，都是以立法为前提的。

现代意义上的社会保障制度，是以 1601 年英国的济贫法为标志形成的。19 世纪下半叶，德国先后制定和实施了《疾病社会保险法》《工伤事故保险法》和《老年和残障社会保险法》，使德国成为世界上第一个实行社会保险制度的国家。美国于 1935 年通过了历史上第一部

---

① 郑功成主编：《中国社会保障改革与发展战略（总论卷）》，人民出版社 2011 年版，第 1 页。

《社会保障法》。二战后，英国为重建其社会保障体系，通过了《社会保险法》《国民健康服务法》《家属津贴法》《工业伤害法》《国民救济法》《国民保险部法》等一系列的社会保障法案。自 20 世纪下半叶以来，世界主要发达国家的社会保障制度进入调整改革时期，但无论怎么调整和改革，也都是首先修改、完善相关法律，然后实施相关的政策举措。

2. 法制化仍然是我国社会保障制度建设的短板

进入 21 世纪以来，随着社会保障事业的不断发展，我国社会保障立法进程不断加快，对依法推动社会保障事业稳定、健康和可持续发展，更好地维护公民的社会保障权利，发挥了重要作用。2010 年 10 月第十一届全国人大常委会第十七次会议通过，并自 2011 年 7 月 1 日起施行的《社会保险法》，是目前我国社会保障领域最重要的法律之一，填补了我国社会保障立法的空白。《慈善法》以及国务院一系列有关社会保障的行政法规的颁布，使我国社会保障领域的法律法规更加完善。但是，我国社会保障领域的一些重要法律仍然欠缺，《社会救助法》的起草工作因故多次中断后才又重新启动，《国家津贴法》的起草尚未提上日程，社会保障领域的基本法或总体性法律《社会保障法》甚至没有进入有关决策层的视野。《社会保险法》经过几年的实施，很有必要进行适当的修订完善。可以说，我国社会保障事业改革发展的实践，对相关立法已经提出迫切要求。在我国社会主义法律体系中，社会保障立法明显滞后，已经成为我国社会主义法律体系建设中的短板。在建立更公平更可持续的社会保障制度中，法律制度的建设又是短板，已经严重影响和制约我国社会保障事业的健康稳定和可持续发展。

3. 法制化是依法实施社会保障的需要，更是国家治理体系和治理能力现代化的需要

党的十八大、十八届三中和五中全会，特别是党的十九大，都提出了今后一个时期健全和完善我国社会保障制度的一系列目标和政策举措，如坚持全覆盖、保基本、多层次、可持续方针，以增强公平性、适应流动性、保证可持续性为重点，全面建成覆盖城乡居民的社会保障体系，建立更加公平更可持续的社会保障制度，以及实施全民参保计划，分清政府、企业、个人等的责任，适当降低社会保险费率，实现职工基础养老金全国统筹，建立基本养老金合理调整机制，逐步提高国有资本收益上缴公共财政比例，划转部分国有资本充实社保基金，出台渐进式延迟退休年龄政策，研究实行职工退休人员医保缴费参保政策，将生育保险和基本医疗保险合并实施，统筹救助体系推进制度整合，健全社会保障财政投入制度，等等。要确保上述目标的如期实现，确保这些重大政策举措的贯彻落实，必须把党的主张通过立法，上升为国家意志，这也是依法治国、建设社会主义法治国家的现实需要和迫切要求。

全面深化改革的总目标是完善和发展中国特色社会主义制度，推进国家治理体系和治理能力现代化。国家治理体系和治理能力现代化的根本保障，就是完善法制。社会保障事业是国家治理体系和治理能力现代化的一个重要方面，只有加强社会保障法制化建设，健全中国特色社会保障法律体系，才能促进我国社会保障制度朝着更公平更可持续的方向健康稳定的发展。

总之，加强社会保障制度的法制化建设，健全中国特色社会保障法律体系，既是建立更公平更可持续的社会保障制度、促进我国社会保障制度成熟定型的迫切需要，又是衡量社会保障制度成熟定型的根本标志。

(二) 健全中国特色社会保障法律体系的目标与任务

中国特色社会保障法律体系是以《社会保障法》为统领,以《社会救助法》《社会保险法》《国家津贴法》(或《家庭津贴法》)《慈善法》等为骨干,以国务院行政法规和地方性法规为补充的完整的法律体系。进入 21 世纪以来,我国社会保障的法制化进程明显加快。2011 年正式实施《社会保险法》;2012 年制定并实施了《军人保险法》;2013 年大幅度修订了《老年人权益保障法》;2016 年《慈善法》正式施行。但是,我国社会保障法制化建设仍然存在明显的短板,补齐社会保障法制化建设的短板,就成为当前以及今后一段时期我国社会保障法制化建设的主要任务。

1. 修订完善社会保险法是当务之急

2010 年 10 月第十一届全国人大常委会第十七次会议通过,并自 2011 年 7 月 1 日起施行的《社会保险法》,是目前我国社会保障领域最重要的法律之一。自颁布施行以来,该法律发挥了应有的作用。但是,因为当时社会保障制度本身的不成熟,这部法律不可避免地存在许多时代局限性,留下了许多缺陷和不足。随着我国社会保险制度的改革和社会保险事业的发展,这些缺陷和不足日益凸显,已经到了必须尽快启动修订程序的时候了[①]。

---

① 参见郑功成:《尽快启动社会保险法修法程序》,《法制日报》2016 年 3 月 15 日。郑功成教授是最早呼吁启动修订社会保险法程序的学者之一,他在不同场合多次强调要针对现行社会保险法存在的局限性和不足,修订完善该法律,并提出了修订该法律的许多建议。

第一,现行《社会保险法》的有关规定同当前的改革取向是相悖的。法律是国家立法机关制定、并由国家政权保证实施的行为准则。法律的作用不仅仅在于惩罚和禁止,同样在于褒扬与引导。现行《社会保险法》为维护公民参加社会保险和享受社会保险待遇的合法权益,对基本养老保险、基本医疗保险、工伤保险、失业保险、生育保险等社会保险制度作出了一系列规范。在实施的几年中,发挥了其应有的作用。但是,这一法律中的有关规定,同当前改革的取向显然是相悖的。因而,它不仅发挥不了引导、推动社会保障制度改革发展的作用,反而成为影响和制约社会保险制度全面深化改革的法律障碍。

现行《社会保险法》同当前全面深化社会保险制度改革相悖的地方主要有：社会保险法关于社会保险基金存入财政专户的规定,与当前社会保险基金投资运营的改革取向相背离,也与预算法明确要求减少财政专户、统归国库的宗旨相背离；社会保险法关于进城务工的农村居民、征地农民的社会保险规定,与城乡社会保险制度一体化进程相背离；社会保险法关于缴费满15年即可领取养老金的规定,与当前延迟退休年龄的改革取向相背离；《社会保险法》关于退休人员不缴纳医疗保险费的规定,与正在研究和将出台的退休人员缴纳医疗保险费的政策取向相背离；社会保险法关于养老金待遇可以分段计算的规定,与通过养老保险关系的地区转移而决定在退休地计发养老金的现行政策相背离。《社会保险法》强调工伤保险、失业保险的补偿功能,这当然是正确的,但忽视了这两项保险制度应有的积极预防功能,使这两项制度的完整功能受到明显损害,不符合当前强调要重视和发挥这两项制度的积极预防功能的政策取向。我们正在建设社会主义法治国家,强调以法治国、依法行政。如果不及时修订社会保险法,当前深化社会保险制度改革的许多重大举措,则显然是违背现行法律的。因而,现行社会保险法同改革取向不一致的条文和规定，事实上构成了深化社会保险制度改革的法律障碍。

第二，现行《社会保险法》的有关规定明显滞后于社会保险制度改革发展的现实。现行《社会保险法》基于当时城乡分割的社会保险格局，分别规定了农村养老保险和城镇居民社会养老保险、新型农村合作医疗和城镇居民基本医疗保险。党的十八大明确提出，要"整合城乡居民基本养老保险和基本医疗保险制度"。党的十八大后，农村养老保险和城镇居民社会养老保险这两项制度迅速实现了整合，现在已经整合为城乡居民基本养老保险制度。新型农村合作医疗和城镇居民基本医疗保险这两项制度整合的进程因为各种原因比较缓慢，且整合后的管理体制在一段时间里仍然存在差别。现行社会保险法规定"公务员和参照公务员法管理的工作人员养老保险的办法由国务院规定"，也已经滞后于公务员和参照公务员法管理的工作人员参加养老保险的现实。这些明显滞后于社会保险制度改革发展现实的规定，必须适时地修改完善。

现行《社会保险法》的修订，就是既要克服其时代局限性，把社会保险制度改革发展的重大政策和举措上升为法律，为社会保险制度改革发展提供坚实的法律保障，又要突出解决其存在的不足和缺陷，从而维护法律的严肃性和权威性。

2. 积极稳妥地推进社会救助法的立法进程

2014年2月，国务院颁布《社会救助暂行办法》。《社会救助暂行办法》实施的效果是好的，但该暂行办法的立法层次过低，必须尽早启动立法程序，制定和实施《社会救助法》，以提升社会救助工作的法制化水平。

第一，社会救助暂行办法的颁布和实施为制定《社会救助法》打下了良好基础。社会救助制度是社会保障制度的重要组成部分,"具有无差别、广覆盖、无偿性等特点"①,它是保障公民基本生活、促进社会公平正义、维护社会和谐稳定与经济平稳发展的重要制度安排。多年以前,国家有关部门就启动了社会救助法的起草工作,但因为各种原因,特别是因为社会救助制度本身不完善的原因而被搁置。《社会救助暂行办法》第一次以行政法规的形式,规定了最低生活保障、特困人员供养、受灾人员救助、医疗救助、教育救助、住房救助、就业救助、临时救助8项社会救助制度,构建起一个分工负责、相互衔接、协调实施、政府救助与社会力量参与相结合的中国特色社会救助制度体系,标志着我国社会救助制度的发展进入全面定型的新阶段。

《社会救助暂行办法》的施行,使包括最低生活保障、特困人员供养、受灾人员救助、医疗救助、教育救助、住房救助、就业救助、临时救助等在内的各项社会救助有法可依,实现了社会救助的权利法定、责任法定、程序法定,为政府和社会力量履行社会救助职责、规范社会救助行为提供了基本的法律遵循,对保障我国社会救助制度发挥托底线、救急难功能起到了应有的作用,也为制定《社会救助法》打下了良好的基础。

第二,提高社会救助工作法制化水平需要制定《社会救助法》。《社会救助暂行办法》毕竟只是一部国务院行政法规,它的法律约束力、权威性和规范性显然是不够的,同建设社会主义法治国家的目标、推进国家治理体系和治理能力现代化的要求是不相适应的。因此,必须围绕推进我国社会救助制度的稳定定型发展,认真研究和总结《社

---

① 林闽钢:《中国社会救助发展报告》,转引自郑功成主编:《中国社会保障发展报告2016》,人民出版社2016年版,第33页。

会救助暂行办法》实施的经验以及社会救助领域存在的突出矛盾与问题，尽早重新启动《社会救助法》的立法程序，适时将《社会救助暂行办法》修订完善为社会救助法，以提升社会救助立法的层次，提高社会救助的法制化水平。

3. 以国家津贴整合现行老年、残疾、妇女和儿童等津贴，制定《国家津贴法》

我国现行的津贴项目繁多，且部门分割现象严重，城乡地区之间差别明显。有必要借鉴发达国家和地区的经验与做法，制定《国家津贴法》（有些国家名为《家庭津贴法》），整合现行福利性津贴项目。

第一，制定和实施《国家津贴法》是各国的惯例。长期以来，在社会各界形成了一种惯常的认识，即我国的社会保障体系是以社会救助、社会保险、社会福利三大支柱构成的。这同国际上对社会保障的理解是存在差异的。在国际上，社会福利的内涵和外延，同社会保障没有太大差别，两个概念可以互换。实际上，我国现行的"社会福利"，大多数都是在特定的历史背景下，按人群分设的以满足国民特定生活需求的国家津贴或家庭津贴，比如为老年人设立各种老年人福利（如高龄津贴、公共交通费用减免、公园门票减免等），为残疾人设立了各种残疾人福利，为妇女和儿童设立了妇女和儿童福利。我国按人群分设的各种福利，国际上通常统称为国家津贴。为此，许多国家都制定了综合性的《国家津贴法》或《家庭津贴法》。

第二，以《国家津贴法》整合和规范现行津贴项目。随着经济的发展，特别是国家更加重视保障和改善民生，我国针对不同人群的福利性津贴项目越来越多，水平越来越高。当然，因应不同的保障需求和政策导向，我国在不同时期和不同经济发展阶段实施的福利性津贴是不同的，各有侧重点。比如，20世纪五六十年代对妇女儿童福利性津贴的重视；20世纪末对残疾人福利性津贴的重视和加强；进入21世纪以来随着人口老龄化形势越发严峻，为老年人设立的津贴项目多起来了。随着我国人口结构的快速转型，国家适时调整计划生育政策，出台了一对夫妇可以生育两个孩子的新规。因为众所周知的原因，生育成本猛增，许多育龄夫妇不愿意生育两孩，甚至一孩也不愿意生育。因此，要保障两孩政策落地和真正落实，国家必须出台相应的生育津贴或婴幼儿津贴，这是欧美国家的普遍做法，也是目前社会各界的一个共识。

目前，我国针对不同人群设立的津贴，是由政府不同主管部门出台相关政策文件而设立，并负责实施和管理的，且地区之间、城乡之间存在相当大的差别。因此，有必要借鉴发达国家和地区的经验，把目前分散的、由不同部门针对不同人群分别设立的各种社会福利性津贴，整合为统一的国民津贴制度。比如，在老年人福利性津贴方面，把农村计划生育户津贴、双女户老年人奖励、城市和农村的高龄老人津贴等，逐步统一归并为城乡居民老年津贴制度。在妇女、儿童、残疾人福利性津贴等方面的许多制度性安排，也应逐步加以归并和整合。在此基础上，统一的国民津贴制度才有可能建立起来。而要真正做到这一点，必须加强立法，通过制定和实施统一的《国家津贴法》[①]，把不同部门、不同方面制定和实施的福利性津贴项目整合起来，以解决部门之间、地区之间、城乡之间津贴制度的人为分割，以法律的统一性和权威性保障国家津贴制度的持续稳定健康发展。

[①] 也有学者主张制定《社会福利法》。参见林闽钢：《社会保障如何能成为国家治理之"重器"?》，《社会保障评论》2017年第1期。

（三）结论

中国特色社会保障法律体系是一个完整的法律体系。在基本形成同社会主义市场经济体制相适应的社会主义法律体系的大背景下，我们应该清醒地看到，我国社会保障法律体系还不完备，还存在许多缺陷。一是《社会保障法》这一社会保障领域最重要的基本法或总法的立法还没有提上日程。二是现行社会保险法存在明显的不足和缺陷，亟待修改完善。三是社会救助的立法，目前仍只有国务院行政法规，立法层次过低。四是针对特定人群的传统的社会福利津贴项目，目前只有政府不同主管部门出台的相关政策加以规范，立法层次更低。

建设中国特色社会保障法律体系，必须根据我国社会保障法律体系建设的现实需要和现实可能性，遵循先易后难、先急后缓的原则，有计划、分步骤地实施。根据这一思路，我们认为，可以分三步走，健全中国特色社会保障法律体系。

第一，当务之急是尽快修订和完善《社会保险法》，同时启动《社会救助法》的立法程序，应该把这两个法律的修订和立法列入国家立法的优先位置。

第二，适时启动《国家津贴法》或《家庭津贴法》的立法程序，此事宜早不宜迟。

第三，加强预研究，为起草社会保障领域最重要的基本法或总法《社会保障法》开展相关理论研究和立法准备工作。从目前看，《社会保障法》立法的条件和时机尚不成熟。但是，可以先行开展《社会保障法》立法的相关理论研究工作。只有在《社会救助法》《社会保险法》《国家津贴法》以及《慈善法》《军人保险法》《老年人权益保障法》等专门法律制定、颁布实施和进一步完善的基础上，才能制定

《社会保障法》。《社会保障法》的立法对健全和完善中国特色社会主义保障法律体系具有极为重要的意义,具有标志性的作用,但确实不能草率上马,更不能走简易程序快速完成立法。

四、解决好农民工的社会保障问题

农民工是中国经济社会发展进程中的特殊产物和伟大创举,在推动中国特色社会主义建设中作出了不可磨灭的伟大贡献。农民工社会保障制度建设是加快推进以改善民生为重点的社会建设的一项重要内容,事关数亿人口切身利益,事关城乡二元结构的调整,事关社会与稳定。

(一)农民工社会保障制度建设的现状

农民工社会保障制度建设是近些年来凸显的一个现实问题,也是中国推进工业化、城镇化过程中亟须解决的一项重要工作。随着中国经济社会的不断发展,加快农民工社会保障制度建设显得日益重要和迫切。

农民工是中国改革开放以来迅速发展壮大的新型劳动大军,日益成长为产业工人的主体。自20世纪80年代以来,亿万农民工凭借相对较弱的就业竞争力,辛勤奋斗在生产服务第一线,一方面,努力融入城市经济社会生活提升自己;另一方面,透过千丝万缕的联系塑造着新型城乡关系。他们不仅为开辟农民增收致富道路、改善农村生产生活条件作出了重大贡献,而且为加快工业化、城市化进程、推动经济社会发展作出了重大贡献,是中国现代化建设不可或缺的重要力量。

早在20世纪90年代后半期着手建设城市职工社会保障制度的过程中,有些城市就开始探索建立农民工社会保障制度,并对有特殊困难的农民工实行社会救助。在全国大规模推进农民工社会保障制度建设，则是最近几年才开始的。

2006年《国务院关于解决农民工问题的若干意见》明确提出："高度重视农民工社会保障工作。根据农民工最紧迫的社会保障需求，坚持分类指导、稳步推进，优先解决工伤保险和大病医疗保障问题，逐步解决养老保障问题。"此后，农民工社会保障制度建设进入了一个新阶段。

针对农民工因多种原因导致参保率低的问题，各地劳动保障部门实施以矿山、建筑等高风险行业农民工为重点，积极推动农民工参加工伤保险为主要内容的"平安计划"。以进城农民工大病统筹为重点，推进农民工社会医疗保险制度建设，参保范围逐步扩大到服务行业。有关部门还针对农民工流动性强、收入普遍较低的实际情况，着手制定农民工养老保险办法和转移接续办法。一些地方还为农民工办理了失业保险、生育保险。全国农民工参加社会保险的人数从无到有、逐年增加。

各地在建设农民工社会保障制度的过程中，把农民工社会救助作为重要内容来抓，通过政府倡导、社会帮扶等有效途径，向遇到特殊困难的农民工伸出援助之手，在大病医疗、意外伤害、法律诉讼、子女上学等方面提供了种种帮助，解决了许多困难农民工自己无力解决或难以解决的急难问题。虽然目前缺乏全国农民工社会救助工作的统计数据，但是各地都把对农民工的社会救助初步纳入了当地社会救助的政策体系之中。

(二) 当前农民工社会保障制度建设存在的主要问题

相对于农民工社会群体的庞大规模和弱势地位，农民工社会保障制度建设面临着一系列亟待解决的突出问题。

第一，社会地位不平等。农民工的基本权益虽然得到了保障，但从"农民工"的称谓，到农民工实际享有的权利待遇，都存在着诸多政策性、观念性的歧视成分，与城镇职工相比存在着较大的差距。老的问题未能根本解决，新的问题又不断涌现，农民工比城市居民承受着更多困难和压力。有的已经在城市打工一二十年，还是脱不了一个与生俱来的"农民"身份。

第二，农民工参保率低。主要原因是农民工工资收入低、工作不稳定、参保意识差，同时也有部分企业为降低生产成本，不愿主动为农民工缴纳保费。如此低的参保率，导致社会保障制度赖以发展的重要规律"大数原则"难以有效发挥作用。

第三，社保关系转移接续难。农民工的突出特点是流动性强。在建立转移接续办法之前，我国原有的制度安排恰恰在农民工社保关系的转移接续上设置了层层障碍，极大地压抑了农民工参加养老保险的积极性。相对而言，更多的农民工愿意选择参加能够当期受益的医疗保险等。农民工一旦离开原先打工的城市，往往选择退出养老保险，但也只能拿走个人缴的保费，用人单位缴纳的保费则无法带走，作为统筹基金留在打工的城市。这就极大地限制了社会保障制度优越性的充分发挥。当然，这一问题在建立和实行转移接续办法以后有了很大的改善。

第四，统筹范围过小、层次过低。目前，多数省份基本停留在市县统筹范围内，还没有实现省级统筹，在现有基础上也很难实现全国统筹。这不但妨碍了农民工社会保险的顺利扩展，而且在农民工的输出地和输入地之间造成了许多矛盾，产生了许多不合理现象。

（三）加快农民工社会保障制度建设的条件基本具备

随着以解决民生为重点的社会建设的逐步加强，社会保障意识日趋深入人心，城乡社会保障制度建设逐步推进，特别是各级政府和相关部门对农民工问题的认识普遍有所提高，应当说建设农民工社会保障制度已经有了较好的思想基础。

进入21世纪以来，城市经济社会发展迅速，财政收入快速增加，支持社会保障制度建设的能力明显增强，基本具备了解决农民工社会保障的经济基础。面对迅速扩展的世界金融危机和不断凸显的社会矛盾，可以说，建立和完善包括农民工社会保障在内的中国特色社会保障制度恰逢其时。一些发达国家曾把社会保障视为"增进国家认同、渡过危机时刻、消灭工人革命的必要成本"。早在100年前，当英国的人均GDP还不到400美元时，就颁布了世界上第一部《救济金法》，并在1948年宣布建成世界上第一个福利国家。欧洲和美、日等许多国家群起效仿，政府用于社会保障的投资占财政收入的50%～70%，并普遍获得了预期的社会效果。近些年来，韩国甚至喊出了"国民福利与国民经济同步增长"的口号。

中国改革开放以来的40年间，GDP从5689亿元人民币增长到80多万亿元。无论从哪方面看，中国现阶段的整体经济实力和人均水平都明显高于100年前的发达国家。经济社会快速发展的大中城市，完全具备了建立比较健全的社会保障体系的客观条件。一方面，要通过宏观政策调整，有效遏制城乡、区域和贫富差距不断扩大的趋势；另一方面，要坚定不移地推进社会保障制度建设，把促进农民工充分就业与统筹解决民生问题辩证地统一起来。既要妥善应对国际金融危机的冲击，又要抓住中央和地方海量投资的战略机遇，下决心建立健全新的制度结构格局，着力培育增值型的社会保障体系，奠定国家经济社会永续繁荣昌盛的战略基石。

（四）努力推进农民工社会保障制度建设

不可否认，当前国际金融危机冲击对加快农民工社会保障制度建设已经带来了负面影响，但是也从另一方面凸显出农民工社会保障制度建设的重要性和迫切性。必须强调，解决农民工当前面临的实际困难，只能采用前进而不是后退的办法。说到底，就是"农往工靠、乡往城转、低（技能、素质、社保标准等）往高走"。据调查，农民工最害怕的是失业，最痛恨的是欠薪，最担心的是生病，最期盼的是社保，最渴望的是孩子在城市继续上学。对于农民工来说，当前就业是最大的保障。失去了就业岗位，农民工的社保缴费就没有企业承担，农民工自己更无力承担。农民工社会保障制度建设，也会因此成为无源之水、无本之木。在这种形势下，无论经营形势好的企业，还是微利维持的企业，都要为国家分忧，承担社会责任，在最困难的时候尽可能不减员或少减员，使进城农民工尽可能留在城镇就业，使已经转移就业的农民工尽可能少返乡务农。保住了农民工的就业，也就保住了农民工的社会保险。

在积极应对金融危机冲击的情况下，允许企业在一定时间内缓缴社会保险保费，对于当前缓解企业困难是必要的。但是，对于具有保底性质、直接关系农民工长远利益和根本利益的社会保障制度建设，既不能松，更不能停，必须抓得紧而又紧。当前应当抓紧健全完善农民工社会保障制度的总体设计和实施方案，把各方面可能碰到的问题考虑得更充分些、设计得更周全些、衔接得更严密些，一旦时机成熟立即付诸实施。

加快农民工社会保障制度建设对于扩大内需有着重要的促进作用。建立社会保障制度的最大促进作用表现在：能够有效地缓解农民工的后顾之忧，增强农民工及其家庭即期消费的愿望和能力，从而扩大内需、拉动经济发展。由于农民工及其家庭大多数属于低收入群体，边际消费比例高，还具有接近城镇职工和居民的消费观念，特别是年轻农民工的消费方式更多地受到城镇青年消费观念的影响，完全有可能成为我国扩大消费、拉动内需、促进增长的潜力最大的领域之一。

第五章

贫困与脱贫攻坚

第五章
贫困与脱贫攻坚

让贫困人口和贫困地区同全国一道进入全面小康社会,是我们党的庄严承诺。党的十八大以来,我国动员全党全国全社会力量,坚持精准扶贫、精准脱贫,脱贫攻坚工作取得决定性进展。党的十九大强调,要重点攻克深度贫困地区脱贫任务,确保到2020年我国现行标准下农村贫困人口实现脱贫,贫困县全部摘帽,解决区域性整体贫困,做到脱真贫、真脱贫。

一、贫困的概念与类型

贫困是一个世界性问题,消灭贫困是一个世界性课题。在反贫困理论研究和实践中,人们对贫困的理解虽然有许多共同的认识,但也存在不少差别。

贫困涉及经济、社会、历史、文化、心理和生理等各个方面,具有不同背景的人往往从不同的角度认识贫困,对贫困作出各种不同的理解。在不同的历史时期和不同的地域,贫困也具有不同的意蕴。

贫困首先被看作是一种经济现象。从经济学的角度来看,贫困是由于收入不足而导致的生活匮乏状态。因而,有人把贫困界定为缺少达到最低生活水平的能力,也有人把贫困界定为个人或家庭的经济收入不能达到社会可接受的生活标准那种状况。总体而言,从经济学的角度看,贫困是因为经济收入不足而不能达到最低生活水平或社会可接受的生活标准的状况。但是,对什么是社会可接受的生活标准,人们有不同的理解,这也是至今没有一个公认的统一的贫困标准的原因。

贫困也是一种社会现象,具有一系列经济社会特征。因此,仅仅从经济学意义上来理解贫困是不够的,许多学者、研究机构和相关部门正是从经济—社会特征上来界定贫困的。

世界银行在其年度报告《1981年世界发展报告》中指出:"当某些人、某些家庭或某些群体没有足够的资源去获取他们那个社会公认的,一般都能享受到的饮食、生活条件、舒适和参加某些活动的机会,就是处于贫困状态。"在以贫困问题为主题的《1990年世界发展报告》中,世界银行给贫困所下的定义是:"缺少达到最低生活水准的能力。"该报告同时指出,衡量生活水准不仅要考虑家庭的收入和人均支出,还要考虑那些属于社会福利的内容,比如医疗卫生、预期寿命、识字能力以及公共货物或共同财产资源的获得情况。它用营养、预期寿命、5岁以下儿童死亡率、入学率等指标,作为以消费为基础对贫困进行衡量的补充。这是一个基本上可以接受的定义,但其中的最低生活水准显然需要具体化。

1989年,欧共体给贫困下的定义是:"贫困应该被理解为个人、家庭和群体的资源——包括物质的、文化的和社会的——如此有限,以至于他们被排除在他们所处的国家可以接受的最低限度的生活方式之外。"

1998年,诺贝尔经济学奖得主、印度籍经济学家阿马蒂亚·森在《作为能力剥夺的贫困》中指出:"贫困必须被视为是一种对基本能力的剥夺,而不仅仅是收入低下。"英国学者奥本海姆在《贫困的真相》一书中,给贫困所下的定义是:"贫困指物质上、社会上和情感上的匮乏。它意味着在食物、保暖和衣着方面的开支少于平均水平。……贫困夺去了人们建立未来大厦——'你的生存机会'的工具。它悄悄地夺去了人们享受生命不受侵害、有体面的教育、有安全的住宅和长时间的退休生活的机会。"另一位英国学者汤森德也认为,那些缺乏获得各种食物、参加社会活动和最起码的生活和社交条件的资源的个人、家庭和群体就是贫困的。

综合有关机构的观点和学者们的研究，贫困实际上包括两层意思：第一，贫困是由于资源的匮乏，从而使其生活水平低于社会可以接受的最低标准。这里讲的资源，既包括物质资源，也包括文化和社会的资源。第二，从根本上讲，贫困是缺乏手段、能力和机会。因此，要克服贫困，就要给贫困者以扶持，换言之，社会不应该仅仅被动地保障贫困者的最低生活水准，而应该更多地把注意力投向铲除人们陷入贫困的根源，主动地保障贫困者拥有必要的手段、能力和机会。所以，贫困指的是由于缺乏物质的、文化的和社会的资源而处于一种社会不可接受的最低生活水平或生存状态，以及由于缺乏必要的手段、能力和机会而不能摆脱这种最低生活水平或生存状态。

从不同的角度或根据不同的标准，可以把贫困划分为不同的类型。

首先，根据贫困的内涵，可以分为广义的贫困和狭义的贫困。狭义的贫困是指在一定的社会生产方式下，不能满足最基本的生存需要，生命的延续受到威胁。这主要是从满足人的生理需要的意义上来讲的，缺乏维持生理需要的最低生活标准就是贫困。广义的贫困则不仅包括不能满足最基本的生存需要，还包括社会的、文化的、环境的等因素，比如文化教育状况、医疗卫生状况、生活环境状况和人口预期寿命。广义的贫困大大扩展了狭义的贫困的内涵。世界银行在《2000/2001年世界发展报告》中对贫困的理解就是广义的。报告认为，贫困除了物质上的匮乏、低水平的教育和健康外，还包括风险和面临风险时的脆弱性，以及不能表达自身的需求和缺乏影响力。

其次，贫困既是一个绝对概念，又是一个相对概念，因而可以把贫困区分为绝对贫困和相对贫困。绝对贫困又叫生存贫困，指缺乏维持生存的最低需求品，不能维持最基本的生存需求。相对贫困也叫相对低收入型贫困，是指虽然解决了温饱问题，但不同社会成员和不同地区之间，可能存在着明显的收入差异，低收入的个人、家庭、地区相对于全社会而言，处于贫困状态。

再次，根据贫困的成因，可以分为普遍性贫困、制度性贫困、区域性贫困和阶层性贫困等。

为了准确地了解贫困者的真实生活状况，并为制定反贫困战略和政策措施提供科学的依据，必须科学地确定贫困的标准，也就是贫困线。生活水准处于贫困线以下的个人或家庭，就是贫困者，就是需要社会给予扶持和救济的对象。世界银行确定的贫困线为人均每年消费支出270～370美元，这是按照1985年的购买力平价不变价格计算的。国际劳工组织专家建议，在工业化国家，贫困线大体上应相当于制造业工人平均工资的30%；欧洲经济委员会建议，贫困线应相当于一个成年人可支配收入的50%。这两个贫困线实际上都是相对贫困的贫困线。

目前，国际上确定贫困线的方法主要有下面4种：一是国际贫困标准法。这是一种收入比例法，由经济合作与发展组织提出。也就是以一个国家或地区居民收入或平均收入的50%～60%，作为该国家或地区的贫困线，也就是最低生活保障线。二是生活需求法，又叫"市场菜篮法"。用这种方法确定贫困线，首先要根据当地维持最低生活所需的物品和服务，列出一份清单，包括物品和服务的种类和数量；然后根据市场价格，计算出拥有这些物品和服务需要多少现金，这样确定的现金金额也就是贫困线。三是生活形态法。它首先从人们的生活方式、消费行为等"生活形态"入手，提出一系列有关家庭生活形态的问题；然后选择若干剥夺指标，即在某种生活形态中舍弃某种生活方式和消费行为，再根据这些剥夺指标和被调查者的实际生活状况，确定哪些人属于贫困者；再分析他们被剥夺的需求和消费以及收入，从而计算出贫困线。四是恩格尔系数法，以一个家庭用于食品消费的绝对支出，除以已知的恩格尔系数，求出所需的消费支出，也就是贫困线。这也是一种收入比例法，源自"恩格尔定律"。国际粮农组织认为，恩格尔系数在 60% 以上，即属于贫困。用这个数据求出的消费支出，就是贫困线，也就是最低生活保障线。美国规定，只要家庭支出中有 1/3 用于购买食物，就是贫困家庭或贫民，因而要给予社会救助。美国的"贫困线"，就是饮食支出额的 3 倍，这也就是最低收入标准。目前，多数国家都是用饮食支出比例高低，作为衡量家庭贫富和实行社会救济的依据。

二、贫困的成因与反贫困战略

贫困不仅存在于发展中国家，同样存在于发达国家。按每天生活费用不足 1 美元作出贫困线来测算，世界上有 10 多亿贫困人口，大部分分布在南亚和撒哈拉以南地区。按照美国的贫困标准，20 世纪 90 年代中期美国有近 4000 万人生活在贫困状态中，占总人口的 15%。同期欧盟国家的贫困人口也超过了总人口的 15%。贫困是如何产生的？又如何消除贫困？

（一）对贫困成因的解释

阿马蒂亚·森有一句名言是："你不能凭富裕和繁华程度来判断一个社会的快乐程度，你必须了解贫困阶层的生活。"诚然，我们必须了解贫困阶层的生活，尤其要了解贫困阶层为何贫困的真正原因。对贫困成因的解释，主要有两个命题。一是认为贫困者应该对自己的贫困负责。持这一观点的人总是把贫困看作个人不适应或病理学的结果，贫困者被看作由于技能、道德的缺乏或身体方面的缺陷，缺少动机，或者能力低于一般水平而无法在社会上取得成功的人。一些学者试图在贫困者的生活方式，以及与之相伴随的假定他们持有的态度和观点中寻找答案。二是认为社会的贫困是结构力量制造和再制造的结果。持这一观点的人特别强调造成个体难以克服的贫困条件的更广泛的社会过程，贫困只不过是贫困者受环境束缚造成的一种后果。社会内部的结构性因素，比如阶层、性别、族群、职业地位、教育水平等因素塑造了资源的分配方式，而这种分配方式通常是不平等的。

更具体地说，对贫困成因的解释又有下面几种主要理论。

一是贫困的恶性循环理论。这是从经济的或投入—产出的角度分析贫困成因的。持这一观点的学者认为，发展中国家长期陷入贫困是由于一连串的、较低的投入—产出行为造成的。发展中国家人均收入低、储蓄少，从而造成社会再生产的投资不足。投资不足使生产规模难以扩大、生产效率难以提高，因而其产出处于低水平，居民收入水平低下。所以，贫困导致投资不足，投资不足导致低产出，低产出导致低收入，如此循环，这就是发展中国家贫困再生产的过程和机制。

二是人力资本投资理论。这是由美国学者舒尔茨提出来的。舒尔茨认为，人力也是一种资本，人力资本是通过投资而形成的。他把个人和社会为了获得收益而在劳动力的教育培训等方面所做的各种投入，统称为人力资本投资。根据这一理论，个人之间、群体之间的收入差距，很大程度上是由于在人力资本投资上的差异造成的，贫困的主要根源就在于人力资本投资的不足。因此，解决贫困问题的关键在于提高贫困者的人力资本投入水平。

三是社会不平等理论。这一理论把贫困归咎于社会原因，即对权力和资源占有上的不平等。贫困者之所以陷入贫困，主要是因为他们在社会的经济过程、政治过程和社会生活中很少占有资源造成的。他们在经济上缺乏竞争力，在政治上没有权力，在利益分配上没有有效表达自己利益诉求的机会，因而陷入贫困之中。

四是"贫困文化"理论。这是美国学者刘易斯通过对贫困家庭和社区的实地研究提出来的。他认为，社会上一些人其所以处于十分贫困的地位，是因为有一种"贫困文化"。贫困者通常居住在贫民区，这种独特的居住方式促进了贫困者之间的集体互动，并与其他社会群体相对隔离开来，天长日久便形成了一种脱离社会主流文化的贫困亚文化。这种亚文化形成之后，将一代代传递下去。贫困者的孩子在生活中长期接受它的熏陶，会自然而然地习得"贫困文化"，因而他们很难改变自己的生活方式，即使遇到摆脱贫困的机会也很难利用这种机会走出贫困。

另一位美国学者查尔斯·默里进一步研究了"贫困文化"。他认为，福利国家的发展带来了一种削弱个体抱负和自助能力的亚文化。那些福利依赖者不是为自己设计未来并努力过上一种更好的生活，而是宁愿接受施舍。因此，他认为福利已经腐蚀了人们工作的动力。

（二）反贫困的战略

任何成功的反贫困战略，都离不开经济发展。做蛋糕是分蛋糕的前提。正如阿马蒂亚·森指出的，发展意味着消除贫困，并改善最需要帮助的人的福利状况。但他同时指出，经济发展就其本质而言是自由的增长，"实质自由包括免受困苦——诸如饥饿、营养不良、可避免的疾病、过早死亡之类——的基本的可行能力，以及能够识字算数、享受政治参与等等的自由"。它还包括各种"政治的权益"，比如说，失业者有资格得到救济，收入在标准线之下者有资格得到补助，每一个孩子都有资格上学接受教育，等等。

针对世界性贫困问题，历次世界性会议和论坛都强调了消除贫困的迫切性。各国政府都将消除贫困的目标作为"一种人类道德、社会和政治的必要"承担了各自的责任，并确定了以"以人为本"的发展战略作为达到这一目标的主要途径。消除贫困也成了国际行动的目标，联合国和世界银行等国际性组织都把缓解和消除贫困作为自己的重要目标和任务之一。从20世纪中叶以来，世界各国和有关国际组织先后提出和实施过不少反贫困战略。其中，最主要的反贫困战略有以下几个：

一是经济增长战略。20世纪50—60年代一些发展中国家实施的主要就是这一战略。它的基本含义，是通过促进经济增长来解决贫困问题。联合国从60年代相继提出和实施的两个"发展十年"计划，就是这种经济增长战略。这一战略的实施，虽然使许多发展中国家的经济实现了快速增长，但并没有如预期的那样解决贫困问题。

二是再分配战略。根据再分配对象的不同，这一战略又可以分为两种具体的战略，即边际再分配战略和生产性资产再分配战略。前者的倡导者是霍利·钱纳里领导的世界银行发展研究中心，他们强调再分配的主要对象是经济增长的增量部分，也就是一般边际意义上的再分配。通过这种再分配，使经济增量中的一部分从富人手中转移到贫困者手中，从而消除过分悬殊的贫富差距和实现反贫困的战略目标。后者的核心可以用"增长前的再分配"来概括，它强调的是对可用于经济增长的资产存量进行再分配，即先分配后增长。这一战略的前提是保证贫困者获得基本的公共服务。由于许多国家开支庞大的公共服务基本上被社会中上层所据有，因此，要扭转这种状况，要确保住房补贴、教育开支、卫生保健等计划惠及贫困者。这就要对公共消费进行重新配置，并更改政府的许多投资计划。这一战略还强调贫困者要参与发展的过程。因为一个由富人掌握权力的社会，是不可能真正为贫困者的利益着想的，因此贫困者必须参与发展过程。这一战略重视有利于低收入集团的收入和财富的再分配，但这种再分配是通过生产性资产的再调整来进行的，比如土地的重新分配等。

三是绿色革命战略。当今世界的贫困人口绝大部分生活在农村，因而发展农村经济成为反贫困战略的必然选择。绿色革命战略试图通过引进、培育和推广高产农作物品种，并利用生物技术提高农作物产量，发展农村生产力，从而解决粮食问题和农村的贫困问题。

四是社会服务战略。如果不对贫困者的人力资本进行较大的投资，从长远看，缓解贫困的努力是不可能成功的。对人力资本尤其是对教育进行投资，才能铲除贫困的根源。因此，20世纪70年代以后，人们将反贫困的战略重点逐渐转移到了提供卫生、营养、教育和其他社会服务方面，并将其作为政府部门的一项重要社会政策来实施。

五是"双因素"发展战略。20世纪90年代，反贫困战略的侧重点又一次发生转移。世界银行在《1990年世界发展报告》中，提出了包含两个同等重要因素的发展战略。第一个因素是促使贫困者将其最丰富的资产，也就是劳动力用于生产性活动，为此，要求政府用政策来约束和刺激市场、社会和政治组织、基础设施、技术等。第二个因素就是向贫困者提供基本的社会服务，其中初级医疗保健、营养和初等教育尤为重要。报告认为这两个因素是相辅相成的，缺了其中任何一个都不能成功。

上述反贫困战略在一些国家和地区的反贫困中得到了实际的运用，也取得了一定的成效，但均没有从根本上消除贫困，这也说明反贫困将是长期的和艰巨的。

三、中国城镇贫困问题的特殊性

贫困问题，是一个世界性难题，是全人类面临的共同课题。不仅仅我们国家存在贫困问题，其他国家包括发达国家也存在贫困问题。因为贫困既是一个绝对概念，也是一个相对概念。缺乏维持生存的最低需求品，不能维持最基本的生存需要，这是贫困，而且是绝对贫困。虽然解决了温饱问题，但不同社会成员之间可能存在明显的收入差距，低收入的个人和家庭相对于整个社会来讲，也处于贫困状态，这是相对贫困。所以，一个国家即使解决了绝对贫困，相对贫困总是存在的。

据统计，目前我国城镇居民最低生活保障人数已经不足2000万人。这近2000多万最低生活保障人口，他们的贫困显然属于绝对贫困，而不是相对贫困。我们目前解决贫困问题的重点，也是绝对贫困而不是相对贫困。这也是我们国家贫困问题的一个重要特点，现在提出解决相对贫困问题还为时过早。

我国城镇贫困问题的特点，体现在"四个性"：

一是阶层性。也就是说，我国的贫困问题具有阶层性贫困的特点。某些社会阶层、社会群体，贫困面比较大，贫困人口的分布比较集中。比如，失业者阶层、产业工人阶层（特别是像传统的采掘、制造、建筑等行业的产业工人）就是贫困人口相对多、贫困面比较大的几个阶层；而像私营企业主、个体户等新社会阶层，基本上不存在绝对贫困人口。尤其应该看到，一些社会阶层和社会群体为改革发展承担了巨大代价，但他们中的许多成员目前仍然比较困难。我国农民因工农业产品价格剪刀差而为国家的工业化作出了巨额的牺牲，这已经被公认为是造成今日"三农"问题严重的一个重要原因。改革开放以来，因为经济转型和经济结构的战略性调整，国有企业特别是制造业中的国有企业出现了一支人数不算少的下岗失业工人。可以说，农民、产业工人曾经为改革发展承担了相当大份额的成本，同他们得到的补偿是不对等的。

二是区域性。也就是说，我国城镇贫困人口相对集中于某些区域。从总体上讲，内陆地区、"三线"地区、市场化改革进展比较缓慢的地区贫困发生率比较高；从局部来看，在资源枯竭的矿区和一些老工业基地，已经形成了一些贫困人口相对集中的地区。

三是制度缺失性。一部分城镇人口陷入贫困，同现阶段我们的一些制度缺失、配套措施不健全是有关的。比如社会保障制度的不健全，像医疗保险。一些城镇居民以及他们的家庭陷入贫困，就是因病致贫、因病返贫的。如果我们的医疗保险制度健全的话，这一部分居民有可能不会陷入贫困之中。

四是阶段性。一方面，我国现在处于并将长期处于社会主义初级阶段，也就是生产力还不发达的阶段，解决贫困问题的物质基础还不雄厚，解决贫困问题，最终要靠大力发展生产力，增强国家综合国力；另一方面，我国改革发展进入了关键时期，出现了一系列阶段性特征。贫困问题也具有阶段性的特征。前面讲的阶层性、区域性、制度缺失性，本身就是阶段性的体现。也许过了这个阶段，这几个特点就变了。

这四个特点，前两个反映的是贫困人口的分布，后两个反映的主要是贫困产生的原因。更加注重公平，以解决人民群众最关心、最现实、最直接的利益问题为重点，实现共建共享，要求我们着力解决城镇贫困问题。城镇贫困问题的复杂性和特殊性，决定了采取单一的措施和办法是难以奏效的，而必须采取综合性措施。既要采取防止贫困发生和降低贫困发生率的各种预防性措施,包括最低工资保障制度,以养老保险、医疗保险、失业保险为核心内容的社会保险制度;也包括城镇居民最低生活保障制度,以及各有关方面和社会各界开展的扶贫解困、"送温暖"活动等救济性措施,用这些措施来解救贫困;更应该包括对那些不幸陷入贫困的城镇居民采取有效的脱贫性措施,脱贫致富才是根本出路。最根本的脱贫性措施,无疑是实现就业和再就业。所以,在现阶段,积极促进就业是我们必须坚持的基本国策。

四、贫困者的流动与下层阶级论争

在有关贫困问题的研究中,学者们不仅关注如前两期文章我们介绍过的贫困的概念、致贫的原因和反贫困战略,而且对贫困的"生命周期"进行过有益的研究,并就贫困者是否会联合起来成为一个阶级展开争论。

(一)贫困者的社会流动

近年来的许多研究结果都显示,人们进入和脱离贫困的流动量是相当大的。许多人成功地摆脱了贫困,这也正是学者们研究贫困问题的主要目的,但也有一些人陷入贫困之中,抑或本来已经摆脱贫困的一些人重新又返回了贫困中。国外的一些研究还发现,许多人可以很清醒地意识到或预见到在其生活的某个阶段,难以避免地将要生活在贫困中。

英国家庭固定样本调查(BHPS)的统计结果表明,1991年处于收入最低五分之一的人,也就是用通常所讲的五等分法来划分,占总人口20%的最低收入者,其中的一半在1996年仍然属于收入最低的五分之一这一组别之中。换言之,1991年时的贫困者中,有一半的人在5年后的1996年已经成功地脱离了贫困。事实上,在下一个5年期间,那些原来的贫困者中仍然可能有一部分人处于贫困之中,其他人则可能从收入最低的20%这个层次脱离出来,或者又重新返回这个层次。BHPS的调查统计结果还表明,在进行调查的6年中,其中有5年,十分之一的成年人一直属于最贫穷的20%人口之列;但是,也有60%的成年人从来没有成为过收入最低的20%。

1984年到1994年德国的调查数据也说明,进入和摆脱贫困的流动是显著的。在这10年中,超过30%的德国人至少在某一年是贫困者(其收入低于平均收入水平的一半)。那些曾经摆脱贫困的人,他们的平均收入水平大约高于贫困线的30%。但是,在这10年中,那些摆脱了贫困的人中,超过一半的人至少有一年又返回到了贫困状态中。

英国社会学家吉登斯在分析这一问题时提出,当脱离贫困确实面临挑战和障碍的时候,研究却发现,进入和脱离贫困的流动通常要比想象的更加活跃。贫困并不只是社会力量对被动人群施加作用的结果,甚至处于严重困境的人也有可能抓住机会来改善自己的处境,不应该低估人类进行改变的能力。对如何促进贫困者的社会流动,特别是脱离贫困的社会流动,吉登斯认为,社会政策可能对最大限度地发挥处境不利的个体和群体的行动潜能有重要的作用。

(二) 关于下层阶级的争论

在贫困研究中还伴随着关于下层阶级的争论。美国社会学家最先提出了下层阶级的概念,并进行了广泛的研究。W. B. 米勒甚至提出了社会下层阶级亚文化的观点。他认为,这种同社会中产阶级观念相对抗的价值观,不仅仅为一小部分人所具有,它甚至为整个社会下层阶级所提倡。他指出，在美国，这种下层阶级亚文化的价值观有六个方面：敌视上层、主张强硬、赞赏精明、寻求刺激、宿命论和主张自由自主。不过，批评米勒的学者却指出，犯罪的并不都是社会下层阶级，社会中上层人士中也有些人具有上述观念。

由美国社会学家出版的关于贫困黑人地位的几本著作，引发了关于下层阶级的争论。W. J. 威尔森在《种族衰落的意义》一书中，根据在芝加哥进行的研究成果，他指出在过去的三四十年时间里，美国有相当数量的黑人属于中产阶级。也就是说，已经出现了黑人白领工人和专业人员。威尔森指出，并不是所有的非裔美国人仍然生活在城市贫民区；即使生活在那里，也不是因为受到歧视，而是因为经济因素。黑人是因为经济上处于不利地位而生活在贫民区的。查尔斯·默里赞成大部分大城市存在黑人下层阶级的观点。但是，根据默里的看法，由于帮助黑人改善处境的福利政策很少，非裔美国人发现他们只得处于社会的底层。威尔森则进一步用他的研究说明，许多白人从城市转移到郊区的趋势、城市工业的衰落，以及其他的城市经济问题，从而使非裔美国男性大量失业。在后来的研究中，威尔森更试图解释通过所谓的"贫民窟贫困"产生的聚居在城市的贫困群体。

后来，默里还把自己的研究领域扩展到英国，认为下层阶级在英国得到了迅速的发展。英国的下层阶级不仅包括少数族群的成员，而且包括来自社会分化日益明显的贫困地区的白人。但是，默里的观点受到了英国社会学家的严厉批评。

英国社会学家 L. 莫里斯考察了英格兰东北部哈特普尔地区贫困的空间分布特点。她发现，正是这种制造业衰落，同时失业大量增加的地区，才有可能出现下层阶级。莫里斯的研究并没有确定会不会出现一个明显的下层阶级，也没有得到直接的证据证明"下层阶级"有独特的文化。所以，她认为下层阶级的概念过于简单化，不能反映当代社会贫困的复杂性。当然，莫里斯的研究只涉及一个国家的一个地区，研究结论的代表性可能受到质疑。

吉登斯对下层阶级理论在欧洲和美国的不同命运作出了自己的解释。他指出，美国的贫富悬殊比西欧明显，尤其是在经济和社会剥夺与种族区分交错的地方，非特权群体确实倾向于认为自己被排斥在更广泛的社会之外。在这些情况下，下层阶级的概念可以被清楚地应用。在欧洲国家，情况则有所不同。当欧洲存在同样不利条件的时候，这些不利似乎不如美国那么明显。

欧美社会学家关于下层阶级的争论，对我们研究有关问题同样具有启发。近年来，在一些学者的研究和媒体文章中，频繁出现的一些新概念的内涵和意蕴很值得推敲，尤其是在构建和谐社会的大背景下更宜慎用。

五、贫困人口是精准扶贫攻坚的主体力量

按照中央的战略部署，到 2020 年我国要实现精准扶贫、精准脱贫的三大目标，让数以千万计的贫困人口同全国人民一起共同迈入全面小康社会。近年来，中央和各级地方政府投入了巨大的人力、物力和财力用于扶贫攻坚，社会各界人士、机关、学校、部队和企业也纷纷参与到扶贫攻坚这一决战决胜的战役之中。但是，党委、政府和社会各界的扶贫攻坚努力终究不能代替贫困人口的主体作用，脱贫的主体力量是贫困人口，只有最大限度地调动贫困人口的积极性、主动性和创造性，扶贫攻坚才会拥有不竭的动力，才会真正取得成效，也才能真正使已经取得的成效得以保持住。这是广西东兰县精准扶贫、精准

脱贫的一条典型经验。

在东兰县，贫困人口的精神面貌好，贫困群众通过自己的辛勤劳动，努力摆脱贫困的干劲足。在一些贫困地区调研中常见的"等、靠、要"现象，在东兰县几乎看不到。扶贫攻坚是我们党和政府提出的一项惠及几千万贫困人口的重大战略，也是我们党和政府，以及社会各界一项共同的事业，从中央到地方各级党委、政府和社会各界当然要尽最大的努力，但贫困人口本身的努力同样重要，甚至是更为根本的力量。正如东兰县某女性贫困户所说的："国家的政策这样好，给我们贫困户脱贫的支持这样大，我们自己再不努力，那就真的对不起国家，对不起关心和帮助我们的扶贫干部。真要脱贫，还是要靠我们自己，我们有手、有脚，能劳动，不能只靠国家帮助。"

东兰县贫困人口通过自己的辛勤劳动脱贫奔小康，充分发挥自己在精准扶贫、精准脱贫中的主体作用，这同东兰的文化有关，同东兰县委、县政府的正确引导有关，更同东兰县委、县政府在精准扶贫、精准脱贫中的一系列举措取得显著效果的引领示范作用有关。在产业发展方面，按照"核桃抓管护、油茶抓扩种、板栗抓低改、水果抓示范、养殖抓基地"的工作思路，采取"公司＋基地＋农户"或"合作社＋基地＋农户"的模式，大力发展核桃、板栗、山茶油、桑蚕、富硒米、东兰乌鸡、黑山猪等"十大百万"扶贫产业，通过扶贫产业的发展增加贫困户的收入，从而摆脱贫困。比如兰木米种植专业合作社以"合作社＋基地＋农户"的模式，2015年种植"富硒籼稻"3000余亩，覆盖农户2920户，其中贫困户300户。又比如松树林黑山猪养殖专业合作社采取"基地＋合作社＋农户"的模式，实行"六统一"管理机制，从2011年建立之初的5户贫困户入股，发展到现在的覆盖周边两个乡镇5个村，129户贫困户入股。入股或入社的贫困户在产业发展中得到了实实在在的好处，他们的干劲儿更足了。在劳务输出方面，一方面，通过开展技工院校结对帮扶贫困家庭"两后生"劳动预备制培训工作和农民工技能提升计划行动，着力提高贫困人口的就业技能；另一方面，组织开展"就业援助月""春风行动"等专项就业服务活动，搭建促进建档立卡贫困劳动力转移就业，从而使越来越多的贫困家庭通过劳动力转移就业增加收入，进而摆脱贫困。

贫困人口脱贫，既要党委、政府和社会各界的帮扶，更要靠自己的努力奋斗。东兰县在扶贫攻坚中，不论是产业扶持，还是劳动输出，以及其他扶贫举措，都不是简单的"帮"，而是"扶"，把贫困人口扶一把，增强他们通过自身努力、靠自己的辛勤劳动增加收入，进而摆脱贫困的技能、能力和积极主动性。这是东兰县精准扶贫、精准脱贫工作的一条宝贵经验。

六、精准扶贫也要创新

精准扶贫、精准脱贫是当前我国的重大政治任务，是最重要的民生工程。近两年来，全国有农村贫困人口的地方都在全力推进精准扶贫、精准脱贫工作。四川开江县"基层党建＋精准扶贫"模式创新，是推进精准扶贫、精准脱贫一个比较典型的案例。短短几年时间，全县贫困人口从9万多人减少到3万多人，贫困发生率从近17%下降到不足5%，贫困农村地区的面貌得到明显改变。开江县在贫困村推行"一联两带四促"工作机制从而开创的"开江经验"独具特色。开江县在脱贫攻坚中有多个创新：

一是建立联合党委。开江县坚持"乡镇统筹、以强带弱、以富带穷、村村互动、企地共建、资源共享、共创共建"的原则，充分整合资源，发挥乡镇、部门、村、企业等资源优势，对接贫困村产业、人才、信息、技术等需求，探索建立"1＋N"党组织设置模式，成立联合党委，隶属乡镇党委管理。联合党委由乡镇党委牵头，乡镇党委副书记担任联合党委书记，贫困村"第一书记"、企业负责人等担任联合党委副书记，各村党支部书记和乡镇党政办工作人员担任联合党委成员，乡镇、部门、村、企业各确定1名工作人员担任联络员，负责日常工作。联合党委的设立，夯实了连片脱贫攻坚的领导核心，从而实现村务"共管"、资源"共用"、基础"共建"、成果"共享"。建立联合党委，这是加强脱贫攻坚领导力量的一个重要举措，在全国也是一个创新。当然，联合党委只是脱贫攻坚过程中的一个"临时性"机构，在脱贫攻坚任务完成后它的使命也将结束。

二是"六个一批"扶贫精准到人到户。精准扶贫、精准脱贫是脱贫攻坚的基本方略。实现贫困人口如期脱贫，贫困县全部摘帽，必须实施精准扶贫精准脱贫基本方略，解决好"扶持谁""谁来扶""怎么扶""如何退"等一系列问题。精准扶贫和精准脱贫，重在精准，扶贫对象精准、项目安排精准、资金使用精准、措施到户精准、因村派人精准、脱贫成效精准。在中央扶贫开发工作会议上，习近平总书记特别强调要解决好"怎么扶"的问题，按照贫困地区和贫困人口的具体情况，实施"五个一批"工程：发展生产脱贫一批、易地扶贫搬迁脱贫一批、生态补偿脱贫一批、发展教育脱贫一批、社会保障兜底一批。总的说来，就是要锁定目前农村贫困人口，建档立卡，分类施策，不留锅底。"五个一批"是中央根据我国绝大多数贫困人口致贫的主要原因，提出的针对性极强的脱贫攻坚战略举措。但是，各地贫困人口致贫的原因是不同的，每一个贫困人口致贫的具体原因更是千差万别，因而精准扶贫必须分类施策，因人因地施策，因贫困原因施策，因贫困类型施策。开江县委、县政府根据本地贫困人口致贫的具体原因，以及本县精准扶贫、精准脱贫工作的具体实际，提出实施生产就业脱贫一批、移民搬迁脱贫一批、低保掏底脱贫一批、医疗救助脱贫一批、教育解困脱贫一批、灾后重建脱贫一批"六个一批"的扶贫攻坚举措，并具体落实到贫困村民、到贫困户，明确脱贫的时间点，这既同中央的总体部署完全一致，又同当地贫困人口致贫的实际情况相符合，体现了开江县委、县政府从实际出发，实事求是的良好作风。

三是做大做强特色产业，奠定贫困人口脱贫的牢固基础。精准扶贫、精准脱贫要从单纯的"输血"转变为"造血"，使贫困人口稳定脱贫，进而致富奔小康，必须因地制宜，大力发展符合当地实际的特色产业。开江县围绕全县"223"总体战略部署，以现代农业"221"工程为抓手，以实现"农业增效、农民增收"为目的，因地制宜布局培育特色鲜明、优势突出、支撑力强的特色支柱产业，积极引导贫困村和贫困户发展特色优势产业，形成精准产业扶贫支撑，做到每个贫困村发展1个以上的特色支柱产业，确保每个贫困户至少参与1项特色产业增收项目，比如宝石镇程家沟村的油橄榄和银杏产业，任户镇黄泥雷立军塝村的香椿产业，永兴镇柳家坪村的中药材、银杏、核桃产业，回龙镇陈家沟村的秦巴野猪、跑山羊、跑山鸡、林下野鸡、生态养鱼等养殖产业，以及新宁镇白云村的银杏和青脆李产业等。开江县委、县政府还特别重视大力推广"公司＋专业合作社＋产业大户＋贫困户"等利益联结机制，让贫困群众从特色产业发展中获得租金、分成、套种、管护、劳务等多份收入。

四是电商的发展，为贫困户脱贫增添新动能。在开江县贫困村的村委会办公场所或村民公共服务中心，都为电商提供了专门场地。为拓宽贫困村农副产品销售渠道，开江县借助"城乡互助交易服务中心",探索实施"互联网＋农副产品"销售模式,通过创建"城乡互助交易服务 QQ 群",将 51 名贫困村远程教育站点管理员纳入成员管理,开通"城乡互助交易服务"微信公众号,网站管理员通过 QQ 群、微信,并利用自己的淘宝店、微店,推介销售本县、本村的特色农产品,为贫困户提供网络代购、产品销售等电商服务,从而实现了农村与城市、特色农产品供给与需求的有机结合,形成了"远程教育＋电商"的扶贫新模式,加快了贫困群众增收致富的步伐。

七、在潜在资源优势向现实发展优势上做足文章

近年来,全国各地都大力推进美丽乡村建设。虽然各地的具体做法不尽相同,积累和形成的经验也不尽相同,但是,凡是美丽乡村建设搞得有声有色,远近闻名乃至在全国产生一定影响的,无一不是从当地县情、乡镇情、村情出发,立足自身的优势,在特色上下功夫。河北涉县的美丽乡村建设,正是充分利用当地的资源优势,并将潜在的资源优势转变为美丽乡村建设的现实发展优势,走出一条涉县美丽乡村建设的独特路子。

涉县的潜在资源优势很多,最突出的是旅游资源优势。

一是红色资源优势。涉县曾是作为八路军三大主力部队之一的 129 师长期战斗过的地方。抗日战争时期,刘伯承、邓小平等老一辈无产阶级革命家率领 129 师将士在涉县战斗生活了长达 6 年之久,谱写了"九千将士进涉县,三十万大军出太行"的辉煌篇章。涉县被誉为"中国第二代领导核心的摇篮",现有 129 师司令部旧址、晋冀鲁豫边区政府旧址、左权将军墓等众多革命遗址。

二是古文化旅游资源优势。其中最负盛名的是女娲文化。涉县是

我国神话传说中女娲抟土造人、炼石补天的地方，现存的娲皇宫是我国建筑规模最大、建造时间最早的祭祀女娲的古建筑群，被誉为"华夏祖庙"，涉县也因此被命名为我国女娲文化之乡。涉县还有大量的寺庙、石窟、石刻等古建筑，拥有20余处全国重点文物保护单位和省级文物保护单位。

三是独特的自然景观旅游资源优势。涉县地处太行山深处，清漳河、浊漳河、漳河贯穿全境，有山有水，山水相融，风光秀美，形成了一幅独特的太行山水画卷。而且，在这独特的山水画卷中，历史上就已经形成了许多"中国传统村落"。当然，涉县的潜在资源优势远远不止这几个方面。

我国很多地方都有自己独特的旅游资源优势。很多地方的旅游资源优势没有得到很好的开发利用，或者单纯地在发展旅游业上做文章，尽管旅游景点开发了，景区建设得很漂亮，但景点之外破败不堪，当地老百姓也没有从景区的开发中享受到应有的实惠。涉县的成功做法，就在于把旅游资源优势的开发利用同美丽乡村建设有机地结合起来，开发利用一个景点，带动一片乡村发展，把景点融入美丽乡村，在美丽乡村中享受红色文化、古文化和山水美景。在这方面，最有代表性的如涉县赤岸村的美丽乡村建设，依托4A级景区129师纪念馆等众多革命遗址、遗迹，整个村庄就是一个红色大景区，珍珠连串的景区就坐落在一个美丽乡村之中。寨上东山美丽乡村则依托西沿韩王山与清漳河间崖壁外侧，东至韩王山，背靠虎头山，南邻清漳河，海拔高达1200米的半山腰这一天然的美景，提升原有特色农家乐资源，并增设景观节点，完美基础设施和配套体系而建成的山水风情型、田园风光型、旅游服务型、产业带动型美丽乡村。

河北涉县其所以能够把美丽乡村建设和旅游资源优势开发利用有

机结合，有两点是值得充分肯定的，也是值得其他地方学习借鉴的。一是规划先行，着眼于京津冀协同发展和旅游一体化，把规划建设目标定位为全国闻名的红色旅游示范区、京津冀美丽乡村示范区、京津冀健康养生养老基地、太行山生态谷国家农业公园。按照"村村是精品、节点是景点、片区是景区"标准，确定了"一带三区七特色多节点"的规划建设主体框架，突出"山、水、红、古、田、庄、遗"七大优势资源，着力打造"太行山水、漳河画廊"的美丽乡村片区。二是发挥村民的主体作用。在有的地方，旅游资源的开发利用成为旅游管理部门甚至旅游企业的事，与当地老百姓没什么关系，美丽乡村建设则成为政府的事，村民反而没有积极性主动性。涉县在"四清一拆"和垃圾处理、厕所改造、污水处理、绿化美化、环路建设和乡村文化建设等美丽乡村建设攻坚战中，截止到目前，全县出动4.7万人次，大多数是村民义务劳动。当地青壮年劳动力大多在外打工，在家颐养天年的一些七八十岁的老人，都积极地投入美丽乡村建设中，这是很感人的。

第六章

健全公共服务体系

公共服务对民生的保障和改善具有不可替代的作用。现阶段我国民生问题比较突出，同公共服务的总量不足、结构不合理和分配不均等密切相关。因此，要更好地保障和改善民生，必须不断扩大公共服务，促进基本公共服务的均等化。

一、公共服务及其重要性

公共服务也称为公共产品或公共物品。公共服务是政府的主要职能之一。着力保障和改善民生，必须扩大公共服务，尤其是基本公共服务。公共服务的提供和分配，是国家调控收入分配差距、促进社会公平正义、保障社会稳定和秩序、提升全体国民福利水平的一种制度化手段和机制。扩大公共服务，尤其是促进基本公共服务均等化，越来越受到我们党和国家的高度重视，成为我国经济社会发展的一个重大政策导向。

第一，扩大公共服务是适应我国经济社会发展新阶段提出的一项重大战略任务。经过40年的改革开放，我国的发展取得了举世瞩目的成绩：解决了13亿人口的温饱问题，创造了世界反贫困史上的奇迹，已经基本走过生存型社会发展阶段，开始向发展型社会发展阶段跨越。"站在中国改革发展新的历史起点上，人们可以清楚地观察到发展问题的阶段性变化。与改革之初相比，生存性问题的压力在减弱，发展性问题的压力在增强。"[1]

改革开放40年来，我国已经比较成功地解决了基本生存资料的短缺问题。进入21世纪以来，我国多项经济社会发展指标相继超越生存

---

[1] 高尚全：《新阶段中国人类发展的重要任务》，《中国改革报》2008年3月6日。

型社会的临界值。从恩格尔系数来看，2000年城市达到39.4%，农村达到49.1%，均低于50%的临界值。同年，第一产业就业比重首次降至50%的临界值。2001年，第一产业产值比重降至14.1%，首次低于15%的临界值；第三产业产值比重达到40.7%，首次超过40%的临界值。2003年，城镇化率达到40.5%，首次超过40%的临界值。从这些量化标准来判断，我国在21世纪初开始由生存型社会向发展型社会过渡。因而，生存性压力明显减弱，发展性压力全面凸显。在这一进程中，广大社会成员的公共需求全面、快速增长同公共产品短缺、基本公共服务不到位的问题成为日益突出的阶段性矛盾。[①] 因此，提高政府的公共服务能力，为全体社会成员提供基本而有保障的公共产品和公共服务，已成为促进新阶段我国人类发展的重要任务。

第二，扩大公共服务是解决民生问题的重要前提，促进基本公共服务均等化则是解决民生问题的重要途径。改革开放40年来，我国经济快速发展。2010年我国人均GDP超过4000美元，首次迈进了中等收入国家的行列，经济总量首次超过日本，居世界第二位。经济建设取得的巨大成就，我们怎么估计都不过分。经济快速发展，为民生的改善奠定了越来越雄厚的物质基础。从总体上看，改革开放40年来，尤其是进入21世纪后的这近20年，我国民生问题得到了稳步的、很大程度的改善。随着经济的发展，我们具备了更好地解决民生问题的物质基础。但是，同经济发展相比，民生的保障和改善是滞后的，换句话说，民生保障和改善滞后于经济发展，经济社会发展出现了明显

---

① 参见中国（海南）改革发展研究院：《加快推进基本公共服务均等化》，《经济研究参考》2008年第3期。

的不协调,"一条腿长、一条腿短"问题比较突出。贫富差距、城乡差距、区域差距、劳资矛盾、农民工与城镇劳动者同工不同酬,以及其他方方面面的现实社会矛盾和问题,都客观地表明全体人民并没有能够公平合理地分享到改革发展的成果。要真正实现全体人民共享改革发展成果,在很大程度上需要通过扩大公共服务,促进基本公共服务的均等化。

第三,扩大公共服务是扩大内需特别是提升居民消费需求的一个重要突破口。转变经济发展方式,促进国民经济又好又快发展,必须坚持扩大国内需求特别是消费需求的方针。目前,我国居民的消费需求不足,消费对经济增长的贡献比较低,不适应转变经济发展方式的需要。居民消费需求不足而储蓄率持续走高,究其原因,固然有节俭持家的传统文化等因素的影响,但更多的是人们担心今后可能出现的各种社会风险,担心养老没有着落,担心患病没有钱医治,担心失去收入来源后基本生活没有保障。因此,要真正拉动内需,使我国的经济发展从充满风险的外贸依赖型转变为内需驱动型增长方式,必须通过包括建立覆盖城乡居民的社会保障体系等在内的公共服务体系,扩大公共服务,促进基本公共服务均等化。扩大公共服务,特别是提高社会保障水平,有助于增加居民对未来的稳定预期,减少居民的预防性储蓄,促进消费,扩大内需。

第四,扩大公共服务是解决市场失灵的现实选择。在市场经济条件下,市场可以解决效率问题,但本身解决不了公平问题;市场会产生对公共服务的巨大需求,但本身提供的公共服务很有限,甚至不愿意提供。正如亚里士多德所指出的:"凡是属于最多数的公共事物常常是最少受人照顾的事物,人们关怀着自己的所有,而忽视公共的事物;对于公共的一切,他至多只留心到其中对他个人多少有些相关的事物。"① 萨缪尔森以灯塔这一典型的公共产品为例,曾系统地探讨了市场机制以及私人部门无法有效解决公共产品的供给问题。奥普尔斯指出:"由于存在着公地悲剧,环境问题无法通过合作解决……所以,具有较大强制性权力的政府的合理性,是得到普遍认可的。"② 他的结论是,即使我们避免了公地悲剧,它也只有在悲剧性地把利维坦作为唯一手段时才能做到。在市场失灵的情况下,政府必须通过建立公共财政体制、社会保障体系,扩大公共服务尤其是基本公共服务,实现基本公共服务的均等化,使公共服务的供给和需求达到一种平衡状态,以满足社会成员最基本的生存和发展需要,维护社会公正与和谐稳定。

第五,扩大公共服务是促进人的自由全面发展的重要基础性条件。未来社会的本质规定,就是在自由人的联合体中实现人的全面和自由发展。在现阶段,促进人的全面和自由发展,就是要把我们的人民培养成有理想、有道德、有文化、有纪律的社会主义公民,提高全民族的思想道德素质、科学文化素质和健康素质。公共服务中的公共教育对人的培养,不仅仅是传授生产经验、技能和自然科学知识,而且要传播社会生活经验、能力和社会科学知识。公共教育还有助于促进社会流动,促进社会整合与社会公平。公共服务中的公共卫生与基本医疗服务是造福于人类健康的最基本公共服务之一,在国民经济和社会发展中具有独特的地位。健康对每一个人都具有不可比拟的重要性,是衡量人的素质的主要指标,也是一个社会人口素质的重要基础。公

---

① 〔希腊〕亚里士多德著,吴寿彭译:《政治学》,商务印书馆1965年版,第48页。
② 转引自〔美〕奥斯特罗姆著,余逊达、陈旭东译:《公共事物的治理之道》,上海三联书店2000年版,第22页。

共服务中的社会保障是社会的"安全网"和"稳定器",健全的社会保障体系是保障所有社会成员基本生活最重要的制度安排,也是一个社会和谐稳定的有效保证。公共安全、公共就业服务、公共设施等公共服务,也都是促进人的自由全面发展的重要基础性条件。

第六,扩大公共服务是政府公共服务职能的体现,也是推动政府职能转变,建立公共服务型政府的"倒逼"机制。在市场经济条件下,政府的主要职能是经济调节、市场监管、社会管理和公共服务。转变政府职能,从当前来讲,主要是政府在履行经济调节、市场监管职能的同时,要履行好社会管理和公共服务职能,在当前尤其要解决好政府在社会管理和公共服务中的职能"越位""缺位"等问题。扩大公共服务,要求政府加速职能转变,由经济建设型政府向公共服务型政府转变,这样,事实上形成了"倒逼"政府加速职能转变的机制和动力。政府提供的公共服务能否充分满足社会的需要,成为反映政府职能转变和建立公共服务型政府绩效的重要标志和衡量标准。

改革开放以来特别是进入21世纪以来,我国政府的基本公共服务意识和能力不断提高,不仅提供的基本公共服务总量不断增加,而且质量不断上升,越来越注重基本公共服务的均等化。但是,长期以来,因为受制于经济发展水平,加上人们的思想认识不到位,我国基本公共服务不仅供给总量不足,不能满足人民群众对公共服务的需求,而且基本公共服务的供给结构不合理,分配不均等。可以说,总量不足、分配不均等,这是我国基本公共服务方面存在的两个最主要的问题。

一是基本公共服务总量不足。近年来,我国不断加大财政对基本公共服务的投入,以增加基本公共服务的总量,但是,由于历史欠账太多,以及政府职能转变不到位,财政支出中用于公共服务的比重仍然偏低。纵向比,我国财政用于公共服务的总量和比重都有了很大的增长。但是，横向比，也就是同其他国家或地区相比，我国财政用于公共服务的比重就明显偏低了。许多国家财政支出中用于公共服务的比重高达60%~70%，有些国家甚至接近80%。正是因为我国财政用于公共服务的投入严重不足，不仅低于世界中等收入国家甚至低收入国家的平均水平，也没有达到政府承诺的标准，所以基本公共服务的供给总量同人民日益增长的公共服务需求之间的矛盾越来越凸显。

二是基本公共服务分配不均等。我国的基本公共服务不仅总量不足，不能满足人民日益增长的公共服务需求，而且分配和享用不均等，在城乡、区域和不同人群之间存在相当大的差异。主要表现在：制度供给不均等，表现为公共服务制度的城乡二元分割，在义务教育、社会保障、公共基础设施、环境保障和公共卫生等制度设计方面存在明显的城乡差别；财政投入不均等，这主要表现在公共财政对城乡、区域公共服务的投入存在明显差别；供给水平不均等，公共服务投入的不均等，直接导致公共服务供给水平的不均等；供给质量不均等，比如在义务教育方面，突出的表现是城乡教师素质的差异明显，农村学校高素质教师短缺，直接影响农村教育质量的提高；成本负担不均等，最突出的表现是城乡居民享有公共基础设施的成本负担不均等。

二、基本公共服务均等化是国民财富分配的重要环节

在现阶段，我国居民之间的贫富差距包括收入差距都在持续扩大。缩小差距的关键在于分配政策的调整和完善。而分配政策的调整和完善必须建立在分配理论的创新基础上。

分配应该是整个国民财富或国民收入的分配,而不仅仅包括个人收入分配。人们通常认为,分配包括两次分配,即初次分配和再分配,或称第一次分配和第二次分配。全国人大原副委员长成思危曾提倡实行"三次分配"。显然,两次分配论只涉及收入分配问题,三次分配论在两次分配的基础上把观察问题的视野拓宽到了慈善事业。实际上,分配应该包括整个社会资源、社会财富、社会机会等的分配。在现代社会,公共服务或公共品包括公共基础设施等的分配,对社会成员的福利水平具有极为重要的影响,公共服务的分配成为衡量分配领域公平度的一个重要指标。道理很简单,拥有同等收入的人因为享受的基本公共服务不等值或不均等,他们所能享有的生活水平和生活质量会存在差别,甚至相当大的差别。这是因为,那些不能或较少享有基本公共服务的社会成员,只能使用他们收入中的一部分到市场上去购买基本公共服务的替代品。所以,在现代社会,分配的就不仅仅是收入,而应该包括公平服务或公共品。因此,我们认为,必须把公共服务或公共物品的分配纳入分配的视野中。

正因为如此,分配应该包括四次分配。国民财富或国民收入的分配,当然要根据公平的原则。但问题是我们如何确定公平原则呢?显然,在初次分配和再分配领域,以及在基本公共服务等分配领域,公平的体现或公平的标准应该有所不同。或者说,在不同的分配领域和不同的社会资源分配中,我们所强调的公平原则的侧重点或角度是有差异的。

在初次分配中,最能体现公平原则的就是劳动、资本、技术和管理等生产要素按贡献大小进行分配,按生产要素的贡献大小进行分配就是公平的。按生产要素的贡献大小进行分配,这是公平分配原则在初次分配中的集中体现。当然,初次分配中的公平,也应该包括机会均等。我们应该从规范市场主体的竞争行为和保证公平的竞争环境等方面，努力实现机会均等。

在再分配中，最能体现公平原则的应该是均衡，这也是再分配的首要功能。针对初次分配中可能出现的差距过大现象，政府要通过再分配手段进行调节，比如对高收入者征收个人所得税，对低收入者或没有收入者提供基本生活保障，从而缩小收入差距。再分配的一个重要目标，就是通过政府对收入分配差距的调节，以调节差距过大的收入，从而实现公平。显然，这里讲的公平，就是社会成员的收入比较均衡，差距不应该过大。

在基本公共服务或公共物品的分配中，最能体现公平原则的当然是均等。缩小城乡之间、区域之间、不同群体之间以及不同社会成员之间基本公共服务的差距，实现基本公共服务均等化，从而缩小城乡居民之间、不同地区居民之间，以及不同群体之间、不同社会成员之间生活水平的差距，使这种差距控制在一个比较合理的区间内，这本来就是公平分配的题中应有之义。基本公共服务的提供或公共物品的分配必须以均等为原则，因为为全体国民提供基本公共服务是政府的基本职能。这就要求健全公共财政，调整财政支出结构，把更多财政资金投向公共服务领域，加大财政在教育、卫生、文化、就业再就业服务、社会保障、生态环境、公共基础设施、社会治安等方面的投入，使城乡居民、不同地区居民、不同社会群体和不同社会成员享有比较均等的就业、住房、医疗、教育、基本公共文化的机会，以及大致均等的基本公共服务水平和良好生活环境。因此，我们所讲的教育公平、医疗卫生资源分配的公平，以公共基础设施布局、社会保障等方面的公平，都是从均等的角度界定的。

在第四次分配中，也就是慈善捐赠方面，最能体现公平原则的是能力。有能力的人不捐赠是不公平的,有能力的人不捐赠而让没有能力的人捐赠就更不公平了。一个人的能力有大小,我们鼓励每一个社会成员热心慈善捐赠,但一个社会成员从事慈善捐赠应该同其能力大致相符,这才是公平的。

从实现公平分配的"四次分配"来看,前三次分配是主要的,尤其是第一次和第二次分配,第四次分配也就是慈善捐赠是对前三次分配的一个必要的补充。"四次分配"在实现公平分配的过程中的地位和作用是不同的。

三、促进基本公共服务均等化必须坚持的原则

基本公共服务事关公民基本的生存权和基础性发展权的实现,为全体国民提供基本公共服务是政府的基本职能,政府必须承担提供基本公共服务的主要责任。实现基本公共服务均等化,必须立足于我国基本公共服务的现实国情,加强基本公共服务均等化的相关法律制度建设,循序渐进地推进基本公共服务的均等化进程。

首先,必须尊重基本公共服务均等化自身的规律。经济社会发展水平不仅是影响甚至决定基本公共服务供给量的重要因素,也是影响基本公共服务均等化进程的一个重要因素。因此,基本公共服务均等化进程有其自身的发展规律。西方国家逐步实现基本公共服务均等化是在20世纪60年代之后,其背景是实现工业化和人均GDP达到3000美元之后。我国自改革开放以来尽管社会生产力有了巨大的发展,但仍然处于并将长期处于社会主义初级阶段。因此,在经济社会发展的初级阶段,政府主要解决事关公民生存权和满足物质生活需要的最基本公共服务。随着经济社会的发展,城市和部分相对发达地区,将逐

步扩大基本公共服务范围，提升均等化水平，适当提供事关公民发展权和满足精神生活需要的部分基本公共服务。当经济社会发展到较高阶段，全社会所有公民都享有与经济社会发展水平相适应的均等化基本公共服务，注重公共服务的质量和水平，实现更高层次的均等化。

其次，必须遵循法治化原则。现代社会是法治社会，推进基本公共服务均等化，必须坚持法治化原则。1948年由联合国大会通过并颁布实施的《世界人权宣言》规定，每个人作为社会的一员，都有权享受社会保障，并有权享受他的个人尊严和人格的自由发展所必需的经济、社会和文化方面各种权利的实现。后来，联合国通过的《社会、经济、文化权利国际公约》，不仅进一步强调了这些权利，而且更具有强制性。2001年我国批准了这一公约，也就是说我们是认同这些权利的。所以，2004年新修订的宪法明确规定：''国家尊重和保障人权''，国家建立健全同经济发展水平相适应的社会保障制度。这就为我国基本公共服务的均等化奠定了宪法基础。但是，推进我国基本公共服务的均等化，仍然存在许多法律上的空白或不完善的地方。比如中央政府与地方政府基本公共服务的职责划分，事权与财权的划分，基本公共服务的范围、标准，财政转移支付，资金的使用、监督评估、责任追究等，都需要进一步从法律上加以明确规定。

再次，必须坚持相对均等的原则。促进基本公共服务的均等化，是我们党公平正义执政理念的具体体现和本质要求。但是，均等化不是平均主义，也不是绝对的相等、绝对的等同。事实上，因为城乡之间、地区之间、不同社会群体之间、不同社会成员之间在基本公共服务的需求方面是存在差异的，不同社会成员所需要的基本公共服务项目也存在差异，因而基本公共服务的均等只能是相对的，不可能是绝对的。

最后，必须坚持循序渐进的原则。严格意义上的基本公共服务均等，是指向全国各地的居民提供在使用价值形态上大体相同水平的基本公共服务。通观世界各国经验，只有当经济发展到一定水平，使政府有可能筹措到一定规模收入时，政府才有推进基本公共服务均等化的基本条件。受我国经济发展水平和国家公共财政能力的限制，我国基本公共服务的均等化将是一个持续推进、逐步实现的过程，而不可能一蹴而就。

四、推进基本公共服务均等化的关键

我国的公共服务不仅总量不足，不能满足人民日益增长的公共服务需求，而且分配和享用不均等，在城乡、区域和不同人群之间存在相当大的差异。

基本公共服务的属性在于它的公共性、普惠性和公平性。基本公共服务事关公民基本的生存权和基础性发展权的实现，为全体国民提供基本公共服务是政府的基本职能，政府必须承担提供基本公共服务的主要责任。基本公共服务的提供或公共物品的分配必须以均等为原则。

基本公共服务均等化，是基本公共服务体系建设的政策目标，也是服务型政府的重要价值追求。基本公共服务均等化可以促进有限的基本公共服务资源在全社会均衡、公平的配置，从而维护社会公正，促进社会和谐稳定，确保全体人民共享改革发展成果。因此，它也是促进社会均衡发展的重要措施和途径。

基本公共服务均等化，应该包括两层含义：一是权利均等。全体社会成员享有基本公共服务的权利应当是均等的。基本公共服务要面向全体社会成员,实现制度的全覆盖。所有社会成员不分民族、性别、身份、城乡和区域,都享有获得基本公共服务的权利。从这个层面看,基本公共服务均等化,就是要维护好、发展好、实现好全体社会成员享有基本公共服务的基本权利。二是结果的大致相等。均等化不是平均化和无差异化,每个社会成员所享受到的基本公共服务项目可以是不相同的,但应该是大致"等值"的,能够满足其最基本的公共服务需求。必须指出的是,基本公共服务均等化的范围和标准,是随着经济社会的发展变化而变化的,随着经济发展水平的提高和公共财政承受能力的增强而调整。实现基本公共服务均等化,必须立足于我国基本公共服务的现实国情,加强基本公共服务均等化的相关法律制度建设,循序渐进地推进基本公共服务的均等化进程。

推进基本公共服务均等化,必须抓住基本公共服务均等化的薄弱环节、重点领域和主要着力点。

第一,推进基本公共服务均等化,必须着力解决城乡基本公共服务不均等的问题。我国基本公共服务的不均等,突出体现在城乡基本公共服务的不均等。而城乡基本公共服务的不均等,一是突出体现在城乡公共基础设施供给的不均等。长期以来,我国实行优先发展城市的策略,因而形成了城乡不均衡的社会利益分配体制和格局,以及与之相应的城乡有别的二元公共基础设施供给体制。这种供给体制主要表现为城市所需的公共基础设施,主要由政府供给,所需资金列入财政预算;而农村的公共基础设施主要由农民自筹资金或通过劳务投入自行解决,国家仅给予一定的补助。这种城乡二元公共基础设施供给体制,造成农村公共基础设施历史性欠账较多,供给不足,制约着农村的经济和社会发展。二是突出体现在城市中的城镇户籍居民与农民工基本公共服务供给的不均等。"农民工的基本公共服务是推进城乡基本公共服务均等化的焦点，也是难点。"① 农民工由于长期在外，很难享受到流出地的基本公共服务。农民工的基本公共服务既横跨城乡、又横跨不同的省区，需要由中央制定规划，解决农民工基本公共服务制度的城乡对接问题。为此，有学者提出，要以建立农民工就业培训体系为重点，将农民工纳入城镇公共就业服务体系，鼓励有条件的地方将农民工纳入城镇失业保险范围；尽快推出全国流动的教育券制度，使得农民工子女在全国任何一个城镇都能够享受到免费义务教育；鼓励有条件的城镇政府将农民工纳入基本住房保障体系。推进城乡基本公共服务均等化，还必须着力解决城乡公共教育尤其是义务教育、公共卫生、环境保护、公共安全、公共就业服务以及社会保障等基本公共服务领域存在的不均等问题。

第二，推进基本公共服务均等化，必须加快政府职能转变，建设服务型政府。"强化政府在公共产品供给中的主体地位和主导作用，加快建设公共服务型政府，是实现基本公共服务均等化的关键所在。"② 在市场经济条件下，政府的主要职能包括经济调节、市场监管、社会管理和公共服务。但是长期以来，我们的政府比较重视前两项职能，而不太重视后两项职能，是典型的"经济建设型政府""管制型政府"。随着经济社会的发展，"经济建设型政府"的弊端日益凸显，越来越不适应经济社会发展的需要。2003年的"非典"危机，充分暴露了政府履行公共服务和社会管理职能的不足。同年9月，温家宝在原国家行政学院省部级干部政府管理创新与电子政务专题研究班上的讲话中明

---

① 迟福林：《扩大内需重在基本公共服务制度建设》，《农村工作通讯》2009年第13期。
② 迟福林：《以基本公共服务均等化为重点的中央地方关系》，《中国经济时报》2006年12月4日。

确指出:"非典疫情的发生和蔓延,给我们的一个重要启示,就是要在继续加强经济调节和市场监管职能的同时,更加重视政府的社会管理和公共服务职能。"①"建设服务型政府的根本标志是看政府公共服务职能是否强化,也就是说政府提供的公共产品和公共服务是否到位,是否不断满足人民群众日益增长的物质文化需要。"而建设服务型政府,就要"切实转变政府职能,大力推进体制创新、机制创新、制度创新和管理创新,努力提高公共服务的能力和水平,构建具有中国特色的公共服务体系,建设人民满意的服务型政府"②。

第三,推进基本公共服务均等化,必须深化财政体制改革,健全均等化的财政转移支付制度。基本公共服务均等化,是公共财政的基本目标之一,基本公共服务均等化的主要实现手段就是政府间转移支付制度。我国地区间经济社会发展不平衡,基本公共服务存在比较大的差距。促进地区之间基本公共服务的均等化,必须深化财政体制改革,健全均等化的财政转移支付制度。在我国,中央财政对地方财政的转移支付除税收返还和体制补助外,主要包括一般性转移支付和专项转移支付两种形式。一要逐步缩小税收返还和体制补助。税收返还和体制补助的过高比例直接扩大了地方政府之间财力的差距,加剧了地区之间经济发展差距和基本公共服务差距。因此,必须逐步降低税收返还和体制补助的比例,使整个转移支付制度适合基本公共服务均等化的总体要求。二要规范与清理专项转移支付。专项转移支付是由中央各部委按照"条条"管理转移到下级政府的,具有指定用途,地

---

① 温家宝:《深化行政管理体制改革,加快实现政府职能转变》,《人民日报》2003年9月16日。

② 唐铁汉:《建设服务型政府与基本公共服务均等化》,《国家行政学院学报》2008年第2期。

方政府无权挪作他用。但是，专项转移支付项目过于繁多而分散，在管理上面临许多矛盾和问题。必须按照建立公共服务体制的要求，逐步减少中央各部委提供公共服务的支出责任，强化政策规划、指导和监督职能，将各部委缩减下来的专项转移资金直接由中央财政转移支付到地方政府。三要提高一般性转移支付比例。一般性转移支付是最具有均衡地方财力作用的转移支付方式。一般性转移支付比重过低不仅削弱了中央政府均衡地方财力的作用，也限制了地方政府在地区性公共产品供给中的自主性。从逐步实现基本公共服务均等化的客观要求出发，应当分步提高一般性转移支付比例，使其成为转移支付的主要形式。[①]

五、努力补齐"厕所问题"这一影响群众生活品质的短板

2017年11月，习近平总书记指出："厕所问题不是小事情，是城乡文明建设的重要方面，不但景区、城市要抓，农村也要抓，要把这项工作作为乡村振兴战略的一项具体工作来推进，努力补齐这块影响群众生活品质的短板。"此前，习近平总书记曾针对旅游景区游客如厕难的问题强调指出，要"从小处着眼不断提升旅游品质"；针对部分农村地区农民仍然在使用旱厕这一不卫生、严重影响农民生活品质的问题强调："新农村建设要来场'厕所革命'，让农村群众用上卫生厕所。"在短时间内习近平总书记数次作出重要指示，并把其提到补齐影响群众生活品质的短板的高度，可见习近平总书记对厕所问题的高度

[①] 参见黄晓虹：《积极推进基本公共服务均等化》，《广西日报》2008年2月25日。

重视。

　　有学者把吃喝拉撒睡，称之为人的最基本生活需要。实际上，在原始社会，人类对拉撒问题就有了很朴素的认识，吃了喝了就要拉撒，大自然则是人们解决这个问题的地方。到了农业社会，人类认识到了拉撒之物对农作物的有用价值，能够促进农作物的生长和增加产量，是肥料，因而人们的拉撒有了相对固定的地方，以便收集起来给农作物施肥。就是在今天，拉撒之物仍被视为重要的有机肥来源之一。附着工业化和城市化的发展，越来越多的人口聚居城市，拉撒之物的有用价值下降了，相反，它对环境的污染、滋生蚊虫和传播疾病的弊端凸显出来，在城市基础设施特别是自来水设施不断完善的推动下，旱厕逐步被冲水厕所代替，居民如厕的环境不断改善。在城市文明、城市生活方式的影响和带动下，城市如厕方式向农村传播和扩散，经济发达的农村地区农民的如厕方式也发生了变化，部分农民开始使用卫生厕所。

　　但是，在中国特色社会主义已经进入新时代，我国社会主要矛盾已经转化为人民对美好生活的需要同不平衡不充分的发展之间的矛盾的今天，厕所问题已经成为影响群众生活品质、影响社会文明程度提升的突出短板。一方面，在城市，居民家庭厕所和机关大院公共厕所得到了极大改善，但一些公共区域，特别是旅游景区的公共厕所量少、男女厕所比例不合理、满足特殊人群如厕的"第三卫生间"甚至还是空白、如厕环境脏乱差等问题仍然很突出；另一方面，在农村，尤其是部分贫困农村地区，许多农民仍然在使用传统的旱厕。享用干净、卫生、设施设备完善的厕所，已经不仅仅是一种简单的拉撒需要，而是人民群众对美好生活的需要，是提升生活品质和社会文明程度的需要，是补齐民生短板的要求。

厕所革命，最早是由联合国儿童基金会提出的一项对发展中国家厕所进行改造的举措。我国的厕所革命，重点是要解决旅游景区等公共区域公厕布局和结构不合理、如厕不文明、厕所脏乱差的问题，以及改农村地区收集式旱厕为冲水式卫生厕所，解决农村粪水污染环境、传播疾病等突出问题。推动中国式厕所革命，必须从多方面发力并形成合力。

一是要加大宣传力度，提高全民卫生意识，形成改厕共识和良好的如厕习惯。旅游景区等公共厕所的脏乱差固然同设施设备的完善有关，但更主要的原因还是一部分如厕者不讲文明，便后没有冲水洗手的习惯，不爱护公厕的设施设备。改农村旱厕为冲水式卫生厕所推行难，固然同部分农村地区经济发展落后、许多贫困群众没有财力投入有关，但也同许多农村居民思想观念的落后、没有认识到卫生厕所的重要性有关。因此，要来一场厕所革命，舆论宣传是先导，提高认识和形成共识是根本。

二是要搞好规划。目前，城市公共厕所的规划，首先，要做到空间布局合理，男女厕位比例合理。其次，要重视"第三卫生间"的全覆盖。所谓"第三卫生间"，也就是设有成人及儿童坐便器、小便池、洗手盘、多功能婴儿台、安全抓杆、呼叫器等设施设备，可以满足携家带口游客和特殊人群如厕细微需求的厕所，要着力解决我国城市公共区域许多公厕都没有设置"第三卫生间"的问题。农村厕所革命的重点是贫困地区，改厕虽然事情不大，但是一项系统工程，不是简单地把旱厕改为冲水厕所就算完事，必须因地制宜做好下水道管网建设和污水处理，否则厕改就只能是形象工程、面子工程，只能成为摆设。

三是要加大投入。厕所革命不能空喊口号，空喊口号是解决不了任何问题的，必须有实实在在的资金投入。但是，在资金投入上，政府、社区、企业、社会组织和居民家庭等各个主体都要承担应有的责任与义务。城市公共区域的公厕建设和维护运营，属于城市政府的公共服务职能，应该以政府投入为主，可以鼓励社区、企业、社会组织和公民个人捐建、参与维护保养。目前，厕所革命的重点是农村厕所改造，政府适当的投入是必要的，但政府的职能主要是引导、规划和推广，以及宣传动员提高农民的改厕意愿，调动农民改厕的积极性、主动性，政府投入只是起到引导和鼓励的作用，政府的作为不能替代农民的主体地位，更不能包办一切。

四是要发展适用技术，增加适用产品供给。一方面，我国地域辽阔，各地气候、水质等自然条件千差万别，厕所革命的推进必须根据各地的自然条件，开发和发展适用于西北干旱缺水地区、南方易滋生细菌地区、北方水质硬易结垢地区、沿海潮湿易腐蚀地区技术与产品；另一方面，我国城乡差别大，居民消费能力和消费习惯差别悬殊，卫浴企业生产的产品必须满足不同层次的消费需要。福建九牧集团提出的基本消费、中档消费、高档消费产品解决方案，就是充分考虑到了多层次消费需求的现实国情。城市的公共卫生间设计和建设，要充分考虑场地、人流、建设和运营成本等因素以及不同人群的特殊需求，既要建设和运营独立式、附属式、活动式厕所，也要适量建设和运营无障碍专用厕所、第三卫生间以及其他种类的厕所间。无论是城市还是农村，也无论是家庭厕所还是公共厕所，厕所的建设都要遵循节能节水环保的理念，广泛运用循环水冲、微水冲、真空气冲、无水冲、可生物降解泡沫等新技术，以及更多的使用生态水、竹钢、彩色混凝土、玻璃钢、复合仿生材料等绿色环保材料。

六、学生胸透和巨能钙事件突显政府责任

2004年曾经发生过的一件事情让人记忆深刻。当时,就中小学毕业生要不要取消胸透这一有可能损害未成年人身体健康的体检项目,以及巨能钙含有双氧水这一具有毒副作用的成分,社会各界议论纷纷,公说公有理,婆说婆有理。这两件事情发生后在互联网上引起了强烈反响,一时之间有关中小学生胸透的内容达到3200多条,有关巨能钙的内容更多达376000多条。这两个事件,突显出一种对公众身体健康和生命权利的关怀,突显出一种觉醒的社会良知,更突显出一种社会责任意识。这种责任,显然属于政府基本公共服务职能,至少应该包括如下几个方面:

第一,要建立健全机制。类似的事件不是第一次出现,也决不是最后一次出现,这就要求政府相关部门建立相应的处置这类事件的正常机制,就像对安全生产管理监督机制一样,一旦出现事故,马上能够派出相应机构和专业人员进行处置。其实,十六届四中全会决定明确提出了要提高保障公共安全和处置突发事件的能力。建立健全保障公共安全和处置突发事件的正常机制,是落实决定提出的这一明确要求的具体体现。

第二,要健全制度,更要严格执行制度。健全制度必须严格按科学办事。双氧水有毒副作用,对未成年人作胸透检查有伤害正常细胞的危险,这都是已经清楚了的事实。也正因为这样,国家有关部门对双氧水的使用范围和使用量有严格的规定。但从目前能收集到的材料看,弄不清楚巨能钙在1996年报批时是否把产品中含有双氧水的事实告知主管部门。而据巨能钙生产厂家称,以前产品中没有注明含有双氧水,是工作疏忽,这是难以让人接受的。这也说明在相关制度的执

行上还存在漏洞。

第三，要反应及时。类似事件出现后，社会各界，包括新闻媒体高度关注是正常的，也是负责任的表现。但我们要知道，对这类专业性很强的事情，普通老百姓是难以作出准确判断的。而且，在生产厂家、医疗机构与普通老百姓之间，存在严重的信息不对称问题。这就要求政府相关部门对事件作出客观、公共、权威的解释。这也是政府相关部门义不容辞的责任。当时卫生部门就介入了对巨能钙事件的调查，这是一个积极的举动。其实，胸透对未成年人可能造成伤害，前些年已经吵得沸沸扬扬，相关部门如果早一点组织专家和研究机构进行实事求是的研究鉴定，拿出一个权威性结论并据此作出相应的决策，就不会有这一事件的再次出现了。

第四，要加强引导。学生胸透也好，巨能钙也好，其他类似事情也好，都是直接关系到人民群众身体健康甚至生命安全的大事，人们高度关注是完全可以理解的。国内外经验表明，这类事件一旦发生，很容易在社会大众中情绪化，产生恐慌和焦虑，严重者可能造成社会学中所讲的所谓"集体行为"或"集群行为"，也即一种缺乏组织的人群受到某一因素的刺激或影响而形成的共同行为。集体行为具有群体性、非组织性、突发性等特点。当突然事件发生时，那些有重大心理压力且有一致信念的人，都会去寻找解决问题的办法，但突如其来的事件往往使人们来不及仔细地分析对策，而是相互寻求应付的办法。在这一过程中，人们情绪激动，意见和看法各不相同。在人们处于情绪化的状况下，如果有人率先采取了某种大致符合众人信念和取向的行动，就有可能被寻找答案的人们所仿效或模仿，从而形成为群体的共同行为。引导和处置不当，集体行为有可能会发展成打、砸、抢等破坏性行为。因此，政府各有关部门应该携起手来，通力合作，重视和加强对公众不满情绪的引导和排泄,以防止不满情绪的进一步激化而酿成社会悲剧。

政府要履行政府应尽的职责。但是,各类企事业单位、社会组织、社区和公民个人也应该肩负起自己的责任。对双氧水的毒副作用,生产厂家是清楚的,而说以前产品中没有注明含有双氧水成分是工作疏忽,这是不能让人接受的。胸透对未成年人有伤害作用,医疗机构也是清楚的,能不用就应该不用,能少用应该尽可能少用,这不需要国家有关部门强行规定才这样做。生产厂家和有关机构要有更强烈的社会责任意识,要真正对人民的身体健康和生命安全负责。

七、金华市婺城区二七区块征收改造的几点启示

浙江省金华市婺城区二七区块位于金华市江北老城区,是该市核心区中危房最为集中、基础设施薄弱、治安和消防隐患最为突出的区域。自2014年8月婺城区委、区政府正式作出"二七区块"整体改造决策部署以来,坚持依法拆迁、阳光拆迁、和谐拆迁,金华市有史以来最大规模的旧城改造工程,也是浙江全省最大的棚户区改造工程正按计划有条不紊地推进。房屋征收拆迁和旧城改造被普遍认为是当今中国城市建设和发展中的头号难题,金华市婺城区是怎么破解的?他们有什么独特的做法和经验?又有什么是值得我们深入思考和进一步回答的?

一是把棚户区改造与城市提质升级结合起来。由于各种历史的和其他方面的原因,我国许多城市,甚至在城市的中心区域形成了大大小小的棚户区,棚户区内环境脏乱差,治安和消防隐患多,特别是居民居住条件恶劣。随着经济的发展和居民对过上更好生活的向往愈加强烈,棚户区改造被提上了各级党委和政府的日程。金华市婺城区二

七区块曾经是金华市的中心，也曾经有过繁华和喧闹，但区块内最早的建筑形成于解放初期，主要建筑形成于20世纪六七十年代，是典型的建筑密度大、基础配套设施差的工矿棚户区，因此对这一区块进行整体改造是一项惠民生的大事。但是，二七区块的整体改造并不是简单的拆旧建新，而是有机地同金华市城市的整体提质升级结合起来，既要优先解决拆迁户的回迁需求，又要通过区块的整体改造提升城市的品位。无疑，二七区块的改造，将对整个金华市的提质升级产生重大的推动作用。

二是把解决住房困难问题与解决房地产去库存问题结合起来。棚户区改造的首要目的是解决居民的住房困难问题，改善居民的居住环境和住房条件，这是棚户区改造的根本宗旨和出发点，是我们各个城市的管理者不能忘记的"初心"。棚户区的原住户可以选择回迁，这是他们不应该被剥夺的一项基本权利。但是，棚户区的改造也要服从和服务于城市的整体布局和提质升级，因而所有的原住户回迁又往往是难以做到的。这就需要当地党委和政府加以耐心细致的思想工作和正确的导向，以及相应的配套政策和激励措施，引导原住户向其他小区疏散。婺城区在二七区块房屋征收中，对原有房屋的价值严格实行第三方评估，被征收人选择货币补偿的给予房屋评估价格10%的奖励，6个月内在市区购买一手商品房的住房还可以享受15%的购房券结算奖励。在这一优惠政策的导向下，很多拆迁户不但放弃了回迁的要求，选择了货币补偿，而且很快在市区其他小区购买了自己满意的新房，高高兴兴地搬进了新居。这不仅及时地解决了拆迁户的住房问题，大大改善了他们的住房条件和水平，而且促进了目前困扰许多城市政府的房地产库存压力过大的问题。

三是把当地政府与驻区单位结合起来。棚户区改造涉及方方面面的利益关系，仅仅有政府的积极性不够，政府有积极性、原住户很期盼很配合也还不够，因为稍大一点的棚户区内都往往有一些"特殊"的驻区单位，这个"特殊"并不是说驻区单位有什么特殊背景或特殊权力，而是驻区单位的规模比较大，作用比较特殊，为它们选择合适的新址难，拆迁和新建的难度大。婺城区二七区块，早在2004年就纳入了金华市委、市政府的旧城改造范围，一直没有启动实施就是因为囿于铁路货场的搬迁难。2011年上半年，金华市委、市政府抓住杭长铁路建设难得的机遇，迅速作出了启动二七区块改造和金华站铁路货场搬迁的决策部署。正是在上海铁路局等驻区单位的大量配合下，二七区块才得以顺利进行整体征收、拆迁和改造。

四是把城市改造提质升级与历史文化传承结合起来。随着棚户区的改造，城市面貌焕然一新，处处高楼大厦，景观和配套设施一应俱全。但是，如果不重视城市历史文化传承的保护，原有的历史人文景观和独特的城市标志就极有可能毁于我们这一代"城市的建设者"，老街、老巷、老房子……一切老的东西都不复存在，一座城市千百年来形成的文化积淀也就连根拔掉了。金华市婺城区在二七区块改造中，充分考虑到城市历史遗存空间保护传承与现代时尚创意功能的融合，在打造现代化的城市核心城区商住区的同时，充分利用铁路遗址，建立兼具历史人文气息和城市特质的铁路遗址公园，把具有历史价值和使用价值的其他建筑、场地、环境等要素加以利用和改造，把老金华的记忆保存下来，延续下去。这是值得肯定的。

八、城市管理不应"一刀切"

国务院发布的《无证无照经营查处办法》（以下简称《办法》），于

2017年10月1日起施行,与此同时,国务院于2003年1月制定并实行的《无照经营查处取缔办法》退出历史舞台。《办法》按照推进"放管服"改革的要求,限定无证无照经营的查处范围,做到"该管的管住,该放的放开",为大众创业、万众创新营造更加宽松的制度环境,曾经剑拔弩张的城市管理一幕将有望得到缓解。

(一)"城市病"的产生要求加强城市管理

我国是世界上最早出现城市的国家之一。在古代中国,城和市开始时是两个概念。城是指帝王、贵族们的居住活动地,围以高墙,设有重防。市则是人们从事商品交换的场所。开始时交易的场所并不是永久性的,而是"日中为市",交易结束,人走市散。天长日久,一些专门做买卖的商人,在集市地点建起了专门出售商品的房子,"市"也就出现了。随着社会生产的发展和人口的聚居,当市在城的周围发展起来,城逐渐包容商市时,城市便合而为一了,成了社会的政治、经济和文化中心。

就世界范围来讲,城市出现以后,在几千年的历史发展中,大体上可以分为两个阶段。从城市产生起到17、18世纪是城市发展的第一个阶段,一般称为古代城市。从18世纪工业革命以来,直到现在,是城市发展的第二个阶段,统称为现代城市。古代城市的产生和发展,是以农业文明为基础的。现代城市的发展,则是以工业文明为基础的。工业革命把人类的生产领域,从地球的表面扩展到了地球的深层和地表以上的空间,把大量的人口带进了一个新的生产领域,也带进了城市。工业革命以后的200多年来,城市的发展超过了以往的几千年,城市化成为人类有史以来最为剧烈的社会变革之一,城市已经成为人类活动的主要舞台。

从 18 世纪工业革命以来，社区发展中出现了一个突出的现象，这就是城市化趋势。所谓"城市化"，是指农村人口大量向城市集中，城市的数量不断增加、城市的规模不断扩大的历史进程。这个进程的实质，是城市文明在整个社会生活中的扩张，也是一个社会现代化的变迁过程。

城市化过程包括三个相互作用的方面：一是人口向城市社区集中，农业人口向非农业人口转变，城镇人口占总人口的比重不断增大。二是产业结构从农业型向工业型转变。三是社会生活向城市型转变，血缘和亲缘关系削弱，业缘关系不断强化。这三个方面的变化结果是城市数量增加，城市人口和用地规模不断扩大。

城市化是工业革命的直接产物，也是社会发展进步的重要标志。18 世纪后期，英国的城市数量迅速增加，规模不断扩大，农村人口大量进入城市。恩格斯对英国出现的这一个历史现象十分关注，他敏锐地发现了这个现象中所包含的社会变迁的实质："六十年至八十年前，英国和其他任何国家一样，城市很小，工业少而不发达、人口稀疏而且多半是农业人口。现在它即是和其他任何国家都不一样的国家了：有居民达二百五十万的首都，有许多用极其复杂的机器生产的工业，有勤劳而明智的稠密的人口，这些人口有三分之二从事于工业，完全是由另外的阶级组成的，而且和过去比起来实际上完全是具有另外的习惯和另外的需要的另外一个民族。"①

城市化的迅速发展，提高了经济效益，推动了社会的现代化，改变了许多国家的面貌，但同时也带来了许多社会问题。最主要的问题是：城市规模过于庞大，造成环境恶化，交通拥挤，住房紧张，犯罪增多，基础设施难以承受；经济活动过度集中，引起资源紧张，失业

---

① 《马克思恩格斯全集》第 2 卷，人民出版社 1995 年版，第 295—296 页。

严重，进而带来经济活动的非效率；人情淡漠，社会疏离感强烈，人际关系趋于表面化，使人们对城市生活越来越难以适应；对发展中国家来讲，城市化的发展，大大加剧了本来就存在的"城乡二元结构"。在城市化过程中或实现城市化以后出现的种种社会、经济、心理、环境和社会结构等方面的问题，社会学者把它们统称为"城市病"。

"城市病"是城市化过程中不可避免的社会现象。在率先进入城市化进程中的西欧和北美等国家和地区，"城市病"一度成为困扰这些国家、城市管理者和居民的"顽疾"。在城市化（我国更多地把这一进程称为城镇化）快速发展的我们国家，由于历史遗留的问题与现实矛盾与问题相互交织，更由于特殊的国情背景，"城市病"比其他先发国家更为严峻。

"城市病"是城市发展中出现的问题，是"发展病"，发展中的问题必须靠发展来解决。我们不能因为城市化进程中出现了不少负面的问题而因噎废食，中止城市化进程，停下发展的步伐。一方面，城市化是社会发展的必然趋势，不可能因人的主观意志而改变；另一方面，人为中断城市化进程，停下发展的步伐，不但无助于"城市病"的治理，反而会加剧这一"顽症"。治理"城市病"，必须多措并举。要加强城市发展的科学规划和合理布局，尽可能预防城市交通拥堵、资源紧张、环境恶化等"城市病"；要加强城市基础设施建设、推进基本公共服务均等化，以缓解城市"公共品"供给的不足和分配的不公平问题；要加强城市社区建设，发挥城市社区居民自治组织以及社区其他社会组织等在治理"城市病"中的积极作用；要着力打破城乡和城市内部双重"二元结构"，为治理"城市病"创造更好的社会环境条件[①]；更要加

---

① 参见叶庆丰、青连斌、晏荣编著：《中央党校学员关注的社会问题》，中共中央党校出版社 2010 年版，第 154—158 页。

强城市治理的法律法规和制度建设，为治理"城市病"提供科学有效和规范的法律法规和政策遵循。

（二）"牛皮癣"和"无证无照"经营是我国城市的两大"顽症"

在我国快速的城市化进程中，不仅西方发达国家曾经出现的"城市病"在我国出现了，一些发展中国家正在经受磨难的"城市病"在我们国家也出现了，而且在其他国家是历时态的问题，在我们国家现阶段呈现为共时态的问题。也就是说，在其他国家，尤其是发达国家不同发展阶段面临的"城市病"，在我们国家却往往是同时出现的，因而我们面对的问题更为严峻，解决这些问题的难度更大。

在众多的"城市病"中，有两个是长期困扰我国城市管理者和城市居民的老大难问题，且至今没有完全解决：一是"牛皮癣"问题。二是"无证无照"经营问题。

城市"牛皮癣"是人们形容城市车站、街道、厕所、小区等公共场所非法张贴或涂写的小广告。城市"牛皮癣"中，有些是发布诸如房屋租赁、电器维修、疏通下水道、家政服务等信息的。这类小广告有方便居民生活的一面，因而在与目标消费者能够直接接触的空间特别是老式住宅区域的墙体、楼道最为常见；但更多的小广告则是如治疗性病、办证刻章、贩卖枪支迷药、卖淫嫖娼等虚假、欺骗类的信息，这类小广告广泛张贴于城中村、小街小巷等各类流动人口比较集中居住和出入的区域，也是社会危害最大的一类小广告。但不论是哪类小广告，一方面，从我国现行城市管理的法律法规来讲，都是不允许的，是违法行为；另一方面，这些无处不在的小广告，严重影响城市环境，有损城市市容市貌，败坏社会风气。

多年来，治理小广告这一城市"牛皮癣"顽症，一直是城市管理部门尤其是城市环卫部门一项十分头痛的事情，小广告难以祛除，费了很大工夫刚刚清理掉，马上就会给你翻新，就像难以根治的牛皮癣病症一样反反复复，得不到根治。

"无证""无照"经营问题，是困扰我国城市管理者的另一个难题。实际上，在自然经济时代，那些肩挑蔬菜、水果、日用杂货的小商小贩游走大街小巷，在满足市民需求的同时，也构成了城市一道亮丽的风景。"卖糖葫芦""磨剪刀""修鞋补衣服"之类的叫卖声，至今也是许多年长的老人们儿时的记忆。在自然经济条件下，这些走街串巷的小商小贩的经营活动，是无须"证"和"照"的。随着城市化的快速推进和市场经济的发展，一方面，既要方便市民生活，保障市民日常生活的需要；另一方面，必须维护城市的市场秩序和环境卫生，因而必须对小商小贩的经营活动进行适当的规范。在我国，最主要的规范手段就是"照"和"证"，即工商行政管理部门依据国家法律法规和政策颁发营业执照，国家相关行政部门依据国家法律法规和政策颁发许可证或者其他批准文件。

我国原来施行的《无照经营查处取缔办法》（以下简称《取缔办法》），是国务院 2003 年 1 月制定的。《取缔办法》主要是为了解决当时未依法取得许可的"五小"（小火电厂、小玻璃厂、小水泥厂、小炼油厂、小钢铁厂）等无证无照经营活动比较突出的问题。应该说，《取缔办法》的颁布和施行，为工商部门查处无证无照经营提供了法律依据，对整顿市场秩序、促进经济健康发展发挥了积极作用。但是，随着商事制度改革的不断深化，实施中出现了一些与实际情况不适应的问题，主要是对无证无照经营查处的范围过宽，难以满足鼓励创业创新的需求，对工商部门与许可部门的监管职责划分也不够清晰，相关条款与行政强制法规定不一致等。①

但是,《取缔办法》在实际执行中显然出现了执法扩大化问题,把涉及市民日常生活的小商小贩的经营活动等,一概纳入无照经营取缔范围,对其采取"一刀切"取缔的简单化执法。种种现象表明,原有的《取缔办法》已经不能适应经济社会发展的需要。2015年10月13日,国务院发布《关于"先照后证"改革后加强事中事后监管的意见》(国发〔2015〕62号文),要求进一步转变市场监管观念,明确监管职责,创新监管方式,构建权责明确、透明高效的事中事后监管体制,适应深化商事制度改革的需要。所以,要充分巩固改革成果,构建良好的市场秩序,进一步激发市场活力,就必须修改完善《取缔办法》,调整相关政策规定。

(三) 改"堵"为"疏"的城市管理创新

2017年10月1日起施行的《无证无照经营查处办法》直面原来《取缔办法》存在的一概取缔的简单化做法,调整了无证无照经营的查处范围,明确了部门监管职责,对无证无照经营行为做出合理的区分,明确地界定某些不受查处的无证无照经营行为。这些特殊的经营行为将不再要求经营者办理工商登记,虽然没有营业执照,但属于合法经营,不受查处。这是《无证无照经营查处办法》最为重要的内容和突出的亮点,彰显了我国城市治理从机械式的"封堵""管制",向人性化的"疏导""服务"转变,也体现了政府部门监管思维和监管方式的创新。

---

① 参见《国务院法制办、工商总局负责人就〈无证无照经营查处办法〉答记者问》,中国网,http://finance.china.com.cn/roll/20170823/4363506.shtml。

相对于原来的《取缔办法》，《无证无照经营查处办法》有几个突出的亮点：

一是进一步放宽不属于无证无照的经营活动范围。新办法明确规定，两类经营活动不属于无证无照经营，即在县级以上地方人民政府指定的场所和时间，销售农副产品、日常生活用品，或者个人利用自己的技能从事依法无须取得许可的便民劳务活动；依照法律、行政法规、国务院决定的规定，从事无须取得许可或者办理注册登记的经营活动。同《取缔办法》相比，除了"销售农副产品"之外，又多了"日常生活用品"和"便民劳务活动"。实际上，对城镇居民来讲，方便购买农副产品，特别是方便买到新鲜的蔬菜很重要，但能够方便买到日常生活用品、能够方便地接受所需要的便民服务也很重要，都是日常生活不可或缺的需求。放宽不属于无证无照的经营活动范围之后，那些从事相关经营的小商小贩，也可以拥有一个合法的身份，不必再提心吊胆，甚至被城管追得东奔西跑了。这样的放宽，无疑更人性化，更科学合理，也更符合经济社会发展的实际情况。

二是避免一概取缔的简单化执法。新办法强调督促、引导，调节管控力度，避免一概取缔的简单化执法。查处部门应当坚持查处与引导相结合、处罚与教育相结合的原则，对具备办理证照的法定条件、经营者有继续经营意愿的，应当督促、引导其依法办理相应证照。对法律、行政法规对其处罚没有明确规定的无照经营行为，鉴于其社会危害性不大，新办法适当减轻其法律责任，不再予以没收工具，并降低了罚款数额。这样的规定，取代了以往不加区分的一概取缔的简单化做法，对小商小贩以更多的宽容，该管的管住，能放的放宽，能宽容的宽容一些，该扶持的扶一把。这样既鼓励创业创新，又关爱民生，彰显政策的民生关怀。

三是明确部门权限、厘清监管职责。按照原来的相关规定，经营活动涉及"证""照"两个层面的许可。其一是工商部门的营业执照。其二是许可审批部门的许可证或者其他批准文件。从2003年开始施行的《取缔办法》中明确规定，工商部门对有证无照、无证有照等五种违法经营行为均负有监管职责；许可审批部门对其中两种需要取得许可证或者批准文件的经营行为也可以查处。部门职责不清，导致多个执法机关存在相互推诿的现象时有发生。新办法明确规定：对无照经营的，由工商行政管理部门依照相关法律、行政法规的规定予以处罚。对无证经营的，法律、法规、国务院决定对负责查处无证经营的部门有明确规定的，由规定的部门查处；法律、法规、国务院决定没有规定或者规定不明确的，由省、自治区、直辖市人民政府确定的部门查处。对既无证也无照从事经营活动的，依照无证经营的规定予以查处。明确工商部门和许可部门对无证无照经营的查处权限、厘清职责，有利于构建权责明确、透明高效的事中事后监管体制。

四是加强协同监管。为形成监管合力、提高行政效能，新办法强调加强政府部门间的协同监管：县级以上地方人民政府负责组织、协调本行政区域的无证无照经营查处工作，建立有关部门分工负责、协调配合的无证无照经营查处工作机制；查处部门应当依法履行职责，密切协同配合，利用信息网络平台加强信息共享，发现不属于本部门查处职责的无证无照经营，要及时通报有关部门；查处部门将无证无照经营记入信用记录，并依法公示相关信息。信息共享、情况通报、信用公示。这是新办法在落实查处无证无照经营，推进政府协同监管服务方面提出的三项重要措施。

第七章

完善养老服务政策体系和社会环境

第七章 完善养老服务政策体系和社会环境

我国正经历着世界上规模最大、速度最快的人口老龄化进程。党的十七大、十八大都明确提出要实现全体人民"老有所养"的目标。党的十九大进一步强调：要"积极应对人口老龄化，构建养老、孝老、敬老政策体系和社会环境，推进医养结合，加快老龄事业和产业发展"。要实现人人老有所养这一目标，必须解决好两大问题：一是健全养老保险制度，或者说养老金制度。二是健全养老服务体系，满足老年人日益强劲的养老服务需求，特别是高龄老人、空巢老人、失能老人日益强劲的养老服务刚性需求。

一、人口老龄化对我国养老服务体系建设的挑战

随着人口老龄化、生育率下降和家庭小型化，传统的家庭养老保障功能越来越弱化，人们对社会化养老保险的需求，尤其是对养老服务的需求不断上升，养老后顾之忧日益加重。在此背景下，党的十七大、十八大、十九大都明确提出要实现全体人民"老有所养"的目标。

（一）我国人口老龄化的现实与特点

我国目前正在经历着世界上规模最大，同时也是速度最快的人口老龄化过程。历次全国人口普查数据显示，我国 65 岁及以上的老年人口占总人口的比重，1953 年为 4.41%，1964 年为 3.56%，1982 年为 4.91%，1990 年为 5.57%，2000 年为 6.96%，2010 年第六次人口普查时已经高达 8.87%。这说明，我国自 2000 年开始，就已经跨入了老龄化国家的行列。到 2010 年第六次全国人口普查时，我国 65 岁及以上老年人口达到 1.19 亿人，我国人口已经逐渐转变为老年型。

2014 年底，我国 60 岁以上老年人口达 2.12 亿人，占总人口的

15.5%；65岁及以上人口1.38亿，占总人口的10.1%。国家统计局2016年统计公报显示，截至2016年底，我国60岁及以上的老年人口比上年增加886万，达到2.31亿，占人口的比重为16.7%。其中65岁及以上老年人口增加了617万，达到1.5亿，占总人口比重也从10.5%上升到10.8%。预计从现在到2035年，全国老年人口年均增长约1000万，总量将达4亿人左右，其中80岁以上的高龄人口年均增长100万以上。

人口老龄化是一个世界性趋势。但是，由于我国特定的人口国情以及我国强有力的人口政策的作用，同其他国家和地区相比，我国人口老龄化有许多特点。

一是人口老龄化速度快。虽然我国从2000年才开始进入老龄化社会，但我国是世界上人口老龄化速度最快的国家，老龄化速度远远快于世界平均水平，也快于发达国家的平均水平。日本是世界上人口老龄化速度最快的国家之一，我国人口老龄化的速度同日本不相上下。

二是老年人口规模十分庞大。日本65岁及以上老年人口达到7%时，老年人口规模只有700万人左右；达到14%时，老年人口也只有1800万人左右。2010年，我国65岁及以上老年人口已经达到1.19亿人。现在，我国65岁及以上老年人口数量超过了日本的总人口数。目前，我国是世界上唯一65岁及以上老年人口超过1个亿的国家，老年人口数超过了欧洲所有国家老年人口数的总和。

三是我国人口老龄化是在社会经济发展水平尚较低的情况下出现的，与经济发展相对滞后比较，有一个明显的"时间差"。与不少发达国家在经济高度发展基础上步入老龄化社会不同，我国是在经济发展水平还比较低的阶段就跑步进入老龄化社会的，呈现出典型的"未富先老"特征。

四是我国人口老龄化具有空间分布（城乡之间、地区之间）不平衡的特点。2000年人口普查数据显示，我国农村65岁及以上老年人口所占比重达到8.1%，已经高于城镇6%和城市6.7%的水平。随着农村非老年人口的大量外迁，农村老年人口比重还将大大超过城市。

（二）人口老龄化对我国养老服务体系建设的挑战

人口的快速老龄化，加上生育率下降和家庭小型化等因素的共同作用，使传统的家庭养老功能越来越弱化，人们对社会化养老服务的需求不断上升，养老后顾之忧日益加重。要实现人人老有所养这一目标，或者说破解我国养老难题，必须解决好两大问题：一是养老保险，或者说养老金，要能够保障老年人的基本生活需要，并随着经济的发展让老年人的养老金水平不断有所提高，分享经济社会发展的成果。二是养老服务，特别是高龄老人、空巢老人、失能老人的养老服务需求日益强劲，却难以满足。这两大难题，正是人口老龄化对我国养老保障体系建设提出的两大挑战。大体上讲，2000年前，我国在养老保障体系建设方面的重点是建立和完善养老保险制度。进入21世纪后，在继续完善养老保险制度并不断提高养老金水平的同时，才把养老服务体系建设摆到了应有的重要位置。

人口老龄化对我国养老服务体系建设的严峻挑战，主要是：

第一，老年人入住养老院难的问题越来越突出。一方面，随着家庭结构的深刻变化，家庭养老功能越来越弱化；另一方面，原来由政府和企业承担的大部分养老服务职能，随着政府职能转变和企业改革而被剥离，但社会化养老服务体系建设又远远没有跟上社会养老服务需求的膨胀速度，老年人对入住养老机构的需求越来越大。养老机构的建设和发展远远不能满足老年人的入住需求，许多老人只能无奈地等待。在有入住需求的老人中，尤其以失能半失能老人的入住需求最为迫切，但他们入住养老机构的愿望更难以实现。绝大多数失能半失能老人只能无奈地等待养老机构的床位出现空缺。

第二，护理服务的发展远远不能满足老年人的护理服务需求。截止到2015年，在我国669万张养老床位中，护理床位只有152.7万张，仅占23.32%（目标是40%）。随着人口的越来越老龄化，特别是失能老人、高龄老人、空巢老人增多，老年人对护理服务的需求越来越旺盛，但护理服务的发展远远不能满足老年人的护理服务需求。据北京市的一项调查结果，需要社区服务人员上门服务的老年人所占比重，在60～69岁老年人中占64.61%，在70～79岁的老年人中占68.55%，在80岁及以上老年人中占69.84%。可见，需要社区服务人员上门服务的老年人所占比重，随着年龄的增大而提高；年龄越大，对社区服务人员上门服务的需求越强烈。因此，必须及时调整机构养老单纯强调建养老院、增养老床位的做法，把重点放到更有效地满足失能半失能老人养老服务刚性需求方面，大力发展护理型养老服务。

第三，老年慢性病高发导致医疗服务需求剧增。老年人随着年龄的增大，各种慢性疾病频发，对医疗保健的需求加大。在我国，慢性病已经成为影响老年人自理能力，并因各种慢性病引发并发症和后遗症导致护理需求不断增长的一个主要因素，已经成为我国老年人群体的主要卫生保健问题。从国家卫生服务调查数据看，我国低年龄组人群的慢性病发生率变化不大，但老年人群的慢性病发生率呈不断上升的态势。我国65岁及以上老年人口中，患有各种慢性病的老年人口所占比重，1998年为51.8%，2003年为53.9%，2008年上升到64.5%。城市老年人患有各种慢性病的比重高于农村，但农村老年人患有各种慢性病的居民所占比重的增长幅度比城市更高。

第四,老年人对社会和社区的生活照料服务需求猛增。在我国,90％的老年人选择的是居家养老,但因为家庭小型化,且正处于劳动年龄的家庭成员又要工作,家庭成员不可能全部承担老年人的生活照料服务,因而老年人对社会和社区的生活照料服务需求猛增。但是,无论是社区,还是整个社会,都没有做好相应的准备,以有效应对老年人剧增的生活照料服务需求。

老年人生活照料需求的剧增,同我国人口老龄化具有"三多"特点有关。"三多",也就是失能老人多,高龄老人多,空巢老人多。"三多"老人,大多数生活自理能力差,其日常生活需要别人照料。在家庭成员越来越难以承担老年人日常生活照料重担的背景下,社会化的老年人日常生活照料服务是解决这一问题的主要途径。

第五,老年人对精神慰藉的需求非常强烈。老年人由于年老和退出工作岗位,加上相当大部分老年人的子女因为工作、居住及出国等原因又不在身边,容易产生不同程度的失落感和孤独感,对精神慰藉的需求非常强烈。我国老年人的精神慰藉主要来自家庭成员、亲戚和朋友。我国新出台的老年人权益保护法也明文规定,子女要常回家看看。但是,仅仅依靠家庭成员、亲戚和朋友提供精神慰藉显然是不够的,如何发挥社会的力量,包括志愿者、社区工作人员、社工以及其他社会组织,更好更多更专业化地满足老年人的精神慰藉需求,是一个值得高度重视的事情。

第六,老年人对老年产品的需求迅速攀升。因为人群的特殊性,老年人对各种老年产品的需求迅速攀升,既为老年产业的开发和生产提供了广阔的市场空间,也对老年产品的开发和生产提出了严峻的挑战。老年产品包括的范围很广,如各种康复辅助器具、老年食品、老年服装服饰、老年药品。目前,我国在老年产品的开发和生产方面同发达国家还有不小的差距，同老年人的需求更是存在巨大的差距，远远不能满足老年人群日益增长的需求。

在我国社会养老保险制度全面建立起来，基本实现社会养老保险制度全民覆盖且保障水平不断提高的背景下，加快发展社会养老服务业，以更好地满足老年人的养老服务需求，成为当前我国社会养老保障体系建设的重中之重。这是因为社会养老保险的功能主要是解决养老金的问题，但是，有钱并不能完全解决养老难问题。因为养老服务供给的严重短缺，有钱也购买不到养老服务。更何况在供需严重失衡的情况下，不仅服务质量难以保障，而且服务价格将快速上涨，远远超过多数老年人的承受能力。

为此，党的十八届五中全会建议提出："积极开展应对人口老龄化行动，弘扬敬老、养老、助老社会风尚，建设以居家为基础、社区为依托、机构为补充的多层次养老服务体系，推动医疗卫生和养老服务相结合，探索建立长期护理保险制度。全面放开养老服务市场，通过购买服务、股权合作等方式支持各类市场主体增加养老服务和产品供给。"到2020年，我国要全面建成以居家为基础、社区为依托、机构为补充的，功能完善、规模适度、覆盖城乡的多层次养老服务体系。党的十九大再次强调，要构建养老、孝老、敬老政策体系和社会环境。

二、切实加强农村养老服务

在城乡差距依然十分巨大的今天，把农村养老服务放到全国养老服务业发展的全局中进行统筹谋划布局，走出一条既与城市养老服务紧密相连，又有区别的农村养老服务发展路子，是发展我国养老服务体系、破解养老难题特别是农村养老难问题必须正视和着力解决的一个现实问题。

(一) 我国农村养老难的特殊性

我国养老难,最难的是农村,是农村老人。发展养老服务业,目前无论是政府还是社会力量,都把重点放在城市。学者对我国养老服务发展的研究,其焦点也是城市养老服务。实际上,发展我国养老服务的难点在农村,养老服务需求最大而又最难满足的也是农村老年人。

第一,农村的人口老龄化程度比城镇还要严重。众所周知,由于我国特定的人口国情以及强有力的人口政策的作用,同其他国家和地区相比,我国人口老龄化有许多特点。除了人口老龄化速度快、人口老龄化规模大和"未富先老"外,一个突出的特点就是我国人口老龄化城乡不平衡。2000 年人口普查数据显示,我国农村 65 岁及以上老年人口所占比重达到 8.1%,已经高于城镇 6% 和城市 6.7% 的水平。[①] 2010 年第六次全国人口普查数据表明,全国 65 岁及以上老年人口为 11892.7 万人,其中城市占 3101.5 万人,镇约占 2123.9 万人,乡村则占 6667.3 万人。随着农村非老年人口的大量外迁,农村老年人口比重还将大大超过城镇。

第二,我国农村的空巢老人比城镇更多,空巢老年的养老服务需求比一般老人更为迫切。随着我国城镇化进程的加快,越来越多的农村青壮年劳动力流向城镇,客观上导致了农村代际分居现象的加剧和空巢老人的增加。据有关方面估计,我国农村仅留守老人就达到近 5000 万人。据国家老龄办调查,在城乡老年人中,有日常生活照料需

---

① 参见国家人口发展战略研究课题组:《国家人口发展战略研究报告》(上),中国人口出版社 2007 年版,第 142 页。

求的老年人所占比重，从2000年的6.6%上升到了2006年的9.8%。其中，城市老年人有日常生活照料需求的比重从8%上升到9.3%，农村则由6.2%上升到9.9%。相比较而言，我国农村老年人有生活照料需求的比重不仅增长幅度更大，而且所占比重也更高。这一结果，可能出乎人们的预料，但却是事实，因为农村大量的青壮年劳动力外出务工，农村空巢老人家庭所占比重更高，空巢老人大多数生活自理能力差，其日常生活需要别人照料。在家庭成员越来越难以承担空巢老年人日常生活照料重担的背景下，社会化的养老服务是解决这一问题的主要途径。

第三，我国农村存在一个特殊的需要特别给予养老照护的群体，即五保老人。据国家民政部《社会服务统计季报》（2015年3季度）公布的数据，我国农村仍然有五保人员约520多万人，其中集中供养的仅为165万人，分散供养的为355.9万人。五保人员中多数为老年人。我国农村五保人员的供养已经由原来的集体经济组织供养转变为国家财政供养，国家和有关方面也在农村建设了一些集中供养五保人员的养老院等养老服务机构，但仍然远远不能满足五保人员集中供养的需要，有三分之二的五保人员只能采取分散供养的方式，其中的五保老人的养老服务需求相当迫切，期望入住养老机构。

第四，农村养老服务供给严重不足。进入21世纪以来国家加大了养老服务体系建设的力度，社会资本也大量进入养老服务业，但是，在城市社会养老服务体系建设取得明显成效的同时，农村社会养老服务体系建设却明显滞后了。截止到2014年底，全国养老服务机构达到3.3万个，其中城市有1.27万个，农村有2.03万个，社区养老服务机构和设施有1.89万个，互助型养老设施有4.04万个。仅仅从养老机构和设施的数量看，农村并不比城市少，但是从养老机构和设施所提供的养老服务供给看，为农村老年人提供的养老服务则远远不足以满足农村老年人的实际需求。比如一个城市养老院可以入住数百位老年人，但农村的互助型养老设施多数只能容纳10多位到几十位老年人。2013年起，国家民政部联合财政部累计投入中央专项彩票公益金30亿元，依托村民自治组织建设农村幸福院，年服务农村老年人数超过5000万人次，但多数农村老年人事实上享受不到幸福院的养老服务。在城市，政府、城市社区和社会力量合力兴建了大量的居家养老服务和社区养老服务机构和设施，有效地缓解了城镇老年人的养老服务难问题，但是农村的居家养老服务几乎还没有起步，农村社区养老服务覆盖率尽管达到了37%，但也远远低于城镇社区养老服务覆盖率达到70%的水平。

发展我国养老服务业，必须充分发挥市场在资源配置中的基础性作用，逐步使社会力量成为发展养老服务业的主体。但是，因为各种众所周知的原因，社会力量尤其是民间资本投资农村养老服务业的积极性不高，即使在农村兴建养老机构，也主要是面向城市老年人，实际入住的绝大多数是城镇老人。因而，对解决农村老年人的养老服务问题并没有起到太大作用。

第五，农村老年人的养老服务支付能力低。从城乡居民收入看，据国家统计局的资料，2014我国农村居民人均纯收入为9892元，扣除价格因素实际增长9.2%。根据城乡一体化住户调查，2014年全国居民人均可支配收入为20167元，比上年实际增长8%。尽管农村居民收入的增长速度比城镇居民快，但农村居民收入依然比城镇居民收入低得多。农村居民收入水平低，老年人养老服务的支付能力就低。

从老年人的养老金水平看，2005年城镇企业退休人员养老金经过第一次调整后为月人均达到714元。随后，养老金每年调整一次，到

2019年总计调整15次。2018年全国8000多万企业退休人员基本养老金调整后已达到月人均2600多元。相比较而言，农村老年人的养老金要低很多。2015年国家首次将农村居民基础养老金最低标准从原来的每人每月55元调整到70元，提高了15元。尽管一些地方在这一基础上利用地方财政对农村老年人的养老金水平进行了上调，但同城镇退休职工的养老金水平相比仍有巨大的差距。用养老金支付养老服务的费用无异于杯水车薪。

（二）切实补齐农村养老服务体系建设的短板

从我国养老服务体系建设的全局看，农村养老服务体系建设是明显的短板，是我国养老服务体系建设的薄弱环节。切实加强农村养老服务体系建设和发展，必须从健全农村养老服务网络、拓宽资金渠道、建立健全协作机制，以及把城镇居家养老服务、社区养老服务向农村延伸和拓展等方面下功夫。

第一，要健全农村五保供养机构，并以此为基础发展区域性养老服务中心。目前，我国农村还有约三分之二的五保人员实行分散供养。从供养的效果看，集中供养比分散供养好，更受五保人员欢迎。但因为受集中供养机构的规模和条件等限制，只接受了165万五保人员入住集中供养机构。发展农村养老服务，首先要确保托底功能的落实，也就是把农村所有"三无"老人全部纳入五保供养范围，健全农村五保供养机构，使农村五保老人真正实现老有所养。

五保供养机构也要努力改善供养条件，提高运营效益。在这方面，一些五保供养机构进行了许多有益的探索。比如广西都安县托老所，原为始建于2007年的县中心敬老院，是一家专业面向五保老人的养老院，目前入住120名五保对象。大力发展院办经济，着力提升敬老院集中供养水平，是该敬老院的一大特色。按照广西都安县集中供养五保对象的生活补助标准，五保老人的吃、穿、住、医等得到了较好的保障。为改善入住老人的生活，该敬老院因地制宜发展种、养等经济项目，组织有劳动能力的老人创办经济实体，大力发展院办经济。一是种菜。院内有菜地 2.5 亩，年种菜收入 10000 元左右，可供老人吃 6 个月。二是种花种草。院内有绿地 2.4 亩，供住院人员进行力所能及的种养活动，以改善住院人员的生活条件。三是从事编织。敬老院组织有编织手艺的老人从事编织，仅编织一项每年有 3 万多元的收入。四是养猪，年养猪约 20 头，纯收入 2000 多元。自建院以来，院办经济不断发展，增强了五保老人的活力，满足了五保对象的生活需求，也大大改善了养老院的供养条件。

在我国农村养老机构普遍缺少且规模偏小的背景下，农村五保供养机构要在满足农村五保老人集中供养需求的前提下，努力改善设施条件，逐步向社会开放，提高运营效益，增强护理功能，发展成为区域型养老服务中心，以满足更多的农村老人入住养老机构的需求。这样的区域性养老服务中心除继续承担政府的五保老人集中供养职能外，还要为农村家庭经济困难的老人、低收入老人提供低收费或减免收费的入住服务，为其他老人则可以按照市场定价提供经营性入住服务，并以经营性入住服务的收益弥补办院经费的不足和改善办院条件，提高服务质量。

第二，要依托行政村和较大自然村，充分利用闲置的农家大院、废弃的行政村办公用房和学校用房等，建设互助型养老服务设施。随着城镇化进程的加快，大量农村人口进城，农村出现了大量的空置民房。在行政村和农村小学的合并中，也出现了许多废弃的行政村办公用房和学校用房。这些闲置的农家大院、废弃的行政村办公用房和学校用房等都是宝贵的资源，通过租赁、转让或划拨，加以改造和修缮，完全可以用作农村互助性养老服务设施。河北省肥乡县就曾在全国首创"集体建院、集中居住、自我保障、互助服务"的农村互助养老模式。最早实施这一模式的肥乡县前屯村"互助幸福院"，就是在村小学搬走后，村委会于2007年底投入3万余元将学校的房子改建成养老院的，并于2008年投入使用。所谓集体建院，就是由村集体出资或利用集体闲置的房屋，适当整修改造后建成互助幸福院，并承担水、电、暖等日常开支，由县财政对幸福院的基本生活设施和日常用品购置给予补贴。集中居住，就是按照子女申请、老人自愿的原则，凡年满60周岁、生活能够自理的独居老人，由其子女与村委会签订协议后免费入住；孤寡老人和"五保户"提出申请，经村委会研究同意后入住。自我保障，就是入住老人的衣食和医疗费用由其子女承担，"五保"老人的生活费用由县财政承担。所谓互助服务，就是年龄小的老人照顾年龄大的老人，身体好的老人照顾身体较差的老人，老人之间互相帮助，共度晚年。① 目前，我国农村已经建成互助型养老服务设施4万多个。互助型养老服务充分发挥老年人的积极性和主体作用，既充分利用农村大量存在的空置房屋资源，又最大限度地降低农村养老服务的人工成本，是发展我国农村养老服务体系的一种很有前途的养老服务模式，深受农村老年人的欢迎和肯定。

第三，提倡和鼓励民间资本、爱心人士和社会组织举办面向农村老人的小型和微型养老机构。我国养老服务机构的发展，必须充分发

---

① 参见《河北肥乡县扎实推进农村互助幸福院建设工作纪实》，人民网，http://politics.people.com.cn/GB/70731/17358174.html；《互助幸福院破解农村社会养老难》，《中国社会工作》2011年第11期。

挥市场在资源配置中的基础性作用,农村养老服务机构的发展同样离不开发挥市场和其他社会力量的作用。但是,与城市养老服务机构不同,农村养老服务机构面向的主要是中低收入的农村老人,要为农村老人提供方便可及、价格合理的养老服务。因此,政府及其相关部门要在土地、资金等各方面提供更多的扶持,鼓励民间资本、爱心人士和民间组织举办面向农村老人的小微型养老机构,就近就便为农村老年人提供入住服务。河南省宝丰县由村里的留守妇女等剩余劳动力利用自家住房开办了全托式小型敬老院,入住的老人主要是空巢老人、独居老人、失能老人和分散供养的"五保"老人,老人们只需交纳200元左右的费用就可以入住。这种小型敬老院一方面收费低廉;另一方面又解决了留守妇女等剩余劳动力的就业问题。留守老人们在浓厚的家庭氛围中养老,既满足了老人们的情感需求,有助于消除老年人的孤独感和无助感,又能够根据老人们的特点提供个性化的服务。类似的小型、微型养老机构具备条件的,政府相关部门应该允许和鼓励其登记为社会服务机构(民办非企业单位),国家对民办养老机构的扶持政策,包括享有相应的建设和运营补贴等政策,应该覆盖到这类农村小型和微型养老机构。

第四,依托村民自治组织,发展农村居家养老服务。与城市老年人一样,绝大多数农村老年人愿意并且只能选择居家养老。要满足居家老人的养老服务需求,必须大力发展农村居家养老服务。客观地讲,长期来我们比较重视城市居家养老服务体系建设,不太重视甚至忽视了农村居家养老服务体系的发展,因而农村居家老年人的养老基本上仍然停留在家庭养老的传统形态。

近年来,我国一些地方在发展农村居家养老服务方面进行了许多有益的探索。比如北京市顺义区在挖掘现有养老服务资源,引导社会力量参与的基础上探索出一种政企合作的农村居家养老服务模式。农村居家养老服务中心由村集体提供场地，由企业进行市场化运作，自负盈亏，提供的居家养老服务主要有集中照料、上门照料和老年餐桌等。居家养老服务中心还利用现代信息技术，建立服务呼叫系统，根据老年人的需求指定专人或服务商提供上门家政服务。[①]河南省罗山县则探索出一种以"政府主导、民政牵头、部门协调、社会参与"的非市场化的农村居家养老服务模式。罗山县的做法主要是在基础比较好的村镇建立居家养老服务中心，居家日常护理服务按照1：15的比例选配孝心养老护理员，为老年人提供包括料理家务、清洗衣物、理发洗澡、代买物品、看护守护、情感交流、寻医拿药等在内的上门服务，服务的对象为本地分散供养的五保老人、部分年老体弱的重点优抚对象、空巢老人、子女困难无赡养能力的病、残、智障和失能老人。[②]发展农村居家养老服务的顺义市场化运作模式和罗山政府主导模式，各有其特色，对我国其他农村地区有一定的借鉴和参考价值。但能否适用于其他地区，则取决于当地经济社会发展水平、老年人的收入水平尤其是养老服务支付能力，以及老年人的养老意愿和接受程度等因素。

第五，要鼓励和支持城乡养老服务机构的交流、互助、合作，建立常态化的协作机制。在目前我国城乡经济社会发展差距仍然过大，城乡养老服务体系发展极度不均衡的背景下，要加快发展农村养老服务体系，更好地满足农村老年人巨大的养老服务需求，必须充分发挥

---

① 参见全国老龄工作委员会办公室：《农村老龄问题研究》，华龄出版社2013年版，第418页。

② 参见《罗山探索农村居家养老，养老及医疗保障实现全覆盖》，大河网，http://news.dahe.cn/2011/7200/100721471/index.html。

我国城乡一体、农村支持城市、城市反哺农村的一盘棋精神，倡导、鼓励和支持城乡养老服务机构、企业和组织的交流与合作。在这方面，目前切实可行的做法有三个。一是鼓励和支持城市公办养老机构与农村五保供养机构，以及农村其他养老服务机构，建立长期稳定的对口支援和合作机制，采取人员培训、技术指导、设备支持等方式，帮助农村五保供养机构和其他养老服务机构提高服务能力和服务水平。城市中的非公办养老服务机构也应当根据自身的优势和特点，同农村养老服务机构建立对口支援和合作机制。二是鼓励和支持城市养老服务机构、企业和组织，把居家养老服务的功能向农村延伸，在服务城市居家老人的同时，尽可能覆盖更多的农村居家老人。要利用现代信息技术，把一定半径范围的农村老人通过服务呼叫系统连接起来，为农村居家老人提供包括助餐、助浴、助洁、助医等上门服务。对把居家养老服务延伸到农村的城市养老服务机构、企业和组织，政府在税收、土地、资金等方面应该给予适当的补偿性支持。三是鼓励和支持城市养老服务机构承担更多的社会责任，低费或减免收费接收农村老人入住。在目前我国 600 万左右养老床位中，有近一半养老床位处于空置状态，这本身就是一种浪费。政府有关部门要采取切实的措施，鼓励和支持城市养老机构用空置的养老床位低费或减免收费接收城乡老人入住。一方面，可以减少或尽可能避免本来就很宝贵的养老服务资源的浪费；另一方面，又可以有效地缓解农村养老服务机构床位不足、老人入住难的困境。

第六，拓宽资金渠道，支持农村养老服务的发展。发展农村养老服务，离不开资金的支持。一方面，要进一步落实老年人权益保障法关于可以将农村未承包的集体所有的部分土地、山林、水面、滩涂等作为养老基地，收益供老年人养老的要求，充分调动和发挥农村集体经济支持农村养老服务的积极性和作用；另一方面，政府用于养老服务的财政性资金，包括用于养老服务的中央专项公益彩票金，应当重点向农村养老服务倾斜。与此同时，要采取切实有效的政策措施，引导和鼓励城市资金、资产和资源投向农村养老服务，重点投向农村居家养老服务。

三、更加重视居家养老的基础地位

到 2020 年，我国要全面建成以居家为基础、社区为依托、机构为补充的，功能完善、规模适度、覆盖城乡的多层次养老服务体系。居家养老服务是我国养老服务体系的基础，它在我国整个养老服务体系中占有非常重要的地位。

在我国延续数千年的历史上，老年人的养老主要依靠家庭成员，也即所谓的家庭养老。尽管在现代社会，家庭养老也仍然是社会化养老的一个重要补充，但是，它已越来越不能满足老年人的养老需求，难以承担老年人养老的重任，陷入了前所未有的困境。因而，发展居家养老、社区养老、机构养老的多层次社会化养老服务体系，是解决老年人养老难题的根本出路。

进入 21 世纪以来，特别是"十二五"时期，在政府强有力的政策约束下，各地加大了养老机构建设的力度，养老机构和养老床位大幅度增加，但是养老机构的建设与老年人的养老需求脱节，特别是一些民间资本举办的养老机构过于追求"高大上"让老年人望而却步，养老床位出现了大量的空置。社区养老得到了较快的发展，在满足老年人养老服务需求方面发挥了较大作用，但社区养老从其功能上讲，除了提供日间照料、短期托养以及组织开展社区老年人活动外，一个主要的功能本来就是提供社区居家养老服务。

在家庭养老能力不断下降、机构养老存在结构性失衡且总体上供不应求的背景下，居家养老的优势和长处更显突出。居家养老服务是适合中国式养老特殊国情的一个最现实的选择。首先，这是因为中国人的传统养老观念和当前我国养老服务体系建设的滞后，决定了我国90％以上的老年人选择的是居家养老。其次，这是因为我国失能老人、高龄老人、空巢老人多，多数又只能分散居住在家庭中，大力发展居家养老服务是解决这些老人养老难特别是护理难问题的主要途径。同家庭养老相比，居家养老是专业、高效的养老服务方式，具有明显的优势。同机构养老相比，居家养老是一种投入小、经济和社会效益更高的养老方式。

发展居家养老服务，必须建立健全居家养老支持政策。要支持建立以企业和机构为主体、社区为纽带、满足老年人各种服务需求的居家养老服务网络，积极培育居家养老服务企业和机构，支持社区建立健全居家养老服务网点，支持社区利用社区公共服务设施和社会场所组织开展适合老年人的群众性文化体育娱乐活动，支持企业和机构运用互联网、物联网等技术手段创新居家养老服务模式等。在"十三五"时期乃至今后更长时期，要把这些政策措施贯彻落实到实处，最关键的是真正落地。

发展居家养老服务，政府要加大财政投入。政府财政投入的方式很多，包括政府的直接投入，也包括在用于养老服务的公益彩票金中列支合理比例支持居家养老服务，还包括政府为特殊人群的老年人购买居家养老服务。在当前各级政府加大公共服务体系建设，并加大政府购买基本公共服务的背景下，各级政府及相关部门应当将发展居家养老服务列入当地经济社会发展规划，纳入公共服务体系建设的重点领域，强化对发展居家养老服务的政策引导和扶持。

发展居家养老服务，要发挥各个方面的积极性。我国居家养老服务的提供者，既包括政府、社区、公益性或非营利性组织，也包括志愿者和义工、家庭成员等。不同的居家养老服务提供者既有分工，更有合作，共同为居家的老年人提供生活照料、医疗护理和精神慰藉等养老服务。

发展居家养老服务，要注重家庭发展。要制定实施有利于家庭发展政策措施，实施有利于家庭发展的户籍政策、住房政策和税收政策，鼓励和支持家庭成员与老年人共同或就近居住。要大力构建老少共融的家庭文化。强化未成年人、成年人和老年人家庭成员间的互谅互利。鼓励老年人满足自我照顾、自我服务需求的参与方式。

发展居家养老服务，还必须注重实效。近年来，我国一些地方政府、社区、养老服务机构和企业，以及一些社会服务组织开展了大量的居家养老服务，但是一方面，提供的居家养老服务并不一定符合老年人的需求；另一方面，老年人的居家养老服务需求又无法得到满足。也就是说，有供给无需求、有需求无供给的问题比较突出。要更好地满足老年人的养老服务需求，必须改进居家养老服务。

四、推动医养结合

发展养老服务，不论是居家养老、社区养老，还是机构养老，不仅仅是一个"养"的问题，更有一个"医"的问题。如何促进医养结合、医养融合发展，目前已经引起政府决策部门、养老服务业界和学者，以及社会各界的关注和重视。医养结合是社会各界普遍关注的重大民生问题，是积极应对人口老龄化的长久之计，更是老年人热切期盼的惠及亿万老人的健康工程。

（一）要准确把握医养结合的"医"

近年来，国家相关部门相继出台了一系列关于医养结合的政策文件。在医养结合、医养融合发展方面，《国务院关于加快发展养老服务业的若干意见》明确提出，要积极推进医疗卫生与养老服务相结合，推动医养融合发展。为贯彻落实《国务院关于加快发展养老服务业的若干意见》和《国务院关于促进健康服务业发展的若干意见》等文件要求，进一步推进医疗卫生与养老服务相结合，原卫生计生委等九部委作出了《关于推进医疗卫生与养老服务相结合的指导意见》，全面部署进一步推进医疗卫生与养老服务相结合，明确了建立健全医疗卫生机构与养老机构合作机制、支持养老机构开展医疗服务、推动医疗卫生服务延伸至社区和家庭、鼓励社会力量兴办医养结合机构、鼓励医疗卫生机构与养老服务融合发展五个方面的重点任务，强调要完善投融资和财税价格政策，加强规划布局和用地保障，探索建立多层次长期照护保障体系，加强人才队伍建设，强化信息支撑，为医养结合提供有力保障，以满足人民群众多层次、多样化的健康养老服务需求。

医养结合的"医"，应该严格同医院的医疗服务区分开来。医养结合、医养融合发展，不应该简单地理解为养老院内设医院，医院直接开办养老院。在居家养老、社区养老、机构养老等不同层次的养老服务中，医养结合的方式是不同的，不能把机构养老的医养结合方式简单地搬用到居家养老和社区养老中，反之亦然。从机构养老来讲，医养结合的主体和主角是养老机构，卫生和医疗部门是配角，是配合和支持养老机构开展医养结合、医养融合发展的一方。从居家养老和社区养老来讲，医养结合的主体和主角则是卫生和医疗机构，主要是为社区居家养老的老人开展社区医疗服务和上门服务。

养老机构"医养结合"的"医",主要包括两个方面:一是医疗,包括养老机构以不同形式为入住老年人提供医疗卫生服务,医疗卫生机构为养老机构开通预约就诊绿色通道,为入住老年人提供医疗巡诊、健康管理、保健咨询、预约就诊、急诊急救、中医养生保健等服务,确保入住老年人能够得到及时有效的医疗救治。二是护理,养老机构作为医院医疗救治后的老人的后期康复护理场所,为老年人提供康复期护理、稳定期生活照料以及临终关怀等健康和养老服务。长期护理保险制度,正是以长期处于失能状态的参保人群为保障对象,解决失能人员基本生活照料和与基本生活密切相关的医疗护理等所需费用,保障养老机构长期护理服务的持续稳定发展,并对参保的居家养老失能老人的非正规照料提供资金支持。

(二)养老机构内设医疗机构是必要的,但不能一刀切

国务院《关于推进医疗卫生与养老服务相结合的指导意见》明确要求支持养老机构开展医疗服务。养老机构要以不同形式为入住老年人提供医疗服务,这是由养老机构服务对象的特殊性决定的。一方面,养老机构入住的老人中,失能老人、高龄老人所占比重越来越高,他们对护理服务的需求越来越旺盛,但护理服务的发展远远不能满足老年人的护理服务需求;另一方面,随着年龄的增大,老年人各种慢性疾病频发,对医疗保健的需求越来越大。在我国,慢性病已经成为影响老年人自理能力,并因各种慢性病引发并发症和后遗症导致护理需求不断增长的一个主要因素,已经成为我国老年人群体的主要卫生保健问题。因此,有条件的养老机构要因应入住老人的需求,内设医疗机构,开展医疗服务,国家有关方面则应该把符合城镇职工(居民)

基本医疗保险和新型农村合作医疗定点条件的养老机构内设医疗机构纳入医保定点范围，入住的参保老年人按规定享受相应待遇。

失能半失能老人、高龄老人是目前养老服务需求最迫切，也是对养老机构医疗服务需求最强烈的一个群体。这个群体包括医疗服务需求在内的养老服务需求是刚需，也是我国养老服务机构应该优先予以保障和满足的养老服务需求。

从医养结合的实践看，目前主要有四种形式。一是养老机构附设医院，这主要是一些规模比较大的中高端养老机构，不仅为入住老人提供基本的医疗服务，一些养老机构的附设医院还向社会开放，为周边居民提供医疗服务。二是随着医疗机构的调整和转型，部分医院把一部分病房和相应设施转作养老服务设施，比如老年康复病房或老年护理院等接续性医疗机构，增设老年养护、临终关怀病床，医疗机构在保持和履行医疗服务职能的同时，把闲置的医疗资源用于养老服务。三是建立医养综合体或联合体，整合医疗、康复、养老和护理资源，为老年人提供治疗期住院、康复期护理、稳定期生活照料以及临终关怀等一体化的健康和养老服务。一些新建的民办养老社会服务机构，从建立之初就定位为医养结合综合体或联合体，比如西部某市某养老服务中心，下设养老公寓和中西医结合医院，老年公寓内设生活照料中心、养护中心、营养中心、养生会所；医院设中西医结合、心理咨询、康复理疗、急诊、ICU、影像功能专业科室和民族医药等特色科室。养老服务中心老年公寓为入住老人提供生活照料、心理慰藉养老服务；中西院结合医疗则提供全程的健康管理、医疗保健、康复护理、疾病诊治、临终关怀等"一站式"专业医疗保健服务。四是养老机构与医疗机构搭建医养结合平台，最主要的做法是双方签订合作协议，医疗卫生机构为养老机构开通预约就诊绿色通道，养老机构患病老人通过绿色通道转入合作医院救治，病情控制平稳后转回原来的养老机构进行后期康复护理，从而实现双向互动。

我们并不主张所有的养老机构都要附设医疗机构，所在地附近的医院，特别是社区医院能够为其提供医疗服务的养老机构没有必要设立医疗机构，在这方面日本的经验很值得我们借鉴和学习。在日本，很多养老机构的医疗服务都是由附近的社区医院提供的，一方面，医院提供的医疗服务更为专业；另一方面，也大大减轻了养老机构开展医疗服务的负担，同时也为医疗机构提供了稳定的业务。但是，一些位置比较偏僻、离医院比较远、规模又比较大的养老机构设立相应的医疗机构是必要的，当地医疗卫生部门和医院要为养老机构设立医疗机构、开展医疗服务提供帮助和支持。

（三）医养结合重在医疗护理，关键是人才

一般养老机构为入住老人提供的医疗服务，主要是医疗护理，这不同于医院的医疗主要是看病治疗。养老机构作为医院医疗救治后的老人的后期康复护理场所，为老年人提供康复期护理、稳定期生活照料以及临终关怀等健康和养老服务。因此，养老机构为入住老人提供医疗服务，有条件的养老机构可以配备必要的医生，但更主要的是依靠护理人员提供医疗护理。养老机构开展医疗护理，关键是人才，这就必须培养一支既懂医疗、又会护理的护理人员队伍。

但是，从整个护理员队伍看，收入低、年龄大、文化程度低、培训少、劳动强度大、留人难，养老机构护理人员招聘难，护养比例不协调，护理服务不到位现象比较普遍。特别是民办养老机构护理人员招聘更难，专业骨干留住难。

随着入住率的持续上升，护理人员与入住老人的比例不协调的问

题,在一些民办养老机构越来越突出。国家有关方面确定的护理人员与自理老人的护养比例为1∶4,护理人员与非自理老人的养护比例为1∶1.5。但是,目前许多民办养老机构护理人员与入住老人的比例达到1∶6,甚至出现一位护理人员服务10位以上老人的情况。尤其是一些小型的民办养老机构,入住的又大多数是失能半失能老人,一位护理人员照料10位失能半失能老人,不仅护理人员工作量过大,更难以做到周到细致的服务。

养老机构的护理,需要的是大批具有一定专业技能的日常生活和医疗护理人员,而不是专业型护理人员。鉴于目前整个养老服务行业人员工资福利待遇偏低的现实,要把更多的专业型护理人才吸纳到养老服务行业,尤其是中低端民办养老机构,事实上是不可能的。吸引大专院校对口专业毕业生从事养老服务,目前也解决不了绝大多数民办养老机构护理人员短缺的问题。因此,根本的办法还是加强养老机构现有护理人员的专业培训,提高他们的职业技能和服务水平。

《国务院关于加快发展养老服务业的若干意见》要求"教育、人力资源社会保障、民政部门要支持高等院校和中等职业学校增设养老服务相关专业和课程","加快培养老年医学、康复、护理、营养、心理和社会工作等方面的专门人才","制定优惠政策,鼓励大专院校对口专业毕业生从事养老服务工作","依托院校和养老机构建立养老服务实训基地","加强老年护理人员专业培训,对符合条件的参加养老护理职业培训和职业技能鉴定的从业人员按规定给予相关补贴","加强老年护理人员专业培训,对符合条件的参加养老护理职业培训和职业技能鉴定的从业人员按规定给予相关补贴"。要制定具体措施,落实这些政策要求。

五、完善我国养老服务体系建设的顶层设计

截至 2016 年底，全国 60 岁及以上老年人口有 2.3 亿人，占总人口的 16.7%；其中 65 岁及以上人口有 1.5 亿人，占总人口的 10.8%。[①] 预计从现在到 2035 年，全国老年人口年均增长约 1000 万，总量将达 4 亿人左右，其中 80 岁以上的高龄人口年均增长 100 万以上。随着人口老龄化、生育率下降和家庭小型化，传统的家庭养老服务功能会越来越弱化，老年人对社会化养老服务的需求不断上升，养老后顾之忧日益加重。在此背景下，党的十九大报告强调，要"积极应对人口老龄化，构建养老、孝老、敬老政策体系和社会环境，推进医养结合，加快老龄事业和产业发展"[②]。

（一）必须健全多层次养老服务体系

建立健全我国多层次养老服务体系，必须立足于我国现实国情、文化传统和老年人的服务消费能力，以老年人的多层次、多样化养老服务需求为导向，坚持以居家为基础、社区为依托、机构为补充。

以居家为基础，这是立足于我国传统文化、老年人养老意愿、养老服务实际需求和养老服务消费能力的必然选择。2013 年 9 月，国务院发布的《关于加快发展养老服务业的若干意见》，明确了居家养老作为我国养老服务体系的基础地位。大量的调研数据表明，90% 以上的老年人选择居家养老这种方式来养老。北京的"9064"和上海的

---

① 国家民政部：《2016 年社会服务发展统计公报》，民政部网，http://www.mca.gov.cn/article/sj/tjgb/20170815005382.shtml.

② 习近平：《决胜全面建成小康社会 夺取新时代中国特色社会主义伟大胜利——在中国共产党第十九次全国代表大会上的报告》，人民出版社 2017 年版，第 48 页。

"9073"两个方案，就是基于绝大多数老年人选择的是居家养老而制定的。尽管北京和上海养老服务体系建设目标中，采取社区养老服务方式养老和入住养老机构养老的老年人所占比重有所差别，但采取居家养老方式养老的老年人都达到90%。居家养老的老年人按照自己的意愿仍然居住在自己的家庭中，不仅家庭成员提供经济供养和生活照料（这一点与传统的家庭养老是相同的），而且社区、社会组织、企业和志愿者也为老年人提供生活照料、医疗护理和精神慰藉等养老服务，国家则提供相应的政策支持和制度保障。发展居家养老服务，目前的难点，也是工作重点，是如何建立健全居家养老服务支持体系，政府、社区、医院、社会服务机构、非政府组织、企业、志愿者、社工、家庭成员等各方面的分工合作，共同打造居家养老服务网络，为居家老人提供全方位全周期的上门服务。与此同时，要重视加强居家养老的环境建设，比如居室的改造，无障碍设施、防滑设施建设等；要重视家庭建设，重视孝文化建设，强调家庭成员的责任和义务，在全社会形成养老、孝老、敬老的良好社会风气和社会环境；要重视"互联网+"的作用，通过互联网这一便捷的技术手段，实现居家老人的养老服务需求与社区、社会组织、企业、医疗机构的养老服务供给的无缝对接。

以社区为依托，就是要发挥社区在养老服务方面的独特作用[①]，即社区日间照料和居家养老支持。社区养老作为我国社会养老服务体系的重要依托，一方面，它是居家养老服务的最重要提供者，没有社区养老服务的充分发展，居家养老基本上是不可能的；另一方面，社

---

① 参见青连斌：《社区养老服务的独特价值、主要方式及发展对策》，《中州学刊》2016年第5期。

区兴办的日照中心和短期托养机构,又弥补了机构养老的不足,发挥了机构养老不可替代的作用。社区日间照料中心,可以为家庭日间暂时无人或者无力照护的社区老年人提供日间照料服务;社区短期托养机构则可以为因为家庭成员有事外出、度假等原因而临时不能受到居家养老照顾的老年人提供短期入住服务,从而有效缓解照顾老年人的家庭成员的压力,使照顾者得以"喘息"。截止到2016年底,我国社区养老服务机构和设施已有3.5万个,社区互助型养老设施有7.6万个,社区留宿和日间照料床位达到322.9万张。当前,在发展社区养老服务方面,要避免重日间照料和短期托养而轻居家养老服务支持的倾向;日间照料和短期托养设施建设要防止贪大求全,讲豪华讲气派,要坚持安全、实用、方便可及的原则,要发挥驻区单位、社会服务组织、非政府组织、企业、社工、志愿者、社区居民在社区养老服务中的积极性和作用。社区养老服务要坚持公益性与市场化相结合的原则,过分强调市场化,社区养老服务就失去了其存在的价值;过于强调公益性,社区养老服务则不可持续。

以机构为补充,就是要满足老年人,重点是失能半失能老人、高龄老人和空巢老人入住养老机构的刚性需求,发挥"补充作用"。截止到2016年底,我国注册登记的养老服务机构达到2.9万个,各类养老床位合计730.2万张,每千名老年人拥有养老床位31.6张。目前,我国公办养老机构仍占据绝对优势。公办养老服务机构的改革不应该是简单的改制或民营化,必须分类指导。一类是民营化改革或公建民营,从而适度降低公办养老服务机构所占的比重;另一类是继续保留公办养老服务机构的性质,但必须改革其职能定位。要根据各自的特点和优势,建设成医养结合型的、面向失能半失能老人的"专科"型养老机构。这类养老服务机构除承担政府"兜底"职能外,只能接收失能半失能老人的社会托养服务。民办养老机构的发展则要着重解决目前面临的两大问题：一是高端养老机构的建设与老年人的养老服务需求相脱节。二是相当一部分民办养老机构经营发展困难、消防安全事故和老人走失、意外伤害事件多发，以及护理人员短缺，招人难、留人难等问题。

（二）必须积极稳妥地推进长期护理保险

我国失能半失能老人高达4000万，解决好他们的基本生活照料和与基本生活密切相关的医疗护理，必须发展长期护理服务，并通过建立和实施长期护理保险制度确保长期护理服务的可持续发展。为解决长期失能老人的基本生活照料和与基本生活密切相关的医疗护理问题，国家人力资源和社会保障部印发了《关于开展长期护理保险制度试点的指导意见》，提出利用1—2年试点时间，积累经验，力争在"十三五"期间，基本形成适应我国社会主义市场经济体制的长期护理保险制度政策框架，并确定了15个长期护理保险制度试点城市。

促进医养结合、医养融合发展，同开展长期护理服务和建立长期护理保险制度与长期护理补贴制度，两者各有侧重，但又是密切相关的，两者共同服务于老年人的健康养老。目前，学术界对医养结合和长期护理保险的内涵、模式、制度设计与运行方式等，仍然存在较大争议，相关部门出现的医养结合和长期护理保险政策与制度设计实际上也是取各方争议的最大公约数，争取通过试点完善相关政策，从而建立"基本适应老年人健康养老服务需求"，"符合国情的医养结合体制机制和政策法规体系"，以及"适应我国社会主义市场经济体制的长期护理保险制度政策框架"。

长期护理保险制度，正是以长期处于失能状态的参保人群为保障对象，解决失能人员基本生活照料和与基本生活密切相关的医疗护理等所需费用，保障养老机构长期护理服务的持续稳定发展，并对参保的居家养老失能老人的非正规照料提供资金支持。

六、日本养老服务的经验与启示

我国的社会保障体系建设，包括养老服务体系建设，要吸收和借鉴国外的先进经验。在如何吸收和借鉴的问题上，在我国社会保障学界有一种共识，就是远学德国，近学日本。日本是世界上人口老龄化程度最高的国家，又是"长寿大国"，人口预期寿命超过 84 岁。他们是如何发展养老服务业的，他们在养老服务体系建设上究竟有哪些好的做法和经验？

（一）居家养老仍然是最主要的养老方式

日本和新加坡、韩国，以及我国大陆、台湾、香港等东方国家和地区，因为深受传统儒家文化的影响，人们在社会生活中十分注重家庭，重视家庭的作用，尤其是重视家庭在养老方面的作用。在日本，养老服务尽管主要由社会承担，但最主要的养老方式也是居家养老，绝大多数的老年人都是依靠社会化的居家养老服务来安度晚年。

因为人口老龄化程度深，加上少子化、空巢化趋势越来越明显，日本老人的养老责任更多的由社会来承担，但仍然有将近一半的老年人与子女共同生活在一起，子女承担了大量的老年人养老责任和养老服务。特别是从 20 世纪 70 年代中后期起，日本出现了老年人回归家庭养老的趋势。这同传统儒家文化重视家庭、亲情和子女责任是分不开的。居家养老符合东方文化传统，也符合老年人的养老意愿。据

2011年日本生命经济研究所对60～70岁老年夫妇的调查，六成以上的受访者准备在居所中终老，因为他们已经习惯了目前的居住环境。

为了鼓励老年人在家庭中养老，日本政府推出了许多优惠和扶助政策。比如打造30分钟养老护理社区，即以半小时车程为半径，建立服务型社区，为周边老年人提供居家养老服务。针对空巢老人日益增多的问题，日本学者还提出了一碗汤、一炷香的理念，提倡子女不要居住得离父母太远，以送去一碗汤不会凉、一炷香没有燃完的距离为宜。"一碗汤""一炷香"的距离，既能够保证子女有足够的私人空间，又方便照顾老人。

日本的居家养老服务也叫在宅服务，主要有三大类：一是"访问护理服务"，包括"身边服务"，即照顾老人吃饭、洗澡、换衣、排泄等；"帮助家务"，即做饭、做菜、打扫、帮助老人在室内适当运动；"复合犁"服务，即兼顾前面两种服务。二是"日间护理服务"，主要是接送老人到老年护理中心提供洗浴、就餐、体检和康复训练，等等。三是"短期托付服务"，主要是随时随地将老人托付给有短期服务业务的养老院，为老年人提供护理服务。

（二）社区养老服务扮演着重要的角色

同其他发达国家一样，日本也很重视社区养老服务。在社区层面，日本建立了大量的社区养老服务机构，这些社区养老服务机构的建设大多得到了政府的财政支持，因而对老年人入住是有严格限定的。

日本的社区养老服务机构名目繁多，最主要的有：（1）老年人日托中心。以65岁及以上因患有身体障碍或精神障碍，难以进行日常生活的老年人为对象，为他们提供洗浴、饮食服务，进行功能训练和护理方法的指导。（2）老年人短期入住机构。以65岁及以上老年人为对象，在其护理者因疾病或其他原因而暂时无法进行居家护理时，提供的一种短期入住护理服务机构。（3）护理老人之家。也是以65岁及以上老人为对象，为那些因身体上、精神上或其他原因而不能居家护理的老年人提供的一种护理服务机构。（4）特别护理老人之家。以65岁及以上身体或精神患有严重障碍，需要日常看护但又没有条件接受居家看护服务的老年为对象，接受他们入住并提供护理服务。特别护理老人之家也开展日托服务、短期服务和派遣家政服务人员提供居家服务。（5）低费用老人之家。以60岁以上老年人为对象，接收因家庭环境、住房条件等原因难以进行居家生活的老年人，收取的费用相对低廉。（6）老年人护理援助中心。主要是为接受居家护理的老人及其护理人提供信息、咨询和指导。（7）老年人福利中心。这主要是在社区内开展的为本社区老年人提供各种咨询，以及增进健康、提高文化水平等综合性服务。

在我国以居家为基础、社区为依托、机构为支撑的社会养老服务体系中，社区养老同样是一个重要的组成部分。我国的社区养老服务兼具社区日间照料和居家养老支持两大类功能。日本在发展多样化的社区养老服务方面，是值得我们学习和借鉴的。

（三）福利型与经营型并举的机构养老

在二战以前，同东亚其他国家和地区一样，日本老年人基本上是家庭养老，家庭成员承担着赡养老人的责任和义务。二战以后，随着日本工业化、城市化和现代化的快速推进，老年人的养老方式出现了多元化，社会化养老服务机构发展起来，并逐步从社会福利制度向产业化方向发展。

根据养老机构的收费标准，日本的养老机构可以分为福利型养老机构、低收费养老机构和收费养老机构。福利型养老机构是不以营利为目的的以福利性质为主导的养老机构，主要面向经济收入低的孤寡老人，依靠政府或者企业提供的资金，进行所有的建设以及经营管理。由于收费低廉，设立福利型养老机构的条件受到限制。到目前为止，国家规定的低收费福利型养老机构限定数已经基本接近，日本政府决定今后不再增加建立此类机构。低收费养老机构是面向由于家庭环境及住宅状况所致，在居家生活有困难的老年人（包括老年夫妇）交纳低费用就可以入院的养老机构。入院老人年龄为60岁以上，或夫妇的一方为60岁以上者。入住者均享受单间待遇，每天的生活费由本人负担，其事务管理费的收费标准按老年人的年收入不同而不同。低收费养老机构有提供饮食型、自理做饭型、护理之家型三种。收费养老机构根据入住老年人要求的不同，采取不同的收费标准和服务内容。服务项目在基本养老服务之外，还有一些免费的娱乐服务。固定收费是入住时的一次性收费和每月收费，经常性收费为护理费和医疗费用、事务管理费等。福利型养老机构和低收费养老机构的建设和运营得到了政府的财政支持，因而老年人要入住这两类养老机构，必须提出申请并经过相关部门进行资格审核。

为了建立市场规范和行业标准，保障老年人权益，同时推动老年福利社会化和产业化，1974年日本厚生省公布了《养老院设置运营指导方针》，此后又多次修改。该指导方针及相关政策对养老机构的属性、设施标准、人员配备、服务标准和贷款优惠等作出了明确规定。针对养老机构良莠不齐、老年人权益受损等情况，日本"老龄商务发展协会"还制定了"老龄商务伦理纲领"，加强行业和企业自律，建立了"银色标志制度"，并成立"银色标志论证委员会"，对符合条件的社会养老机构进行论证并公布于众。

日本福冈百道养老院、京都倍乐生株式会社南禅寺下河原町养老院属于综合性高档养老院,福冈尊严内滨养老院则属于中低档的养老院,但在人性化服务、医疗护理等方面差距并不大。三家养老院都不大,福冈百道养老院和福冈尊严内滨养老院共有90多个工作人员,一共服务不到100个需要介护的老人。京都倍乐生株式会社南禅寺下河原町养老院入住老人不到30个。这同我国目前一些企业和机构热衷兴建大规模甚至超大规模的养老院形成了鲜明的对比。日本的养老院在精细化和人性化服务与管理方面,很值得我们学习。

(四) 发展适合老年人居住的老年住宅

从20世纪70年代开始,日本就迈入了老龄化社会,因而日本很重视老年住宅的建设。日本提倡老年人和家人住在一起,因此,日本政府在公共住宅建设方面,修建了大量适合老少多代共同居住的住房,并对厨房、卫生间、门厅和居室分隔功能都作了相应的考虑,从室内空间上对多代人生活方式和生活规律的差异也作了相应的处理。

日本的老年住宅主要有以下几种类型:

一是"两代居"老年住宅。为适应家庭核心化倾向,日本采用老少两代在生活上适度分离,而建造了一批与家人同居的新型住宅。这种"两代居"形态的亲子家庭大致可以分为:同居寄宿型、同居分住型、邻居合住型、完全邻居型。这种"两代居"住宅的亲子家庭住房既保留了东方家庭模式,又适应现代人的需求。随着亲子居室和辅助使用空间独立成套程度的提高,两代家庭的独立性也逐步增强,因而更适合不同年龄和健康状况的老年家庭使用。

二是长寿型老年住宅。长寿型住宅,又称"通用型住宅",也就是在设计和建造时,就把人一生的经历——从幼年、青壮年到老年人的需要考虑进去，让老年人能自己照顾自己。这种居住形式在日本相当普及，由于人们往往对自己居住过的地方怀有一定的情感，因而并不愿意总是搬家。通过设计和改建使同一房屋满足人们一生各个阶段的要求，特别是要预留年老后的所需，如增加扶手、增加门或过道的宽度以便于轮椅通过等潜在性设计。

三是老年公寓。日本的很多养老院都附设有老年公寓。老年公寓又称老人之家，有公立、低费和私立之分。老年公寓种类繁多，老年人可以根据自己各方面的条件和经济情况进行选择，但那些接受政府财政支持的老年公寓对入住老年人都有特别的限制性规定。

目前，我国也出现了一些老年住宅或养老社区的雏形，但是在住宅建设中如何借鉴日本的经验，充分考虑老年人的养老需求和居住特点，是我国房地产发展中应该真正注意的一个问题。

我国正处于快速人口老龄化阶段。进入21世纪特别是"十三五"以来，国家和社会各个方面都越来越重视养老服务业的发展。日本为应对人口老龄化，在发展养老服务业方面进行了许多探索，它的做法和经验值得我们借鉴，它的教训更值得我们吸取，从而少走弯路。当然，中国的特殊国情，决定了我们不可能照搬日本的做法和所谓模式，而应该有甄别地吸收和借鉴。

第八章

增进人民的获得感、幸福感和安全感

保障和改善民生工作做得怎么样，成效究竟如何，最终要看人民满意不满意、高兴不高兴、赞成不赞成、认可不认可。最直接的体现，就是人民的获得感、幸福感、安全感是否得到了提高，以及提高的程度。因此，必须"坚持人人尽责、人人享有，坚守底线、突出重点、完善制度、引导预期，完善公共服务体系，保障群众基本生活，不断满足人民日益增长的美好生活需要"，"使人民获得感、幸福感、安全感更加充实、更有保障、更可持续"。

一、中国民众的安全感来自哪里

习近平主席在国际刑警组织第86届全体大会上充满自信地宣示："当前，中国社会安定有序，人民安居乐业，越来越多的人认为中国是世界上最安全的国家之一。"大量权威数据显示，当前的中国是世界上治安状况最好的国家之一，中国民众是世界上最具安全感的国民。安全感是一面镜子，正如司马迁在《史记》中所说的："人视水见形，视民知治不。"中国民众的安全感不是凭空产生的，它同经济的持续平稳发展以及由此带来的就业稳定和收入增加有关，同社会治安状况的持续好转有关，也同社会保障这一安全网越织越牢靠等一系列因素都有密切关系。

（一）安全感是民众最基本的需求

"安全感"是一个具有心理学和社会学双重属性的概念。心理学家马斯洛认为，安全感是"一种从恐惧和焦虑中脱离出来的信心、安全和自由的感觉，特别是满足一个人现在（和将来）各种需要的感觉"。也有的学者把它界定为"人们渴望稳定、安全的心理需求"。

安全感的形成是复杂的，并且不是一成不变的。精神分析学派认为："个体生命早期是形成安全感的决定时期，成年后的许多心理障碍都与幼年时期没有建立起良好的安全感有关。"弗洛伊德就认为，婴儿出生时与母体的分离导致了最初的"出生焦虑"，这是此后一切焦虑的原型；如果婴儿能够与母亲建立良好的母婴关系，则会获得安全感，并会持续到之后的生命过程中。埃里克森比弗洛伊德更重视社会环境对人格形成的影响，但同样认可早期经历对安全感形成的作用。心理学取向的安全感研究强调幼年成长经历对安全感形成的影响，但许多心理学家如弗洛姆并不否认社会因素对安全感的影响。社会学取向的安全感研究更强调社会环境对个体安全感的影响，社会学对于安全感的研究最初集中于公共安全领域，国内学者通常将这种安全感称为"公众安全感"。但是，居民对于安全的需要不仅仅停留在社会治安和个人人身安全等层面，就业是否稳定、收入是否有保障、食品安全卫生、生态环境的好坏、交通安全等同个人的安全感密切相关，其中充斥着许多不安全因素，它们同样对公众的安全感产生着重要影响，没有国民的就业安全、收入安全、食品安全、环境安全、交通安全和心理安全，也就谈不上安全感。

安全感是民众最基本的需求。马斯洛在《人类激励理论》一书中，将人类需求分为生理需求、安全需求、社交需求、尊重需求和自我实现需求，这五种需求就像阶梯一样，从低到高逐级上升。只有当人的生理需求得到满足之后，才可能出现更高级的、社会化程度更高的需要如安全需求。在马斯洛的"需求层次论"中，安全需求是人的最基本需求之一，其重要性仅仅次于生理需求。马斯洛甚至认为，整个生命有机体就是一个追求安全的机制，人的感受器官、效应器官、智能和其他能量主要是寻求安全的工具。我们要更好地满足人民群众对美好生活的向往和追求，就必须把满足人民群众的安全需求摆到更加重要的位置。

提高民众安全感是重要的民生工程。正如习近平总书记所指出的：平安是老百姓解决温饱后的第一需求，是极重要的民生，也是最基本的发展环境。保障和改善民生是社会建设的重点，但保障和改善民生工作不仅仅包括就业、收入分配、社会保障等物的方面，也包括建设平安中国，为人民群众提供良好的社会安全环境。建设平安中国，就是要紧紧抓住人民群众反映强烈、影响社会和谐稳定、制约平安中国建设的突出问题和薄弱环节，努力建设领域更广、人民群众更满意、实效性更强的平安中国，保障人民群众的生命财产安全，确保人民群众的安全感得到持续和稳步的提升。这既是社会治理和国家治理的重要目标，也是最重要的民生工程之一。

（二）中国民众的高安全感不是凭空产生的

如果说个体安全感的形成同个人的经历密切相关，特别是如弗洛伊德所说的"口唇期"这一早期经历有关，那么国民安全感的形成则主要同经济社会发展的大环境密切相关。中国民众的高安全感不是凭空产生的，它同经济的持续平稳发展以及由此带来的就业稳定和收入增加有关，同社会治安状况的持续好转有关，也同社会保障这一安全网越织越密越牢等一系列因素都有密切关系。

第一，中国经济的持续平衡发展及其鲜明的国际对比，是中国民众高安全感的宏观背景。改革开放40年来，中国经济得到了快速发展。1979—2007年，国内生产总值年均实际增长9.8%，不仅明显高于1953—1978年平均增长6.1%的速度，而且也大大高于同期世界经济年平均增长3%的速度。与日本经济起飞阶段国内生产总值年平均增长9.2%和韩国经济起飞阶段国内生产总值年均增长8.5%不相上下。在经历长达40年的经济高速增长后，在整个世界经济和贸易增速大幅下滑、发达经济体复苏缓慢、发展中国家以及新兴经济体经济发展困难重重的背景下，我国经济增长也由高速增长转变为中高速增长的新常态，但是，无论同整个世界经济增速相比，还是同发展中经济体相比，我国经济增速仍然是最高的。2013—2016年，我国经济年均增长率为7.2%，而世界同期的平均增长率仅为2.5%，发展中经济体的平均增长率也只有4%，也就是说，我国经济的年均增长率不仅远远高于世界同期平均增长水平，也大大高于发展中经济体的平均增长水平。自2010年我国超越日本成为世界第二大经济体以来，国内生产总值稳居世界第二位。2016年，我国国内生产总值达到74.4万亿元，据国际货币基金组织数据计算，折算为美元，达到11.2万亿美元。根据世界银行测算，2013—2016年，中国对世界经济的贡献率平均为31.6%，超过美国、欧元区和日本等三大经济体贡献率的总和。2016年中国对世界经济增长的贡献率高达34.7%，拉动世界经济增长0.8%，中国经济已经成为是世界经济增长的第一引擎。中国经济的持续平衡发展及其鲜明的国际对比，避免了许多国家因为经济的大起大落、增长乏力、通货膨胀、物价上涨、货币贬值等经济问题带来的民众恐慌和焦虑，不仅大大提升了中国民众的自信心和自豪感，而且大大提升了中国民众的安全感。

第二，居民收入得到较快增长，收入差距稳步缩小，贫困人口逐年减少，全体人民的幸福感获得感增加，是中国民众高安全感的现实基础。首先，居民收入稳步较快增加，民众为吃饱肚子、穿暖衣服而发愁的日子一去不返。1978年，我国人均国民总收入只有190美元，位居全世界最不发达的低收入国家行列。改革开放的推进和我国经济的持续较快增长，我国摆脱低收入国家，进入世界中等偏下收入国家行列，并继而迈向中等收入国家。2012—2015 年，我国人均国民总收入由 5940 美元提高到 7900 美元，远远高于中等收入国家的平均水平，与世界平均水平的差距也大幅缩小。2012—2016 年我国居民人均可支配收入年均增长 7.4%，快于同期 GDP 年均增速 0.2 个百分点，更快于同期人均 GDP 年均增速 0.8 个百分点。2016 年我国居民人均可支配收入达到 23821 元。其次，在做大蛋糕和提高居民人均收入的同时，收入差距持续扩大这一世界性难题也正在被逐步破解，全体人民在共建共享中有了更多的获得感和幸福感。2012 年，我国居民人均可支配收入基层系数高达 0.474，2016 年下降到 0.465，下降了 0.009，尽管下降幅度不大，但说明居民收入差距总体在不断缩小，持续数十年收入差距扩大的势头得到了扭转。城乡居民收入差距已经从 2009 年的最高位 3.33 倍持续缩小到 2016 年的 2.72 倍，东西部地区居民人均可支配收入的差距则从 2012 年的 1.73 倍缩小到 2016 年的 1.67 倍。再次，我国扶贫攻坚取得巨大成就，贫困人口大幅减少，贫困人口的基本生活和生存安全得到应有的保障，不再发生旧社会那种"朱门酒肉臭，路有冻死骨"的现象。近 30 年来，我国有 7 亿人摆脱了贫困，是第一个提前实现联合国千年发展目标贫困人口减半的发展中国家。按我国现行农村贫困标准测算，我国农村贫困人口由 2012 年的 9899 万人减少至 2016 年的 4335 万人，4 年累计减少 5564 万人，平均每年减少 1391 万人，2016 年贫困发生率已经下降到 4.5%。

第三，就业形势总体稳定、稳中向好，是中国民众高安全感的重要因素。就业是民生之本，也是影响民众安全感的最重要因素之一。改革开放以来，尤其是党的十八大以来，一方面，我国坚持实施就业优先战略和更加积极的就业政策；另一方面，不断提升就业质量，与此同时，突出抓好重点群体就业创业，实现了就业形势总体稳定、稳中向好。首先，就业人员总量平衡增长。2012—2016 年，在经济增速换挡、劳动年龄人口总量依然庞大的大背景下，我国就业依然风景这边独好，全国就业人员总量保持了平稳增长，年均增长 225 万人。2013—2016 年我国城镇新增就业连续 4 年保持在 1300 万人以上，累计新增就业超过 6500 万人，每年都超额完成了年初确定的预期目标任务。其次，重视重点做好包括高校毕业生、农村转移劳动力和就业困难人员在内的重点群体的就业问题。在我国高校毕业生人数边创历史新高的背景下，国家坚持把促进高校毕业生就业摆在就业工作的重要位置，组织实施高校毕业生就业创业促进计划，毕业生初次就业率更是连续 14 年超过 70%，实现了高校毕业生就业水平的稳定。通过建立健全城乡劳动者平等就业制度，坚持统筹城乡就业，促进农村富余劳动力就地就近转移就业、返乡创业和有序外出就业，农民工总量从 2013 年的 2.69 亿人增加到 2016 年的 2.82 亿人，其中外出农民工人数从 1.66 亿人增加到 1.69 亿人。就业困难人员得到有效帮扶，2013—2016 年的 4 年，我国就业困难人员实现就业 699 万人，帮扶 22 万户零就业家庭实现就业 24.9 万人，零就业家庭实行动态清零。再次，国际上通用的反映国民"痛苦指数"的失业率指标，保持了持续的较低水平和稳定。2012—2016 年全国城镇年末登记失业人数均维持在 900 多万人，季度城镇登记失业率长期稳定在 4%~4.1%，全国 31 个大城市城镇调查失业率基本稳定在 5.1% 左右。我国的失业率水平不仅远远低于世界平均水平，也低于我们国家确定的 4.5% 的控制目标。就业稳定，人心就稳定，社会就安定，民众安全感自然就高。

第四，中国已经建成世界上最大的社会保障体系，社会保障这一"安全网""稳定器"越织越密越牢靠，是中国民众高安全感的最重要保障。社会保障是当今世界上绝大多数国家实施的一项社会政策，也是一个国家的社会经济政策的重要组成部分。进入21世纪以来，特别是党的十八大以来，经过努力，我国已初步形成了"以社会保险、社会救助、社会福利为基础，以基本养老、基本医疗、最低生活保障制度为重点，以慈善事业、商业保险为补充"的适应社会主义市场经济体制要求、覆盖城乡居民社会保障体系框架，实现了由单位和家庭保障向社会保障、由覆盖城镇职工向覆盖城乡居民、由单一保障向多层次保障的根本性转变。首先，参保人数不断增加。2016年，全国参加基本养老保险、城镇基本医疗保险、失业保险、工伤保险、生育保险的人数分别达到8.8777亿人、7.4392亿人、1.8089亿人、2.1889亿人、1.8451亿人。新农合参合人数则从2013年的8.02亿人有所下降。在较短的时间内，全国数亿人被纳入社会保障覆盖范围，建立起世界上最大的社会保障计划。其次，保障水平较大幅度提高，保障和改善了广大民众的基本生活。仅仅以退休人员养老金水平为例，2005—2017年，连续13年调高企业退休人员养老金，全国企业退休人员基本养老金水平提高了约3倍。再次，社会保障基金的规模不断扩大，抵抗风险的能力显著增强。2016全年五项社会保险基金收入合计53563亿元，比上年增加7551亿元，增长16.4%；基金支出合计46888亿元，比上年增加7900亿元，增长20.3%。社会保障基金规模的不断扩大，为社会保障体系的稳定和可持续发展奠定了越来越坚实的物质基础。特别值得一提的是，我国的最低生活保障制度覆盖了全体应保尽保的贫困人口。最低生活保障制度于1999年首先在城镇建立，2007年全面走向农村。截止到2016年底，全国享受最低生活保障的人数约为6000万人，其中，城市为1480.2万人，农村为4586.5万人。社会保障体系的不断健全和完善，为全体人民编织起一张严密扎实的安全网，不用再为老了没有钱养老、生病没有钱医治、失业没有生活来源、工伤没有钱康复、遇到生活困难没有办法应对而忧虑和发愁，生活的安全感得到了切实的保障。

第五，社会安定有序，人民安居乐业，同世界上很多国家战火纷飞、暴恐袭击频频、治安案件频发形成鲜明对比，是中国民众高安全感的最直接原因。当前，影响我国社会稳定的不安定因素是存在的，对维护和保持社会稳定问题绝不能掉以轻心。21世纪之初，中央就准确地作出科学判断，本世纪头20年，既是我国难得的大有作为的重要战略机遇期，同时又是矛盾凸显期，因此我们要做好应对更加复杂严峻局面的充分准备，其中当然包括做好应对影响社会稳定因素增多的复杂局面的充分准备。这十几年来，党和国家高度重视社会治安综合治理工作，有序推进平安中国建设，严厉打击各类刑事犯罪，整治社会治理领域的突出问题，特别是加大对新兴金融诈骗的打击，加强城乡社区社会治理，加大"天网"工程建设力度；等等，使我国社会保持了总体上稳定。这同一些国家或身处战火，或恐怖袭击频发或枪支犯罪不断，同一些国家人心慌乱、连夜晚都不敢上街形成了鲜明的对比。

正是因为我国经济快速平衡发展、居民收入不断增加、就业稳定、社会保障体系不断完善、社会治安状况总体良好，中国民众获得了高安全感。中国民众的高安全感是多种因素综合作用的结果。

（三）提升中国民众的安全感需要付出更大的努力

民众安全感的提升是没有止境的。尽管我国民众的安全感已经很高，远远高于世界上绝大多数国家的国民，但我国民众仍然期望拥有更高的安全感。早在2012年11月15日党的十八届中央政治局常委同中外记者见面时的讲话中,习近平总书记就指出:"我们的人民热爱生活,期盼有更好的教育、更稳定的工作、更满意的收入、更可靠的社会保障、更高水平的医疗卫生服务、更舒适的居住条件、更优美的环境,期盼孩子们能成长得更好、工作得更好、生活得更好。"七个"更",充分表达了我们的人民"日益增长的对美好生活需要"。在2013年3月17日第十二届全国人大第一次会议上的讲话中,习近平总书记又指出:"生活在我们伟大祖国和伟大时代的中国人民,共同享有人生出彩的机会,共同享有梦想成真的机会,共同享有同祖国和时代一起成长与进步的机会。"在2014年6月3日国际工程科技大会发表主旨演讲时,习近平总书记再次强调了这七个"更"。"牢牢把握人民群众对美好生活的向往。"习近平总书记在2017年7月26日省部级主要领导干部专题研讨班上的重要讲话中指出:"人民日益增长的美好生活需要"更加强烈,人民群众的需要呈现多样化多层次多方面的特点,"期盼有更好的教育、更稳定的工作、更满意的收入、更可靠的社会保障、更高水平的医疗卫生服务、更舒适的居住条件、更优美的环境、更丰富的精神文化生活"。在这一次重要讲话中,习近平总书记强调了人民群众向往美好生活的八个"更"。只有下更大的力气,采取更有效的措施,更加完善各方面的体制机制,更好地满足人民群众对美好生活的向往和更高的要求,民众的安全感才会更有可靠的保障和更大的提升。

二、提升国民幸福感有赖于增强社会凝聚力

近年来,有关幸福感的话题越来越多,关于这一话题的调研和文章也不少。比如有的调研结果显示,农村居民的幸福感高于城市居民,

收入水平低的人群的幸福感高于收入水平高的人群。对这一结果，一些专家学者从不同角度作出了自己的解释，最主要的是从不同人群的需求及其需求的满足程度。他们认为，相对于城市居民、收入水平高的人群，农村居民和收入水平低的人群的需求相对单一而不是多样化的，需求的层次低，基本上停留在马斯洛"需求五层次论"的生理上的需求层次，比较容易满足，因而幸福感更高。

但其实，影响甚至决定人们幸福感的，恰恰是不同人群的社会凝聚力。大量的研究都证明了这一点。

19世纪末，法国社会学大师迪尔克姆在针对自杀研究中，依据统计资料得出了许多结论：天主教徒比新教徒的自杀率高，城市居民比农村居民的自杀率高，富人比穷人的自杀率高，男人比女人的自杀率高。他的一个重要发现是：相对自杀率高的人群来讲，自杀率低的人群都是内部比较团结、个人联系比较紧密、人际关系比较融洽的。他认为，正是这些共同特征影响了自杀率。他从这些共同特征中抽象出一个新的概念"社会整合"或"社会一体化"。显然，幸福感高的人通常不会自杀，自杀的人多数是不那么幸福的。社会整合或社会一体化，实际上讲的就是社会凝聚力。

德国贝塔斯曼基金会曾经在34个西方国家进行了一项名为"社会凝聚力"的调查，调查对象为27个欧盟国家及美国、加拿大、新西兰、澳大利亚、以色列、挪威和瑞士7个非欧盟国家。研究人员确定三大类别9项指标：首先，是社会关系，包括社会网络、对别人信任和接受多样性。其次，是社会团结，包括国家认同、正义感和信任机构。最后，是人们对公益的认知和态度，包括团结、互帮互助和社会准则。调查结果显示，北欧国家的"社会凝聚力"最强，丹麦排名第一，挪威、芬兰和瑞典则分获第二到第四，排名第五和第六的是大洋洲国家新西兰和澳大利亚，加拿大第七，美国出人意料地排在第八，德国仅排第十四，英国和法国排名第十五和第十六位。排名靠后的都是东欧和南欧国家，榜单中倒数三位依次是罗马尼亚、希腊和保加利亚。不同国家居民的幸福感为什么存在巨大的差异？研究发现，社会凝聚力对幸福感是一个决定性因素。社会凝聚力越强，幸福感就越高，"社会凝聚力带来国家稳定和人民幸福"。丹麦的社会凝聚力最强，所以，丹麦人也是西方国家中最幸福的。

2011年底，中国社科院发布了《中国家庭幸福感调研报告》。在中国人眼中，什么样的家庭最幸福？答案竟然出奇的简单：家人身心健康、与邻居关系融洽。调查显示，"家人身心健康""与父母关系和谐""与邻里关系融洽"和"中等收入水平"的家庭要比其他家庭更幸福一些。调查发现，人们的幸福感也并没有随着收入的提高而增加，高收入家庭的幸福感甚至低于中等收入的家庭。"邻里关系融洽"成为"最幸福家庭"的一个重要影响因素。与邻居"从不来往"的人幸福感要差很多。与邻居的关系在很大程度上能够对一个家庭的幸福与否产生影响。尽管不能简单地根据与邻里关系的融洽与否来判断社会凝聚力的大小，但是，一个社会凝聚力强的社会，必定是一个邻里关系融洽的社会。

三项研究的结果都说明，社会凝聚力是影响甚至决定人们幸福感的一个重要因素。其实，道理很简单，社会凝聚力强的社会，社会矛盾和社会冲突通常都比较少且相对缓和，人与人的关系比较融洽，不必为防备彼此而劳神费力，人们的心情比较愉快，幸福感自然要高得多。

厘清了影响国民幸福感的主要因素，也就找到了提升国民幸福感的主要途径。如果从不同人群的需求及其需求的满足程度来解释幸福感的高低，认为农村居民和收入水平低的人群相对于城市居民、收入水平高的人群的幸福感更高，是因为他们的需求相对单一而不是多样化的，需求的层次低，比较容易满足，那么得出的结论必然是：要提升国民的幸福感，就要降低国民的需求，尽量让国民停留在低层次的需求上。这样的结论显然是错误的。促进人的全面发展，其中就包括促进人的需求的全面发展。没有人的需求的全面发展和不断提升，就不可能造就一代又一代全面发展的新人。

从前述三项课题研究的成果，我们可以得出一个重要结论：要提升国民的幸福感，必须努力增强社会凝聚力。这方面，贝塔斯曼基金会的"社会凝聚力"调查，给我们提供了很重要的启示，既要促进社会关系的融洽，又要增进社会团结，还要提升人们对公益的认知，归结到一点，就是通过增强社会凝聚力来提升国民的幸福感。

最近几年，一些地方特别是城市政府，都把提升居民的幸福感作为政府工作的一个努力方向，作为本地区或城市发展的一个重要目标。这反映了政府政绩观的转变，由单纯追求GDP的政绩观向全面的政绩观转变，把居民的幸福感作为政府政绩的一个重要方面和体现。但如何才能真正提升居民的幸福感？这可能是一个没有解决好的问题。增强社会凝聚力，这可能也应该是上述课题研究给予我们的一个选项，甚至可能是一个答案。

三、中国人的"饥民心态"

在中国，为何"你吃了吗"是最具普遍性的问候语？为何争抢是经常化的行为模式？为何储蓄是千年不变的传统？为何某些郁郁不得志的人，一旦大权在握反而对掠夺财富变得更加狂热？一个重要的原因应归于中国人的"饥民心态"。在饥饿已经成为中国人的集体记忆的当今社会，形形色色的"饥民心态""饥民作风""饥民文化"仍然在我们的现实生活中无处不在。那么，饥民心态在当下中国有哪些表现，其形成原因是什么？对社会有哪些影响？

（一）"饥民心理"的当代烙印

纵观中国历史，我们可以发现，由于土地的相对匮乏、自然灾害频发、统治阶级横征暴敛等多种原因，中国历史可以说是一部饥饿史。由此，饥民心理作为因长期面临饥饿的威胁而生成的心理状态也逐渐沉淀到国民性格与文化当中，表现在几千年来中国人思维和行为的各个方面，即使是在当下这样一个号称迈向信息化社会的发展阶段也不例外。当前，中国人的饥民心理主要表现在以下几个方面。

对未来不确定的恐惧，导致加紧储备，以备不时之需。特定的生存环境必然造就特定的生存文化，特定的生存文化经过长时间的累积也必然会形成文化心理积淀，并成为国民的性格。能够在频繁发生的大规模饥荒后活下来的必定是有储蓄、会囤积或是强悍到可以通过抢夺他人之物而维持生存的人。经过如此长时期血与火的历练，适时储备就是正常反应、明智之举了。可以说国人喜欢储蓄的特性就是经历乱世和大面积饥荒积累下来的危机后遗症。这种储备行为本无可厚非，可以说是应对极端环境生发出的理性行为；但它在"适宜"的土壤上却会生发出投机取巧、只重短期效应不顾长远的特点。

"饥民心理"表现为唯恐吃亏、唯恐落后、任何有利的事情都争先恐后地向前挤的行为模式。现在的中国，虽然仍有几千万贫困人口和为数众多的生活在社会底层的成员，但对于绝大多数社会成员来说温饱这一基本的生存性需求已经不再是首要问题了。但是，由于对饥饿的恐惧已经成为中国人的基因，渗入了血脉中，积淀为文化心理性格，从而早已成为国民性格中难以改变的一部分。

"饥民心理"促使一些人在物质丰腴的条件下走向浪费无度、奢侈炫富。吊诡的是，"饥民心理"的这一表现更多地反映在一些"先富起来"的人或某些占据公权力和公共资源等社会强势群体的身上。古有王恺、石崇斗富的典故，现如今，炫富行为早已不限于成年人中的"暴发户"，而是蔓延到了很多"富二代""90后"身上。网络上的各种炫富行为此起彼伏，中外奢侈品市场上中国人正渐渐成为最大买家。前几年互联网上有一则流传甚广的帖子从一个侧面反映了这种"饥民心理"。这个帖子的其中一段是这么说的："等咱有了钱，喝豆浆吃油条，想蘸白糖蘸白糖，想蘸红糖蘸红糖。豆浆买两碗，喝一碗，倒一碗……等咱有了钱，喝啤酒吃烧烤，想烤荤的就烤荤的，想喝贵的就喝贵的……"

"饥民心理"使中国人对吃极度重视，以至于形成了特有的"吃文化"。常听人戏言，中国的大事小事都是在饭桌上解决的。可以说，"吃"在中国早已不是解决果腹问题那么简单，其具有深刻的社会学意义。

（二）"饥民心理"是如何形成的

仅仅对饥民心理大加批评是远远不够的，我们还必须深入分析这一不正常、不健康心理产生的社会历史原因，探讨可能改变这种变态心理与行为模式的方法。

对饥饿的恐惧、饥民心理的形成与积淀是人们追求本体性安全感的需要。温饱是任何动物希冀达到的最基本的需求，人类自然也不例外。美国心理学家马斯洛提出的需求层次理论认为，人类的需求是有层次性的，只有低层次的需求得到满足，高层次的需求才会产生并有实现的可能，其中，最基础性的生理需求就包括对食物和水的需求。这是颠扑不破的真理。相反，如果人的这种基本性需求长期得不到满足，或者时常受到威胁的话，人就必然产生对饥饿的恐惧。中国是个历史悠久的大国，但由于洪水、旱灾、蝗灾等自然灾害的频发，战争等人为因素的强烈破坏作用等原因，中国历史同时也是中华民族的苦难史。曹操诗中所描写的"白骨露于野，千里无鸡鸣"的惨景于中国历史来说并不是罕事。无数代人历经饥荒和匮乏，使得中国人在潜意识里对饥饿怀有深深的恐惧，这种恐惧已深入国人的骨髓，故而在饥荒社会下形成了饥民心理，在中国人的思维和行为模式上打上了深深的烙印。

"饥民心理"的依然存在标志着国民缺乏现代社会应有的素养和文明的行为方式。在生产力水平低下、人类改造自然能力不高的古代社会，"饥民现象"和"饥民心理"存在是具有现实必然性的正常现象，但在生产力水平已经大为提高、物质产品已经较为丰富，至少已经能够满足大多数人的基本生活需求的情况下，对饥饿的恐惧感依然如此强烈的话，那显然就不是用对本体性安全感的正常追求可以圆满解释的了。中国虽然已在现代化的道路上高歌猛进若干年，但相应的人的现代化的问题似乎没有得到足够的重视。这与中国现代化道路的曲折、历时短有关。物质文明有一定基础了，但精神文明没有同步发展，出现了奥格本所说的"文化堕距"现象。这似乎也可以算作社会发展过程中的正常现象，而饥民心理的克服也确实不是一朝一夕的事情——几千年的文化基因即使"进化"或"突变"也需要时间，但这却也不能成为饥民心理依然存在的堂而皇之的辩护词。具有现代文明素质的人是实现现代化的主体，人的现代化实现不了就建设不了真正的现代化。现代社会应有的素养和文明的行为方式必须有意识地加以培育。

　　个体、政府、制度上所显示出的饥民心理根源在于制度本身的不完善。人创造了制度，反过来，制度也可以塑造人的行为和思维模式，这已为历史和众多的社会科学研究证实。比如，不完善的社会保障制度无法消除人们由来已久的不安全感。对于未来的不确定性使得人们只相信眼下的、自己手中的、实实在在的钞票，尤其是在经济不景气、出现危机的时候，这种不安全感更为严重。而使用公权力、管理公共事务的能力不足与对公权力的约束不够又是并存的，这同样与不合理、不完善的制度紧密相关。当人们对利用公款大吃大喝、形象工程等浪费民脂民膏的行为与做法大加批判的时候，是否想过可能就是制定的诸如接待制度、政绩考核制度、权力的监督与制约制度等本身的不完善，才给了不法之徒钻空子的机会与可能？

　　中国处于剧烈的社会转型期，转型期存在的风险较之以往为多，而且随着变革的推进，必然会生发出更多的社会风险。这种种风险加大了社会成员生存、生活的成本，也不断挑战着人们本就脆弱的神经。"饥民心理"虽已有数千年的历史，并有其形成的社会历史条件，但由于它多是负面的，如何发现其新的表现形态，并加以改造、摒弃这种不健康的心理状态才是当务之急。

四、温饱后的心态变化

　　经过改革开放 40 年的发展，我国人民的生活已经由贫困达到总体小康，正在向全面小康迈进。以前那种吃不饱饭、穿不暖衣的贫困状态，对绝大多数人来讲已经一去不返。国人普遍贫穷，连饭都吃不饱的时候，大家的追求很简单：吃饱饭。在已经实现温饱后，国人的心态会发生一些什么样的变化,这种变化有什么样的特点值得我们关注,我们又如何积极主动地引导这种变化朝着理性、文明、积极向上的方向发展,这些都是值得我们深思的问题。

第一,温饱后的需求层次会不断提高。马克思和恩格斯把人的需要分成生存、享受和发展三个层次。马克思认为,需要和满足需要的手段是一同发展起来的。人们的需要是靠发展生产来满足的,生产力水平提高了,人们较低层次的需要得到满足之后,就会提出更高的需要。这些高层次的需要又会反过来推动生产力的发展。美国心理学家马斯洛在《人类动机的理论》一书中提出了自己的需求层次论。人的需求有五个层次:一是生理需求,比如吃、喝、住。二是安全需求,比如不受盗窃和威胁,预防危险事故,职业有保障,有医疗保障和退休金等。三是社交的需求,人是需要友谊和群体归属感的,需要彼此同情、互助和赞许。四是受人尊重的需求,包括受到别人的尊重和具有内在的自尊心。五是自我实现的需求,指通过自己的努力,实现自己对生活的期望,从而对生活和工作真正感到很有意义。马斯洛认为,人的需求按重要性和层次性排成一定的次序,从基本的需求(如食物和住房)发展到复杂的需求(如自我实现)。当人的低一层次的需求得到最低限度的满足后,才会开始追求高一层次的需求,如此逐级上升,成为推动人们持续努力的内在动力。

在已经能够吃饱饭,基本的生存问题得到解决、生理的需要得到满足后,人们的需求就上升到了一个更高的层次。基本生存问题解决后,人们开始追求享受。生理需求得到满足后,人们对安全的需求凸显。人们从追求生存需求或生理需求的满足开始转向追求更高层次需求的满足。如何更好地满足人民日益增长的社会性需求和精神需求,已经成为一个需要执政党和政府认真解决的现实课题。

第二，温饱后的需求越来越多样化。马斯洛的需求层次理论揭示了人的需求变化的一般规律，既同我国的实际相吻合，但又不能完全解释我国国民需求变化的客观情况。按照马斯洛的需求层次理论，生理需求得到满足后，才会追求安全的需求；安全的需求得到满足后，开始追求社交的需求；社交的需求得到满足后，再追求受人尊重的需求，最后才会追求自我实现的需求。而我国的实际情况是，当温饱问题解决后，或者说生理的需求得到了满足后，国民的需求越来越多样化，不同层次的需求都成为人们追求的目标。而且，在同一层次的需求中，不同的社会成员追求的目标也不尽相同。总之，社会成员的需求越来越多样化、个性化。就是吃和穿，每个人有每个人的吃法和讲究，穿着就更是多样化和个性化。对教育、医疗、社会保障以及其他公共服务的需求也越来越多样化。多样化的需求同社会的多元化密切相关，同温饱基本满足后社会成员多层次需求共时态共存也有关系。满足人们多样化的需求比单纯满足人们温饱的需求要复杂得多，难度也大得多。如何更好地满足社会成员多样化的需求，是摆在执政党和政府面前的又一个现实课题。

第三，温饱后的不满足感愈加强烈。当一个人连饭都吃不上、吃不饱的时候，他的需求很简单，也容易满足，能够吃上饭就很满意了。但是，当一个人解决了温饱问题，不再满足于吃饭穿衣这些单纯的生理需求时，不满足感将比追求生理需求的满足时要强烈得多。实际上，在这里起作用的一个因素正是所谓的"收入的外部效应"。也就是说，一个人对收入的满足感不仅取决于他的绝对收入，而且取决于他的相对收入，即他与其他人收入相比的相对水平。改革开放以来，我国城乡居民的生活水平有了很大的提高，绝对收入都增加了，但居民之间的收入差距也确确实实拉开了。收入分配差距的扩大，意味着一部分人的绝对收入可能并没有减少，但相对收入水平下降了，因而引起部分社会成员的不满。第一代农民工工资很低，基本上没有享受到什么社会保障待遇，劳动条件又差，但他们比较满足，因为比他们在家务农时的收入高了，比那些仍然在家务农的农民收入也高，出来打工的目的也很明确，就是赚点钱回去养家糊口。但是，现在的第二代农民工，不论是劳动条件、社会保障，还是工资收入，都比他们的父辈有了很大的改善和提高，但不满足感更强了。他们已经开始意识到城乡二元劳动力体制的不公平性，萌生了应该享有同城镇劳动者平等的国民待遇的意识。这种不满足感，更多的是对社会公正的追求和渴望。促进社会公平正义，已经成为整个社会的普遍诉求。

第四，温饱后的社会参与意识增强。在温饱问题基本解决后，人们不再为自己的生存问题而担忧，关注的焦点不再是吃饭穿衣等个人自身的问题，而是更多地把关注焦点向自身以外延伸，开始更多地关注社会，关注公共领域，社会参与意识增强，对公共事务的参与热情上升。这也就是为什么近年来我国公民参与意识增强，更多的人热心慈善和其他公益，人们对社会公共事务的知情权、监督权意识上升的一个重要原因。没有温饱问题的基本解决，人们的社会参与意识不可能像今天这样强烈，人们的社会参与水平不可能达到今天这样的程度。与此同时，我们要看到，随着需求的多样化和社会成员参与意识、权利意识的增强，人们为了满足自己的需求，实现自己的更大利益，更为重视自身权利的发展和维护，更为重视结成新的社会组织形式，更为重视使用新的维权工具。面对这种变化，一方面，政府要保护社会成员对社会公共事务的参与热情；另一方面，要积极地引导其朝着有利于社会和谐稳定的方向发展。

第五，温饱后的思想越来越活跃。随着温饱问题的解决，人们的思想越来越活跃。人们的参政意识、民主意识、法制意识、维权意识、监督意识明显增强,以实现人的发展和幸福为中心的观念逐步树立,但也出现了集体观念淡薄、公德意识弱化、极端个人主义思想抬头等问题。人们的市场经济意识明显增强,开放、竞争、效益观念深入人心,但也出现了一味追求物质利益,甚至不择手段进行竞争的现象。多种文化交流交融,人们思想空前活跃,独立性、选择性、差异性明显增强,自信、包容、多元观念逐步树立,科学、民主、文明、公平、创新等理念日益成为社会主流思想和价值尺度,但也出现了盲目崇外、追求"西化"和所谓"普世价值"的思潮。这种变化同社会的开放程度有关,同我们所处的发展阶段也有关。经过几十年的发展,我们已经跨越了从贫困到基本温饱,并进而到总体小康的转变。面对人们思想越来越活跃的现实,我们既要充分看到和肯定这种变化的积极的方面,又要充分认识和警惕伴随积极变化而出现的消极的一面,要加强正确引导,尤其是大力加强社会主义核心价值体系建设,以社会主义核心价值体系引导和整合多样化的社会思潮和思想意识。

五、国人为何热衷于"摆谱"

说到"摆谱",国人并不陌生。一般来说,大家都认为这是一种令人厌恶的行为,但它在中国社会是如此普遍,经久不衰,几乎可以用司空见惯、源远流长来形容。从古代到当代,摆谱几乎已经成为一种文化传统。比如,官员出门坐什么车,视察要多大场面,讲话要讲多久,下车要秘书开门,喝茶要下属递杯;国人对奢侈品趋之若鹜等,都是典型的摆谱行为。

事实上,摆谱的表现形式还远远不止这些。只要是展示稀缺资源以显示或抬高自身身份与地位的行为都可以称为"摆谱"。摆谱，一要有"谱"，二要有意识地主动去"摆"。很多的摆谱行为之所以容易遭到人们的鄙视，原因就在于这些行为主体是在以傲慢的姿态、有意识地去向没有这些"谱"或"谱"不足够大的人炫耀、卖弄。摆谱的主体可以是个人、组织，也可以是民族、国家。人们乐于摆的"谱"通常是稀缺资源，是一般人不易获得或很有价值的事物，比如金钱、权力、声望、人脉、知识等。摆谱绝不仅仅是炫耀财富那么简单，尽管炫耀财富是很常见的一种方式。

从社会学的角度来解释，摆谱不是单纯的虚荣和面子问题，它还有着深刻的社会心理基础和现实的利害关系算计。美国社会学家戈夫曼认为，人生就是一场接一场的表演，而社会就是众多的人进行表演的舞台。人们为了表演会区分出前台和后台。前台是让观众看到并从中获得特定意义的表演场合，表演者在其中呈现的是能被他人和社会所接受的形象；后台是相对于前台而言的，是为前台表演做准备、掩饰在前台不能表演的东西的场合。在表演的过程中，人们倾向于在前台展示自己最好的一面，有时实力不济也要"打肿脸充胖子"，为的就是获得他人的尊重与羡慕。当这种前台表演超过一定的限度时，它就成了名副其实的"摆谱"。日常生活中人们的很多前台行为是他们正常生活的一部分，不是"装出来的"，但"摆谱"却是典型的、刻意的表演行为。摆谱说到底是一种典型的印象管理行为。每个处于各种社会关系中的人在与他人的互动中都会进行印象管理，以引导他人自愿地根据他的意图而行动。

在有文明传承以来的数千年来，国人之所以始终热衷于"摆谱"，归根结底在于以下几个原因：

一是源于人们对本体安全感和赢得他人尊重的渴望。生活在社会中的人无论是思想还是行为都会受到其他人的影响,即使是"自我"也不是孤立个人的心理活动自发形成的。一个人对自己的认识,其实是他在别人眼中看到的自己的影子,所谓"自我",不过是"镜中之我"。一个人的行为很大程度上取决于对自我的认识,而这种认识主要是通过与他人的社会互动形成的,他人对自己的评价、态度等是反映自我的一面"镜子",个人通过这面"镜子"来认识和把握自己。摆谱的过程既是令他人对自己改观的过程,也是建立更加强大的自我、提升自信心的过程。从这种意义上讲,摆谱是为了塑造一个更有"价值"的"镜中之我"。此外,得到他人的尊重也是人重要的社会需求,而且是相对于生理、安全、情感与归属等低级需求的高级的、社会性的需求。在仍然存在社会差别的社会中,要想获得他人的尊重,就必须拥有他人没有的资源。这里所说的资源可以是金钱、权力、社会声望,也可以是知识、个人魅力,等等。尤其是当个人的处境、身份、社会地位发生变化,并需要让旧识重新认识时,摆谱行为的意义就显现出来了。

二是资源的稀缺性决定人们在获取资源的过程中往往要采取一些非常规的手段,摆谱就是这样一种非常规的手段。摆谱是为了赢得他人的尊重、敬畏,也是为了获得更大的实际利益。人们为了在竞争中打败竞争对手,获得最大化的利益,往往需要尽最大可能展示自身的实力。实力足够强大者可以依靠既有的名声或尽力的展示而为自己加分;实力稍逊者为了获胜往往更需要好好包装一下自己,甚至摆出超过自己实际能力的"谱",以增加他人对自身的好感。因为信息总是不对称的,他人对自己的评价最初只能通过最直观的展现来判断,这就决定了有些时候人们摆谱也是出于情非得已。摆谱在这个时候成为减少交易成本的一个重要途径。最著名的例子莫过于诸葛亮待价而沽,迫使刘备三顾茅庐请自己出山。试想，如果当初一心抱负的诸葛亮在刘备初次拜访时就乖乖地随他出山，尽管有"卧龙"的名声在外，他能否一出山就受到如此重用也是个问题了。

三是现代文化的不发达和部分国人素质的低劣，又恰逢消费主义大潮汹涌澎湃地涌进国门，摆谱现象屡见不鲜也就不足为怪了。摆谱已经成为一种习惯，深入一些人的性格之中。很多时候，有谱不摆反而会让人觉得不"正常"，或者令人认为行为者根本没有相应的实力与背景。摆谱成了很"正常"的事情。部分人沉湎于通过外在的、物质化的东西来彰显自身价值，通过不断地消费、摆谱来证明自己高人一等。频现的各种炫富行为、过度的奢侈品消费在很大程度上就是这两种消极文化影响的结果。

谱是摆给他人看的，谱是道具，是炫耀的资本。摆谱不是位高权重者或家财万贯者的专利，普通民众也热衷于摆谱。古有石崇王恺斗富，今有普通民众对奢侈品趋之若鹜；贵者如帝王之家的穷奢极欲，平凡者如普通百姓对红白喜事的大操大办。凡此种种，都是摆谱的不同表现。

普通人的摆谱虽然不能算是好事，但一般来说也无伤大雅，不会妨害他人，尤其是公共利益。但是在摆谱早已成为一种现象的中国，在摆谱早已成为部分掌握公权力的领导干部们贪污腐败、浪费公共资源以满足自身的虚荣心的惯用伎俩的中国官场上，其危害之大、影响之坏就是不能不加以鞭挞的了。各地频频被曝光的豪华政府办公大楼，部分领导干部大操大办的红白喜事，如此种种，远比富人、普通人的各种摆谱行为所造成的影响恶劣得多。这其中会产生多少寻租、贪腐犯罪行为，又会令作为执政党的中国共产党丧失多少民心？这种行为给国家、社会的发展带来多大的负面影响往往是出人意料的。所以，我们不仅要从思想上加强党纪国法、现代意识和全心全意为人民服务宗旨的教育，更要从制度建设着手，完善权力监督和制约机制，对各种或显性或隐性的有可能滥用公权力、妨害公共利益的行为进行有效的预防、监督、查处、惩罚，以减少这类摆谱行为的发生及其负面影响。

六、幸福社区的要义是培育"社区意识"

在现实生活中，追求所谓"高档社区"的居民其实并不多，但几乎每个人都希望自己的社区是一个和谐、幸福、舒适宜居的社区。

幸福社区不会自然形成，也不能指望别人来建设，其要义何在？

幸福社区要义在"守望相助"。我国有句古话叫"远亲不如近邻"，社区居民之间因为居住在一起，相互之间的关照、扶持自然比居住距离远的亲戚更为方便，也更为平常。随着家庭结构的变化，过去很多依靠家庭成员、亲戚朋友解决和承担的家庭事务，比如老年人的照护、小孩的照管等，更多地要靠社区，靠邻居。其实，"守望相助"体现在方方面面。2012年6月3日，广州中山大道女童悬挂阳台、命悬一线之际，街坊发现后，有人站在楼下双手做接人状，有人拿出被单守候楼底，还有人拉出床垫放在地上。邻居们的这种施救行为同"托举哥"一样，都是值得赞许的。

幸福社区要义在居民之间讲诚信。诚信是人与人之间交往最重要的基础，居民之间的交往也不例外。如果有人不讲诚信，社会交往是不可能持续的。现在，经常有人议论"诚信缺失"问题。确实有人不讲诚信，但我们应该相信现实生活中绝大多数人是讲诚信的。广州欧婆婆无人售报其所以可能，正是因为档主信任顾客，顾客同样信任档主。一块钱的报纸事小，一元钱的诚信则体大。人人都诚信，社区当然幸福。

幸福社区要义在包容。随着经济的发展，人口在城乡之间的大流动是不可避免的。尤其是广州这样的经济发达城市，以农民工为主体的外来流动人口大量涌入城市社区。农民工是城市的"新市民"，是社区的"新居民"。近年来，经媒体报道的类似"托举哥"的农民工"平民英雄"多的是。通过这些事件，更拉近了彼此间的距离。我们每一个城市社区居民，都应该对农民工多一点包容、多一点理解、多一点接纳，多提供一点帮助。

幸福社区要义在共建。在一个社区里，有老居民也有新居民，有本地人也可能有外来人，有社区党组织和社区自治组织，也有各种民间组织，甚至还有一些驻社区企事业单位。幸福社区的建设要靠大家，要发挥各方面的积极性。幸福社区建设要遵循"共同建设、共同享有"的原则。共同建设是共同享有的前提，共同享有则是共同建设的目的和出发点。"守望相助，共建幸福社区"的倡议中，"共建"两个字很好地体现了这一活动的要旨。在共建幸福社区活动中，外来农民工等流动人口也是一支重要的力量，要积极主动地融入新的社区，为建设幸福社区作出自己的贡献。

幸福社区要义在培养居民的归属感和认同感。居民对自己所在社区的归属感和认同感，也就是社会学所讲的社区意识。社区意识是社区之所以形成和存续的心理基础，是衡量社区发育程度的最重要指标，也是构建幸福社区的重要精神支撑。因此，在构建幸福社区活动中，要通过居民的共同社会活动特别是社区文化活动，培育居民的社区意识。

七、地域歧视的社会心理基础及其矫正

就现存人类历史的发展历程来说，地域歧视在任何社会、任何时代都是难以完全避免的。目前我国社会生活中也存在地域歧视现象，在某些方面还相当严重。地域歧视的产生有其历史、文化、经济等方面的原因，也有其特殊的社会心理基础。

（一）地域歧视的社会心理基础

地域歧视是极度膨胀的自我优越感的产物，它源于经济社会发展中的差距。地区差距是客观存在的，地区之间因为资源的争夺而不可避免地会产生各种利益矛盾。地区差距和地区利益矛盾的存在，必然反映在社会心理方面，形成优势地区人群的优越感和落后地区人群的羞辱感。这种优越感如果不加节制而过度膨胀，对落后地区和弱势群体的歧视就难以避免了。

地域歧视是"社会刻板印象"的一种体现。所谓"社会刻板印象"，指的是对某一类人持有一套固定的看法（通常带有负面色彩），并以此作为参照框架，主观地认为这类人所有成员都符合这种看法。"社会刻板印象"是对社会团体最简单的认识，它虽然有利于对某一群体做概括性的了解，但也容易产生偏差，造成"先入为主"的成见，阻碍人与人之间正常的认识和交往。刻板印象还往往导致误解，因为，刻板印象所根据的并非事实，有时是由于偏见的合理化而来，有时是以群体有某种特性（事实上群体并不具有这种特性）进而推断个人也必然具有这种特性而形成的。

地域歧视是从众心理和集体无意识的结果。随着信息传播渠道越来越多样化，信息传播速度越来越快，人们越来越被信息所包围。但

是，在信息时代，普通人特别容易丧失自主思考和判断能力，对许多事物往往不作独立的思考和理性的判断，从而形成从众心理和集体无意识现象。2006年7—8月媒体对流动人口犯罪个案的集中报道，以及后来时不时出现的一些流动人口犯罪案例的报道，就常常成为民众判断身边人的心理基础，并被夸大化和扩大化，从而轻易把某个群体符号化、标签化对待。这不能不说是产生地域歧视的一个重要原因。

地域歧视是"贱贫"心理的体现。因为社会转型和经济社会发展出现一系列阶段性特征，我国目前阶段各种社会矛盾交织在一起，社会问题比较多。特别是因为贫富差距的持续扩大而造成的"仇富"心理和"贱贫"心理，使穷人与富人之间的鸿沟变得难以跨越。贫穷地方的人到了沿海一些经济发达省份谋生，容易遭到歧视的原因，在某种意义上说就是因为他们的家乡太穷，富人看不起穷人，才产生了歧视。

地域歧视也是小农意识的反映。我国在长期在农业社会，形成了根深蒂固的小农意识和小农心理。小农意识和小农心理在人际关系上的典型反映，就是因家族认同而产生家族之间的歧视，对乡土的认同而产生乡土歧视。表面看，地域歧视表现为城里人瞧不起乡下人、发达地区的人瞧不起落后地区的人，但是在其骨子里、在内心深处仍然是小农心理在作怪。

（二）地域歧视不利于社会和谐

地域歧视同社会和谐背道而驰，它对和谐社会建设产生的消极影响和负面作用是显而易见的。

地域歧视不利于建设公平正义的和谐社会。公平正义是社会主义和谐社会的重要特征，是社会主义的核心价值。地域歧视违背了公平正义的基本准则，对被歧视者是不公平的，是缺乏正义的。公交车上的对方言的蔑视,一些商店打出不卖某地货的牌子,招工单位声称不要某地人,某地扯出"坚决打击××籍敲诈勒索团伙"的大横幅等地域歧视现象,都是同公平正义相违背的。一个存在地域歧视的社会,是不能称之为公平正义的社会的。

地域歧视不利于建设诚信友爱的和谐社会。诚信要求社会成员自觉遵守社会规则、规章制度和公共秩序,友爱强调的则是要在全社会倡导全体人民平等友爱、融洽相处。地域歧视则使人们彼此失去信任,由隔膜到隔绝,甚至相互敌视,严重者更可能会发展到引发纷争,造成冲突。

地域歧视不利于形成全体人民各尽其能、各得其所而又和谐相处的局面。地域歧视会使社会处于一种难以整合的状态,矛盾激化后,极易导致社会出现撕裂状态,也就是社会学家所讲的"断裂社会",而断裂社会决不可能是和谐社会。

(三) 反地域歧视要从多方面共同努力

反地域歧视是全社会的共同任务,需要各方面的共同努力,政府、社会和公民个人都应该分别承担起各自的责任和义务。这也是社会各界的共识。一项关于地域歧视的网上调查结果也证实了这一点:近八成的网友认为,要提高自身素质;有一成半的网友认为,应该通过法律手段来解决地域歧视;也有6.65%网友则主张通过政府的力量来解决。

优势地区和处于优势地位的群体,应该承担更多的社会责任和义务。通常来讲,所谓地域歧视,都是优势地区和处于优势地位的群体歧视落后地区和处于劣势地位的群体。因此,地域歧视的产生,是优势地区和处于优势地位的群体不能平等地对待落后地区和处于劣势地位的群体，过错首先在前者而不在后者。

从被歧视者来讲，则要自强自立，提高自身素质，努力改变自身形象，用行动去改变别人的偏见。不管在哪一个地方，提高自身的修养都是必要的。

现代社会是法制社会，反对地域歧视也必须依靠法制。我国宪法第三十三条明确规定："中华人民共和国公民在法律面前一律平等。"这为反对地域歧视、实现平等权利提供了最基本的法律依据。由于历史和现实的原因，我国现实社会生活中的地域歧视现象还相当普遍和严重，要有效防止地域歧视事件以及其他歧视事件的再次发生，制定《反歧视法》应该尽快纳入国家有关部门的议事日程。加强相关法律的建设，已迫在眉睫。

反对地域歧视，最根本的一条还是要靠发展，尤其是加快落后地区的发展，从而逐步缩小地区差距。当然，在发展经济的同时，必须加强诚信建设与和谐文化建设，促进不同地域人们的相互交流、相互沟通和相互理解。

八、"×二代"现象引出的若干思考

近年来，媒体关于"×二代"的讨论很多，诸如"富二代""贫二代""权二代""民二代""拼二代""独二代"等称谓层出不穷。凡是能够描述或形容人群的某种社会特征的似乎都可以冠在"二代"一词之前，代替"×"，成为其定语，代表某一社会群体。但是"×二代"究竟是指哪些人？为什么这一现象在短时间内受到公众与媒体如此多的关注？它出现的社会背景是什么？究竟该如何看待"×二代"及其被炒作的现象？

首先，必须承认"×二代"现象的存在及其出现有其必然性。综合各种被讨论的"二代"，可以发现，它一般指的是改革开放后出生的一代人，这代人中较早出生的那部分人早已成年踏入社会，并将随着时间的推移逐渐成为社会的中流砥柱。这是人口的自然更迭，"×二代"现象首先是一个人口学问题，"二代"是中心词，"×"只是描述某一人群特征的定语。随着时间的推移，将来还会出现"三代""四代""五代"……

同时，"二代"显然是和"一代"相对应的一代人，现在人们所热衷讨论的、背负各种标签的"二代"，其很多思想、行为等特质是与"一代"密切相关的。具有不同特质和阶层归属的"一代"们是在改革开放与社会变迁的过程中逐渐形成的，并且他们的物质条件、教育方式等从一定程度上决定了他们的子女在思想观念、行为方式、社会地位等方面的特征，以及各自不同的发展前景。正是"一代"的"×"预示了"二代"不同个体的"×"归属。具有社会意义的"×"虽然只是定语，但却直接决定着其中心词的本质特征。因此，"×二代"又不仅仅具有人口学意义，这一现象之所以会引起如此多的关注，关键在于它反映了很多社会问题，折射出了中国社会改革开放40年来的社会变迁，并且有可能预示着今后很长一段时间内社会结构的形态，具有社会学意义。

其次，"×二代"现象表明社会分化越来越明显，社会阶层边界已经初步形成并呈现出固化的倾向。"×二代"现象的出现并被广泛关注一个重要的原因，在于这一现象及其所反映的社会问题超出了多数人的记忆与经验范围。40多年前，无论是制度设计、意识形态的宣传与导向，还是受此影响形成的普通人的思想观念都还是以"一大二公"、平均主义、甚至贫穷为荣，社会成员的构成也比较单一。但是，改革开放以来，经济体制深刻变革，利益格局深刻调整，原有的较为简单的社会结构出现了很大变化，最为直观的改变就是社会阶层结构的分化与重新组合。社会阶层早已由工人、农民、知识分子的"两个阶级一个阶层"细化为国家与社会管理者、经理人员、私营企业主、专业技术人员、产业工人、农业劳动者等多个社会阶层。阶层之间最显著的差别莫过于收入水平的差距，社会群体首先在经济上出现垂直分化。国家发改委宏观经济研究院有关研究显示2007年我国基尼系数达到0.454；国家统计局的数据表明1978年到2009年，我国城乡居民的收入差距已经由2.57倍扩大到3.33倍，而学者研究得出的数据更大。收入差距直接决定了不同群体在消费方式、生活水平、社会地位等方面的差异，甚至区隔。比如，随着住房制度的变迁和城市化进程的不断推进，城市中已经开始出现因为收入不同而导致的居民居住的区隔，与别墅区、富人区一墙之隔的是棚户区、贫民区的现象已经较为常见，甚至有进一步发展的趋势。这类差别会随着人口的自然变化反映在代际变化上，就是社会差别通过代际更迭而具有了一定的"遗传性"。当然，这里所说的"遗传"不是生物学遗传，而是由于上一代人在能为其子女提供经济、文化、社会资源方面存在的差异，经由受教育机会、所获得的经济与组织资源的放大与强化效应直接导致上代人的优势或劣势烙印在下一代人身上，成为下代人自身的社会特征。"×二代"现象的出现正是反映了这种社会现实。"富二代"是第一代富翁的后代，"贫二代"出身于贫困家庭，"官二代"自然是父母们掌握着丰富政治组织资源的子女们。这种"遗传""烙印"一方面显示了社会阶层边界已然形成，更说明边界开始有了固化的倾向，在现有的制度环境下，一般人要跨越这些边界，成为强势群体绝非易事。

再次，阶层边界的固化说明社会为人们提供的社会流动机会在减少，特别是向上流动的成本在增加，甚至已经开始出现社会壁垒。综观被热炒的"富二代""贫二代""官二代"现象可以发现，与改革开放的前30年相比，如今的中国社会已经度过了20世纪八九十年代的剧烈变化期，社会结构开始走向稳定与成熟，但同时，社会向社会成员提供的借以改变自身地位、向上流动的机会在减少，成本在增加。当人们看到越来越多的大学毕业生找不到工作、居无定所，看到普通人面对高涨的房价只得蜗居的现实后，原来只要努力奋斗，或者通过上大学等方式就能改变命运的思想开始被不少人抛弃就不足为奇了。近年来，当昔日被社会普遍认可的可以鱼跃龙门的高考来临时，有越来越多的考生主动放弃高考就是人们对向上流动机会减少的消极反应。而向上流动机会欠缺的一个重要原因在于社会壁垒的形成，同时，它也是社会流动越来越难的后果，这两种现象相互叠加，使得社会出现断裂，融合难度不断增大。

社会壁垒一方面来自"×一代"，其中的强势群体在社会变革中所积累起来的经济财富、组织资源、文化资本、人脉关系等会影响个人发展的社会因素，更为重要的是既有的制度性壁垒。先说说前者。社会分层的本质是社会资源的占有和分配。历史和社会科学的实证研究都证明了这样一个事实，即无论中外古今，父母一辈所掌握的资源多寡、社会地位都会或多或少，或直接或间接地影响到子女。20世纪八九十年代出现的新社会阶层（如经理人员、私营企业主、专业技术人员），也就是"×一代"一般拥有较普通人群更多的经济、政治、文化资源，可为子女提供质量更高的教育、常人很难获得的机会与强大的人脉关系，尽可能地减少"×二代"们在个人发展过程中的难度。他们所掌握的这些资源往往具有私人性和对他人的排斥性，在使用的过程中又会形成马太效应，拉大现有的差距。虽然中西方社会都存在

"资本"决定身份地位的现象，但中国与西方发达国家不同的重要一点在于，由于社会、历史、制度等方面的原因，中国的强势群体所掌握的资本、资源通过寻租行为往往可以形成所谓"总体性资本"，从而直接导致"赢家通吃"，而贫者愈贫，弱者愈弱。

另一方面，现有的制度性安排不仅在一定程度上决定了这种社会分化与区隔的形成，如果不加以改变，更会加剧这种状况的发展。比如，城乡二元分割的户籍制度就是导致"民二代"（农民工二代）问题出现的重要因素；尚不健全的基本公共服务体系及政府难以向所有公民提供均等化公共服务（包括在公正的环境下对社会流动起决定作用的教育）的事实尤其制约了底层社会成员的发展；机关事业单位不尽完善的用人制度为潜规则的横行留下了空间，导致诸如"官二代""权二代"的出现；尚需改革的收入分配制度制约了中等收入者群体的扩大，既限制了很多低收入者上升为中等收入者的可能，造成了过于庞大的收入金字塔的"底座"，又对处于金字塔顶端的高收入者缺乏应有的约束，使得大量的社会财富集中在极少一部分人及其后代手中。

最后，"×二代"现象的被关注与新兴媒体，尤其是互联网的广泛应用有着密切联系。先是"富二代"频频在网络上炫富逐渐引起人们对这一现象的关注；随后，通过本人的现身说法或媒体对"民二代""贫二代"艰辛的现实生活、无望的未来的深入描述与报道，引起了更为广泛的讨论；而网民对"权二代"的口诛笔伐更引起人们对"×二代"问题、权力腐败等诸多社会问题的深思。在这个过程中，互联网既是信息传播的载体，更承担了网民表达意见、交流思想的平台的角色。网民的互动深刻揭示了现实，给人们留下了无尽的思考空间。

人们必须去适应、习惯"×二代"现象，因为它在短时期内是难以改变的，回到以前的社会状态显然已经不可能。"×二代"现象本身也反映出很多人存在的一个问题，即用有色眼镜看待"二代"们，以偏概全，给某一群体的所有人都贴上同样的标签。这说明当下社会的宽容程度还不够，而这也是社会进步的一个重要衡量标准。如果跟社会分化程度低、成员之间差距小，却普遍贫穷、个人难以自由全面发展的多年前相比，现在的社会虽然存在种种差别甚大的"二代"们，社会是在进步、发展；然而，如果任由社会无限制地分化，以致各种社会区隔让普通社会成员感受不到社会的公正、看不到希望与未来的话，这样的社会变迁就已经不能再叫发展了。和谐的社会是和而不同的，一定社会差别的存在是整个社会不断进步、社会成员个体谋求自由全面发展的动力，但社会在分化、区隔的同时，更应为普通社会成员留下足够的上升渠道和发展空间。否则，个体的怨恨必将凝聚成社会怨恨，成为普遍且长期的社会心理，社会也将在过度分化中解体，社会的融合与和谐将永难实现。

后 记

　　1984年我考入南开大学,师从费孝通、苏驼等教授。在读研期间,我幸运地参加了苏驼导师主持的天津市居民生活方式调研课题和由他主持的国家"七五"哲学社会科学规划重点项目"我国城乡居民生活方式"课题研究。我的毕业论文,研究的也是生活方式问题,题目就是《建立社会主义生活方式指标体系的方法论问题》(全文发表于《社会学研究》1988年第4期)。1990年,我出版了第一本专著《城市生活方式》。在步入社会学领域的30多年里,我先后出版了10本专著,也发表了400多篇论文、研究报告和大大小小的文章。尽管这些书和文章涉猎不同的研究领域,甚至不同的学科,从某种意义上讲就是比较"杂",但是,一根主线是没有中断的,这就是现在我们讲的民生问题研究。

　　在民生问题研究的这数十年间,我对当下中国的民生状况有过愤青,也有过理性的思考;说过一些很不成熟的看法,也提出过一些目前看来仍然站得住脚的观点。随着年岁的增加和学术积累的增厚,我对民生问题的研究也在深入。党的十九大庄严地宣告中国特色社会主义进入新时代，新时代我国社会主要矛盾已经转化为人民日益增长的美好生活需要和不平衡不充分的发展之间的矛盾，在新时代要决胜全面建成小康社会、开启全面建设社会主义现代化国家新征程。党的十九大提出了坚持在发展中保障和改善民生、提高保障和改善民生水平等一系列重大论断和战略举措。在研究和宣讲党的十九大精神的过程中，我形成了一种冲动，并随着学习的深入这种冲动不断增强，就是要再写一本研究民生问题的专著。

有了想法，但关键是如何落实。关于民生问题，从总体上进行研究，以前出版过《民生大于天》《中国民生建设的路径》《以改善民生为重点的社会建设》；从相关专题进行研究，出版过《破解中国社会保障的困局》《求解中国养老难题》《分配制度改革与共同富裕》《公平分配的实现机制》，等等。再写一本书，显然不能简单地重复以前的，更不能把以前的相关章节简单地拼凑起来。但是，对以前发表过的一些观点性文章，又想体现在书稿中，这是对自己学术研究旅途的一种记忆，是难以割舍的。在这种矛盾的心理纠结中，我最后选择了呈现在书稿中的写作方式：一是放弃对民生问题进行全方位的、立体式的研究思路，重点研究我国现阶段民生领域的短板和难点，探讨保障和改善民生如何"补短板、强弱项"。二是在相关的章节中，把以前发表过的少量观点性文章，只作一些文字上的修改和部分数据的更新，比如"农村社会养老保险不宜缓慢推进""解决好农民工的社会保障问题"等。这些问题现在已经不再有争议，但在当时却并未形成共识。三是从事实材料得出论点和结论，对近年来从事实地调研收集的数据资料进行分析、提炼和概括，得出自己的观点和判断，比如"改善民生也要由民作主""贫困人口是精准扶贫攻坚的主体力量""金华市婺城区二七区块征收改造的几点启示"以及"幸福社区的要义是培育'社区意识'"等。在写作技巧方面，不力求每章每节的体系完整性，只是希望把自己多年来的所思所想所感写出来，以观点统领材料，尽可能言之有物，避免空谈。

这本书同以前出版的《求解中国养老难题》《破解中国社会保障的困局》等构成了一个小系列；也同我与林梅教授即将出版的《破解中国住房困局》一起，构成中央党校创新工程"中国民生建设的理论与实践研究"项目组成果的一个小系列。

最后，要感谢学术界的同人们，在书稿写作过程中借鉴了他们的观点和见解，使用了他们的一些数据资料，在文中尽管详细做了标注，但难免还有注释不全的情况，只能请各位同人多多谅解了。感谢中共中央党校出版社对这本书的出版所提供的帮助。

青连斌

2019 年 10 月